新能源先进技术研究与应用系列

新能源汽车驱动电机系统检测与维修

Detection and Maintenance on Motor Drive System of New Energy Vehicle

李小鹏 杨 丽 宋贵鑫 杨 磊 编著

哈尔滨工业大学出版社
HARBIN INSTITUTE OF TECHNOLOGY PRESS

内 容 简 介

本书采用情境任务的设计方式进行章节布局,共分四个学习情境,每个学习情境下又设有若干学习任务,全面地介绍了新能源汽车驱动电机系统的构成及维修方法。全书主要内容包括新能源汽车对驱动电机系统的要求,以及驱动电机系统的主要构成部件、原理和性能特点,并针对新能源汽车驱动电机系统各部件的常见故障,详细解析了故障现象、检测方法、故障定位和维修步骤。

本书结合作者多年的新能源汽车维修和职业技能鉴定经验撰写而成,对于新能源汽车驱动电机系统故障的诊断、维修和保养极具参考价值,可作为新能源汽车维修教学使用教材,也可作为新能源汽车生产企业或售后运维服务人员的专业参考书。

图书在版编目(CIP)数据

新能源汽车驱动电机系统检测与维修/李小鹏等编著. —哈尔滨:哈尔滨工业大学出版社,2023.8
(新能源先进技术研究与应用系列)
ISBN 978-7-5767-0987-2

Ⅰ.①新… Ⅱ.①李… Ⅲ.①新能源-汽车-驱动机构-车辆检修 Ⅳ.①U469.707

中国国家版本馆 CIP 数据核字(2023)第 150829 号

策划编辑	王桂芝
责任编辑	王 爽
出版发行	哈尔滨工业大学出版社
社　　址	哈尔滨市南岗区复华四道街 10 号　邮编 150006
传　　真	0451-86414749
网　　址	http://hitpress.hit.edu.cn
印　　刷	黑龙江艺德印刷有限责任公司
开　　本	787 mm×1 092 mm　1/16　印张 19　字数 462 千字
版　　次	2023 年 8 月第 1 版　2023 年 8 月第 1 次印刷
书　　号	ISBN 978-7-5767-0987-2
定　　价	58.00 元

(如因印装质量问题影响阅读,我社负责调换)

前 言

以习近平新时代中国特色社会主义思想为指引,发展新能源汽车是我国从汽车大国迈向汽车强国的必由之路,是应对气候变化、推动绿色发展的战略举措。2020年国务院办公厅印发《新能源汽车产业发展规划(2021—2035年)》以来,我国坚持纯电驱动战略取向,新能源汽车产业发展取得了巨大成就,成为世界汽车产业发展转型的重要力量之一。

新能源汽车无论在结构上,还是在工作原理、失效模式、保养作业内容和维修工具、诊断设备等方面都与传统燃料汽车有很大不同。维修人员的知识结构也发生了很大的改变,新能源汽车测试和维修的职业技能训练除了要保留传统汽车教学的形式和内容外,还要加入高压安全技术、电力电子技术、驱动电机及其控制技术、动力电池技术等,这些技术都与过去传统汽车教学内容有很大区别。

本书作者有着30余年的新能源汽车核心零部件研发、运维技术研究以及新能源汽车相关职业教育研究的工作经验,在对数十家零部件生产企业、整车企业、维修汽车服务企业以及职业院校的调研基础上,按照维修行业技术要求设计了四个学习情境:基于驱动电机系统拆装的工作任务重构了学习情境一"新能源汽车驱动电机系统认知";基于驱动电机系统测试的工作任务重构了学习情境二"新能源汽车驱动电机系统测试";基于驱动电机故障诊断的工作任务重构了学习情境三"新能源汽车驱动电机检测与维修";基于驱动电机控制器故障诊断的工作任务重构了学习情境四"新能源汽车驱动电机控制器检测与维修",累计21个学习任务,每个任务均源自新能源汽车维修行业的真实案例。

本书在操作规则上对标了已正式出台的国家标准、行业标准以及地方标准。在撰写过程中,作者团队还制定了天津市地方标准《电动汽车维修场地高电压管理规范》(DB 12/T 1074—2021)和第四批1+X职业技能等级标准《电动汽车高电压系统评测与维修职业技能》(500035)。

李小鹏作为第一作者负责全书大纲的拟定和统稿工作。其中,学习情境一和学习情境二由杨丽、宋贵鑫负责撰写,学习情境三和学习情境四由杨丽、杨磊负责撰写,校对工作主要由杨丽负责,王峰协作完成。王志强、田库、段海龙和李凤泉为本书的出版也提供了很多帮助,在此一并表示感谢。

由于作者水平有限,书中难免存在不足之处,望广大读者批评指正。

作 者
2023年6月

目　录

学习情境一　新能源汽车驱动电机系统认知 ……………………………… 1

学习任务 1　有刷直流电机拆装 ……………………………………… 3
学习任务 2　异步电机拆装 …………………………………………… 15
学习任务 3　永磁同步电机拆装 ……………………………………… 26
学习任务 4　驱动电机控制器拆装 …………………………………… 37
学习任务 5　驱动电机铭牌认知 ……………………………………… 50
学习任务 6　汽车减速器认知与拆装 ………………………………… 62

学习情境二　新能源汽车驱动电机系统测试 ……………………………… 71

学习任务 1　驱动电机系统接地电阻测试 …………………………… 73
学习任务 2　驱动电机系统绝缘电阻测试 …………………………… 80
学习任务 3　驱动电机系统漏电流测试 ……………………………… 92
学习任务 4　驱动电机系统功能和性能测试 ………………………… 101

学习情境三　新能源汽车驱动电机检测与维修 …………………………… 111

学习任务 1　驱动电机绕组故障检测与维修 ………………………… 113
学习任务 2　驱动电机速度传感器故障检测与维修 ………………… 136
学习任务 3　驱动电机过温故障检测与维修 ………………………… 152
学习任务 4　驱动电机轴承故障检测与维修 ………………………… 176

学习情境四　新能源汽车驱动电机控制器检测与维修 …………………… 195

学习任务 1　电力电子器件故障检测与维修 ………………………… 197
学习任务 2　驱动电机控制器缓冲电容故障检测与维修 …………… 212

学习任务 3　驱动电机控制器母线过流故障检测与维修 …………………… 221

学习任务 4　驱动电机控制器欠压故障检测与维修 ……………………… 233

学习任务 5　预充电故障检测与维修 ……………………………………… 252

学习任务 6　驱动电机控制器过压故障检测与维修 ……………………… 266

学习任务 7　主熔断器熔断故障检测与维修 ……………………………… 284

参考文献 …………………………………………………………………… 297

学习情境一

新能源汽车驱动电机系统认知

【学习目标】

(1)接受新能源汽车驱动电机系统维修学习任务后,能明确任务目标并进行小组成员分工和维修场地检查。

(2)能通过互联网、维修手册及产品说明书等各种信息渠道获取驱动电机、驱动电机控制器以及减速器等资料信息。

(3)了解不同种类新能源汽车驱动电机原理,掌握各类驱动电机结构、各个零部件功能及连接关系。

(4)了解不同种类新能源汽车驱动电机控制器原理,掌握各类驱动电机控制器结构、各个零部件功能及连接关系。

(5)了解不同种类新能源汽车驱动电机减速器原理,掌握各类驱动电机减速器结构、各个零部件功能及连接关系。

(6)在监护人员指导下,能按照新能源汽车操作安全规范独立进行不同类型的驱动电机拆装,能够对自己的学习任务进行正确评价并对自身工作负责。

(7)在监护人员指导下,能按照新能源汽车操作安全规范独立进行不同类型的驱动电机控制器拆装,能够对自己的学习任务进行正确评价并对自身工作负责。

(8)在监护人员指导下,能按照新能源汽车操作安全规范独立进行不同类型的驱动电机减速器拆装,能够对自己的学习任务进行正确评价并对自身工作负责。

(9)能按照维修场地管理要求进行正确处理废弃物及维修现场整理。

(10)能与小组成员进行深入交流合作并进行有效沟通。

(11)能对工作过程作记录并进行完整的存档。

【任务引入】

新能源汽车驱动电机系统是指驱动电机、驱动电机控制器以及它们工作必需的辅助装置的组合。处于电动状态时,驱动电机将电能转换成机械能,为车辆行驶提供动力;处于制动状态时,该装置将机械能转换成电能,为动力电池充电,如图1.1所示。

驱动电机样机如图1.2所示,驱动电机控制器样机如图1.3所示,批量生产的驱动电

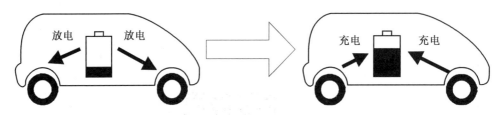

图 1.1 驱动电机状态

机和控制器可以采用自动化生产线进行组装,但返厂维修的驱动电机和控制器通常采用手动拆解方式进行检修。

图 1.2 驱动电机样机　　　　图 1.3 驱动电机控制器样机

学习任务 1　有刷直流电机拆装

【任务情境描述】

当新能源汽车售后企业维修人员检测到新能源汽车用有刷直流电机的励磁绕组发生故障时,电机厂维修人员按照有刷直流电机拆解工艺,采用专用工具对有刷直流电机进行拆解,更换励磁绕组后,重新组装,并对维修后的电机并进行必要的检测。

通过拆装有刷直流电机,了解其工作原理及结构,并掌握拆装工艺。

【任务实施】

一、有刷直流电机的工作原理

有刷直流电机、异步电机和同步电机均是用来实现电机能转换的机械,可将电能转换为机械能。它们均属于旋转电动机,由固定不动的定子和可以旋转的转子组成,在定子和转子之间有很小的间隙,称为气隙。

新能源汽车中的驱动电机可以将动力电池的电能转换为车辆行驶所需的机械能。驱动电机在特殊情况下可处于发电机状态,将车辆的机械能转换为电能送回动力电池,实现再生制动(又称为回馈制动)。一般的驱动电机为内转子结构,转子在定子内部空腔中旋转,如图 1.4(a)所示;也有转子在定子外的外转子电机,如有些新能源汽车中采用的轮毂电机,如图 1.4(b)所示。

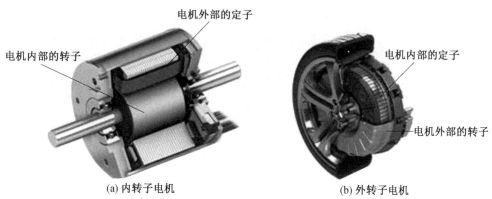

图 1.4　内转子电机与外转子电机结构图

有刷直流电机是最早使用的电机,长期用来为新能源汽车提供驱动动力。由于自身结构缺点和效率等问题,有刷直流电机在 20 世纪 90 年代后逐渐被淘汰,目前只应用于少部分低速车。天津清源电动车辆有限责任公司生产的物流车使用的有刷直流电机如图 1.5(a)所示,图 1.5(b)所示为电机的定子部件和转子部件。

有刷直流电机定子为固定不动的磁极,称为主磁极,p 对主磁极在圆周上 N、S 交替

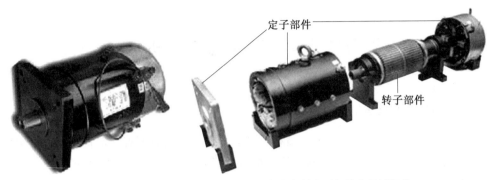

(a) 有刷直流电动机　　　　　　　(b) 电机的定子部件和转子部件

图 1.5　物流车使用的有刷直流电机

排列,形成 N、S 极性交替变化的恒定磁场,图 1.6 所示最简单的两极为一对极结构。

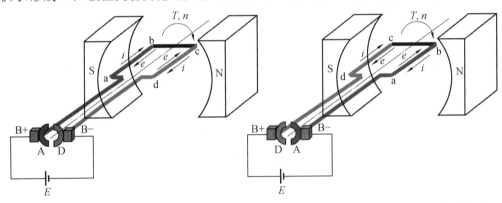

(a) ab 段导体处于 S 极磁场下　　　　　　　(b) cd 段导体处于 S 极磁场下

图 1.6　直流电机工作原理模型

图 1.6 中,在磁极内部导体绕制的线圈 abcd 是电机实现机电能量转换的枢纽,称为电枢绕组。A 和 D 为分别与两个端头 a 和 d 焊接在一起的相互绝缘的铜片,称为换向片,它们构成的整体称为换向器。换向器和电枢绕组可以一起绕着中间的轴线旋转,构成原理模型的转子。两个电极 B+ 和 B− 处于主磁极轴线对应的位置上,并与换向器接触,空间位置固定,属于定子的一部分,称为电刷。当转子旋转时,电刷在换向器表面刷动,会与不同的换向片交替接触。

如图 1.6 所示,电刷 B+ 接外部直流供电电源 E 正极,B− 接电源负极,电流 i 将通过与 B+ 接触的换向片进入转子绕组,经转子绕组后从 B− 流出。

在图 1.6(a)所示位置时,处于 S 极磁场下的 ab 段导体中电流方向为 a→b,处于 N 极磁场下的 cd 段导体中电流方向为 c→d,由左手定则可以简单判定,两段导体受电磁力作用产生顺时针方向的电磁转矩 T。

在图 1.6(b)所示位置时,cd 段导体处于 S 极磁场下,电流方向变为 d→c,ab 段导体则处于 N 极磁场下,电流方向变为 b→a,两段导体所处磁场性质和其中电流均变为反向,故电磁转矩 T 方向不变,仍为顺时针方向。

可以发现,通过换向器的作用,电源产生经过电刷的直流电变成了电枢绕组导体里的交流电,确保电枢绕组导体从一个磁极下运动到相邻的异极性磁极下时,其中的电流方向同时反向,电磁转矩的方向不发生变化,驱动电机沿转速 n 所示的顺时针方向连续旋转。

需要说明的是,当转子旋转时,导体在 N、S 极下的磁场中作切割磁感线运动,从而产生感应电动势 E,根据楞次定律或右手定则可以方便地判定感应电动势与电流 i 的方向,如图 1.6 所示。

在实际的有刷直流电机中,电枢绕组包含很多导体线圈,每个导体线圈可以有很多匝,这样的线圈称为元件,这些元件均匀分布在电枢圆周上,每个元件两端均与相应的换向片相连,换向片数与元件数相同。当电机正常工作时,总有元件处于磁极磁场下,可以产生稳定的电磁转矩与阻转矩平衡,使转子稳定旋转。

当有刷直流电机工作时,电枢绕组中的感应电动势反应在电刷上则称为电枢电动势 E_a(反电势),与外加直流电源电动势 E 方向相反,通过电刷进入转子电枢的电流称为电枢电流 I_a。E 略大于需要克服的反电势 E_a,在电枢回路电阻 R_a 上产生与 E 同向的电枢电流 I_a,如图 1.7(a)所示。电源输出的电能中克服电枢反电势所做的功就是电磁转矩拖动转子旋转所做的机械功,即电能被转换成机械能,这部分功率称为电磁功率。

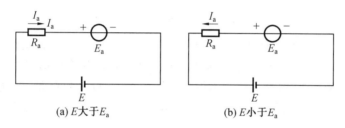

图 1.7　直流电机的电动状态与回馈制动状态

改变外部直流电源电动势的大小可以改变电机的转速,改变直流电源电动势的方向则可以改变电机的转向,从而改变新能源汽车的行驶速度和行进方向。

当改变外部直流电源电动势 E 的大小时,若 E 小于 E_a,I_a 将变为反向,如图 1.7(b)所示。此时电磁转矩 T 将变为反向,变为与旋转方向相反并起制动作用,E_a 输出功率而 E 吸收功率,E_a 输出的能量来源于车辆的动能,即在新能源汽车减速或制动运行状态时,汽车运动中储存的动能做功,从而拖动电机发电,反馈到动力电池回收再利用,实现回馈制动,提高了车辆的续航能力。

二、有刷直流电机的结构

新能源汽车实际应用的有刷直流电机的结构要比其原理模型复杂得多。以山东休普动力科技股份有限公司生产的新能源车用有刷直流电机为例,解析有刷直流电机定子、转子部件的具体结构。

1. 定子部件

除主磁极和电刷装置外,实际有刷直流电机的定子部件还包括固定主磁极的机座(定子机座)和支撑转子旋转的端盖,下面分别予以介绍。

(1)定子机座与主磁极。

定子机座内圆安装了主磁极,大型直流电机还安装用来改善换向的换向极,使其具导磁功能。定子机座一般为铸铁或钢结构,是主磁路的一部分,同时起到保护支撑的作用。本案例中电机定子机座为一钢制圆筒,如图1.8(a)所示,主磁极通过螺栓固定在机座上,如图1.8(b)所示。

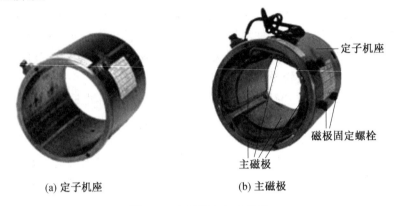

(a) 定子机座　　　　　　(b) 主磁极

图1.8　定子机座与主磁极

本案例电机没有设计换向极,只有四个主磁极,即采用了两对极结构,包括励磁绕组和主磁极铁心,采用电励磁方式,在励磁绕组中通入直流电流形成恒定的主磁极磁场。由于主磁极磁场恒定不变,因此采用了钢板叠压结构,包括极身和极靴,极靴可以改善气隙磁场分布,如图1.9(a)所示。励磁绕组采用导线绕制方式,外部极身上包裹绝缘材料,如图1.9(b)所示。

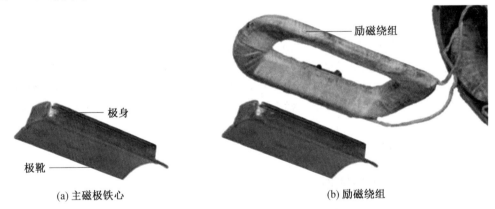

(a) 主磁极铁心　　　　　　(b) 励磁绕组

图1.9　主磁极铁心和励磁绕组

励磁绕组的供电电源与电枢绕组的电源相互独立的直流电机称为他励直流电机。本案例电机为他励直流电机。

励磁绕组与电枢绕组共用同一个电源的直流电机则称为自励直流电机。在自励的情况下,若励磁绕组和电枢绕组并联在同一个电源上则称为并励直流电机,若励磁绕组和电枢绕组串联在同一个电源上,则称为串励直流电机;还有把励磁绕组分成两部分,一部分并励而另一部分串励的称为复励直流电机。

只有小直流电机才用永磁体励磁,即采用永久磁铁作为主磁极。一般为磁瓦形式,用粘贴或其他方式固定于机座内壁,此电机称为永磁直流电机。

电机内部一般需要埋设温度传感器,一般采用热敏电阻来监测电机温度,防止温升超过必要的限度把电机烧坏。本案例电机的温度传感器埋设在励磁绕组和机座的夹缝处,如图 1.10 所示。

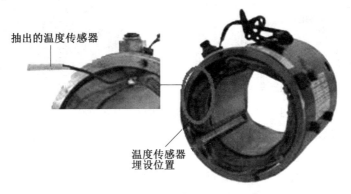

图 1.10　定子上埋设的温度传感器

(2)定子端盖和电刷。

定子端盖一般有两个,包括前端盖(轴伸端端盖)和后端盖,分别固定在机座两端,端盖中心有安放轴承的轴承室以支撑转子在定子内旋转,使定子和转子连成一个整体的电机。电刷位于电机内部,固定在端盖上。不同类型电机的端盖可以选用不同的材质和制造工艺。

本案例电机的端盖采用铸钢加工制成,其前端盖外侧如图 1.11(a)所示,内侧如图 1.11(b)所示。该端盖兼有连接法兰的功用,其最外圈有四个法兰安装孔,是将电机固定在车辆上的机械安装接口,可使结构紧凑。内圈的四个小圆孔为端盖与机座的固定安装孔。中间为轴伸孔和安放轴承的轴承室,并设计了安装止口与机座连接配合。

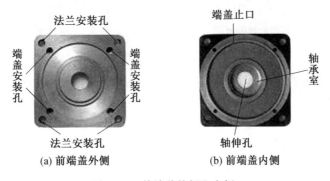

图 1.11　前端盖外侧和内侧

直流电机外壳正对电刷所在位置一般留有电刷观察窗,便于检查、更换电刷,观察窗外覆盖保护盖板,在盖板上一般开有通风口。本案例电机的电刷安装固定在后端盖,端盖圆周上留有四个电刷观察窗,外有保护通风罩,从电刷观察窗可以看到内部的电刷装置,如图 1.12 所示。

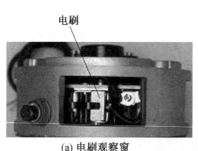
(a) 电刷观察窗

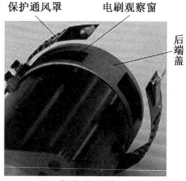
(b) 保护通风罩

图 1.12　后端盖上的电刷观察窗及保护通风罩

后端盖内侧如图 1.13(a)所示,与机座配合的位置同样设计了安装止口(与机座配合的位置同样设计了端盖止口,即安装止口),中间为轴承室,内部安装了四组电刷,通过电刷架固定。电刷位于刷握(也称为电刷盒)里,一端接有方便引入、引出电流的铜辫,并压上恒压弹簧,把另一端压在换向器上,保持一定接触压力,以确保电接触良好,如图 1.13(b)所示。

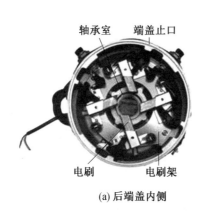
(a) 后端盖内侧

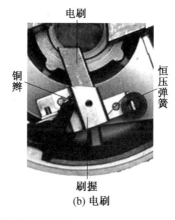
(b) 电刷

图 1.13　后端盖内侧及其中的电刷

①直流电机的电刷一般由既导电又耐磨的石墨制成,应定期检查,磨损到一定限度须更换同型号电刷。

②电刷组数与主极数相等,各组电刷在换向器表面上沿圆周均匀分布,其位置不能随意变动,否则会影响电机性能。

③大电流直流电机常把若干个电刷装在同一个绝缘的电刷杆上并联作为一组使用。

(3)外壳布置。

本案例电机的机座与两个端盖一起构成了整个电机的外壳,电机的外壳简称为机壳,电机与外部联系的各种机械和电气接口均布置于电机定子机壳上。案例电机的机壳外部如图 1.14 所示,上面还附有各种端子标记及铭牌。

①温度传感器信号端子:用于引出电机温度信号的信号电气端子。

②电枢接线端子 A1、A2:给电机电枢绕组供电的动力电气端子。

③励磁接线端子 F1、F2：励磁绕组的供电端子。

④转速传感器定子：安装于后端盖外侧转轴孔位置，与固定在转轴上的转速传感器转子配合产生电机控制所需的转速信号。

⑤铭牌：标示了额定功率、额定电压、额定电流、额定转速、励磁方式及额定励磁电流等核心参数。

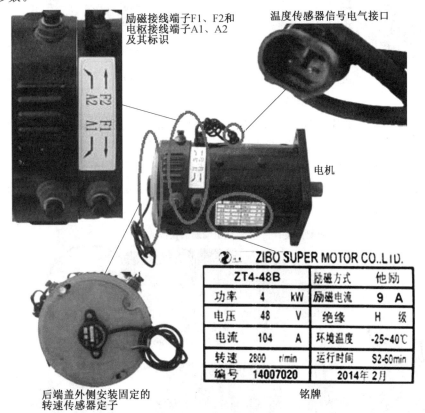

图 1.14　案例电机的机壳布置

2. 转子部件

直流电机的转子部件除电枢绕组和换向器外，还包括电枢铁心及风扇等部件，这些部件一起组装在转轴上，由前、后轴承支撑一起旋转。转轴通常是由圆钢加工成多个台阶的柱体，应具有可靠的强度和刚度。

电枢铁心是一根导磁的圆柱体，外圆开槽用来嵌放电枢绕组，工作时随电枢绕组一起旋转。为了减小主磁通路径上的磁阻并降低由铁心中磁通变化引起的铁损耗，电枢铁心一般由 0.5 mm 或 0.35 mm 硅钢片制成的冲片叠压组成，如图 1.15(a)所示，电枢铁心中间的圆孔用于压装转轴。图 1.15(b)所示为组装好的转子部件。

图 1.15(b)所示为转子的结构，电枢绕组采用圆形漆包线绕制，元件边嵌入电枢铁心的槽中，槽口处插入槽楔防止导体甩出槽外，电枢绕组元件的首、末端均与换向器上的换向片相连。

本案例电机功率较大，电枢绕组采用横截面为矩形的导线绕制，其槽数和换向片数较

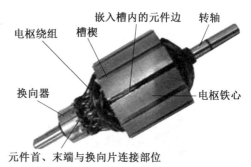

(a) 转子电枢铁心　　　　　　　　　　(b) 转子部件

图1.15　转子电枢铁心和转子部件

多,其转子部件结构如图1.16所示,转轴上已经压入前、后轴承。从图中可以清楚看到,每个电枢绕组元件的端部同样连接到换向片上,由于槽楔的存在,看不到槽内的导体。由于转速较高,因此电枢绕组两端设计了绑扎带固定绕组,并在转子上添加了配重块以保证整体的动平衡。转轴的后端固定了转速传感器的转子,前端是驱动电机向外传递转矩的机械接口,为轴伸端,设计为内花键形式。

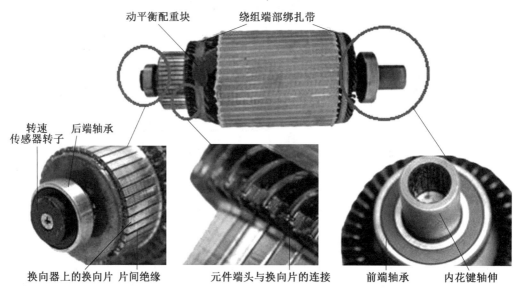

图1.16　案例电机转子部件结构

轴伸除了设计为内花键形式,也可以采用外花键形式,如图1.17(a)所示。内、外花键总是成对出现,相互连接的双方一方为内花键,另一方必然为外花键,如图1.17(b)所示。新能源汽车驱动电机轴伸一般不采用平键等其他形式。

三、拆装有刷直流电机

当有刷直流电机出现故障返厂维修时,电机的拆装技能是电机厂维修人员必会的技能之一。下面以案例电机为例,说明有刷直流电机的拆装步骤,暂不涉及电机维护的内容。

(a) 外花键　　　　　　　　(b) 内、外花键配合

图 1.17　内、外花键及其配合

1. 准备好拆装工具及必要的劳动保护用品

在进行电机拆装前,注意以下事项。

(1)清理周围环境,清除妨碍拆装施工的无关物品,保持环境整洁、宽敞、明亮。

(2)准备好相关劳动保护用品(方便施工的劳动服、防滑保护手套和防砸鞋)和必要的拆装工具(各种扳手、螺丝刀、橡胶锤(或木锤)、螺栓收纳盒、换向器保护套、记号笔)及抹布等清洁工具。

(3)拆装工作应在专门的工作台上进行,工作台高度要合适且结实牢固,台面铺有软垫且边缘略高,防止机体磕碰损伤和物品滑落。

(4)为了保证机体或部件放置稳固,防止滚动,应配置专门的施工装备用于放置机体及易发生滚动的转子部件等。

(5)当电机较大、较重时,须使用起重设备。本案例电机质量不大,可以人工拆装,无须使用起重设备。

(6)在拆解前和拆解过程中,注意做好位置标记,部件放置在专门的零部件盒内,防止部件遗落和组装时出错。

2. 拆卸通风罩

本案例电机通风罩为整体卡扣式设计,打开后端盖上的通风罩卡扣,取下通风罩,即可露出电刷观察窗,如图 1.18 所示。电机的通风罩上在两个电枢接线端子位置处有开孔,兼具定位功能,可以不做位置标记。

3. 取出电刷

为了保护电刷和换向器,防止损伤,拆解直流电机前须取下全部四个电刷,待重新组装完成后再装回电刷盒。抬起压簧,将电刷完全抽出电刷盒,再放下压簧,如图 1.19 所示。需更换电刷时,还要松开电刷刷辫的固定螺栓,将电刷整体取下,并记录标记。

4. 拆卸后端盖

拆卸后端盖的步骤如下。

(1)在后端盖与机座的连接处做好位置标记,如图 1.20(a)所示,以便安装时确定位置。

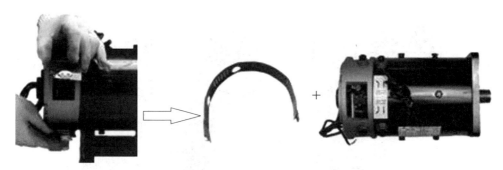

图 1.18 拆卸通风罩

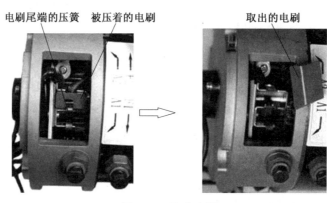

图 1.19 取出电刷

（2）选择合适的扳手拆卸后端盖与机座的紧固螺栓，注意应按照对角线位置进行均匀拆卸，如图 1.20(b)所示。

（3）螺栓拆卸完毕后，一手轻轻用橡胶锤按照对角线位置均匀敲打端盖，也可借助于短木棒，避免损伤端盖，另一手轻扶后端盖避免其突然脱落。后端盖脱离机座安装止口与机座分离后，轻轻取下后端盖放置在安全位置，并将露出的换向器用干净的软布或其他柔软材料套起来，保护换向器片免受损伤，如图 1.20(c)所示。

5. 拆除前端盖与机座的紧固螺栓

拆卸前，在前端盖与机座的接缝处做好标记，如图 1.21(a)所示。选择合适的扳手拆卸前端盖与机座的紧固螺栓，注意按照对角线位置进行均匀拆卸，如图 1.21(b)所示。

6. 拆卸转子部件

轻轻用橡胶锤按照对角线位置均匀敲打前端盖，使前端盖脱离机座安装止口与机座分离，如图 1.22(a)所示。两手配合，将转子部件向前端盖一侧轻轻地缓慢托动，待转子从机座中抽出部分足够多时，一手握住转轴的轴伸端，另一只手托住露出的转子铁心，将分离后的转子部件缓慢抽出机座，如图 1.22(b)所示。取出的转子放置于专用的支架上，应防止滚动事故发生，如图 1.22(c)所示。取出转子时，注意不要碰伤绕组，必要时应在转子和定子之间垫上厚纸板，防止硬性碰撞损伤绕组。如有需要，可进一步将前端盖与转子部件进行分离。

有刷直流电机的拆解施工已完成，下面开始组装施工。

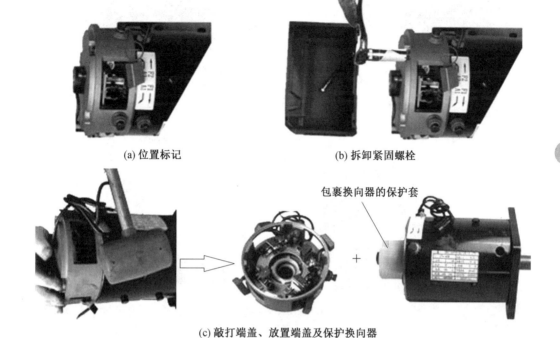

(a) 位置标记　　　　　　　　(b) 拆卸紧固螺栓

(c) 敲打端盖、放置端盖及保护换向器

图 1.20　拆卸后端盖

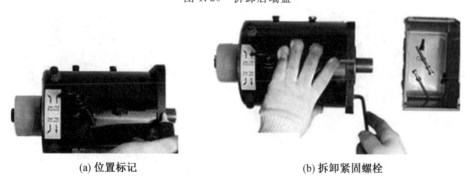

(a) 位置标记　　　　　　　　(b) 拆卸紧固螺栓

图 1.21　拆卸前端盖与机座的紧固螺栓

7. 安装转子部件

安装转子部件时,托起转子,对准机座中心,与抽出转子部件相反,缓慢小心地将转子部件送入机座,注意不要碰伤绕组,并在对齐前端盖与机座接缝处做好位置标记。待前端盖与机座贴合后,再用橡胶锤均匀轻敲端盖四周,使其嵌入机座止口,如图 1.23(a)所示。采用与拆卸前端盖时同样的扳手,将前端盖的紧固螺栓重新上紧,注意按照对角线位置分次均匀拧紧,且不可有松有紧,以免损伤端盖。最后去掉换向器上的保护套,如图 1.23(b)所示。

8. 安装后端盖

将后端盖内各组电刷中心的空隙对准转子换向器,小心地将后端盖套在转轴上,注意

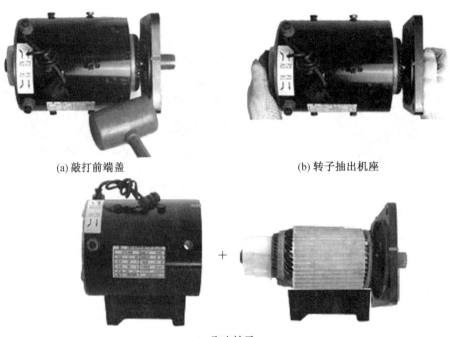

(a) 敲打前端盖　　　　　　　　(b) 转子抽出机座

(c) 取出转子

图 1.22　拆卸转子部件

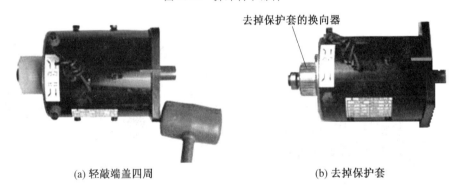

(a) 轻敲端盖四周　　　　　　　(b) 去掉保护套

图 1.23　安装转子部件

不要损伤换向器,使后轴承稍微进入后端盖轴承室,再用橡胶锤轻轻按照对角线位置均匀敲打端盖,使轴承完全进入轴承室且使后端盖沿机座止口进入,注意在对齐后端盖与机座接缝处做好位置标记。用拆卸时使用的扳手,将后端盖的紧固螺栓重新按照对角线位置分次均匀拧紧,同时转动转子,检查转子转动是否灵活。

9. 安装电刷和通风罩

抬起电刷盒内的压簧,把电刷装回电刷盒中,再压好压簧,最后扣好通风罩,完成组装施工。

10. 竣工收尾

取下组装完成的电机,放置回原位,整理各种工具及环境,完成拆装施工。

学习任务 2　异步电机拆装

【任务情境描述】

当新能源汽车售后企业维修人员检测到新能源汽车用异步电机出现温度传感器故障时,电机厂维修人员按照异步电机拆解工艺,采用专用工具对异步电机进行拆解,更换温度传感器后,再重新组装,并对维修后的电机进行必要的检测。

通过拆装异步电机,了解其工作原理及结构,并掌握拆装工艺。

【任务实施】

一、异步电机的工作原理

与直流电机不同,异步电机与同步电机均属于交流电机。20 世纪 90 年代后,随着控制芯片、电力电子器件及矢量控制算法等技术的成熟,新能源汽车驱动系统中的交流电机逐渐取代了有刷直流电机,成为主流驱动电机系统。与有刷直流电机相比,异步电机具有结构简单、运行可靠、坚固耐用、维护量小等优点,主要作为电动机,拖动各种机械工作,应用非常广泛,也可作为发电机运行。异步电机作为动力系统在特斯拉新能源汽车和宇通混合动力新能源汽车等新能源汽车中均有大量应用。常州华盛电机有限公司生产的 7.5 kW 异步电机如图 1.24(a)所示,图 1.24(b)为电机的定子部件和转子部件。

(a) 异步电机

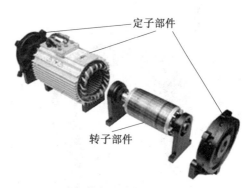
(b) 电机的定子部件和转子部件

图 1.24　异步电机实物图

为了说明异步电机的工作原理,先看一下图 1.25 所示的情形。在图 1.25 中,当大小(即长度)不变的空间向量 B 在空间以 ω 的速度旋转时,它的两个分量 B_d 和 B_q 始终处在 d 和 q 两个轴线方向,大小均随时间按正弦变化,只不过时间相位关系差 90°,可由式(1.1)和式(1.2)表示。反之,如图 1.25 所示,在 d 和 q 两个轴线方向位置固定、大小按正弦变化、时间相位关系差 90°的两个向量 B_d 和 B_q,也可以合成一个大小不变、以 ω 的速度在空间匀速旋转的向量 B。推广到三个向量,空间上互差 120°(称为空间对称)、时间上互差

120°（称为时间上对称）的三个向量，可以合成一个大小不变的旋转向量。

$$B_d = B\sin\omega t \quad (1.1)$$

$$B_q = B\sin(\omega t + 90°) \quad (1.2)$$

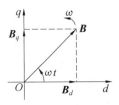

图1.25　旋转向量的分解与合成

作为交流电机，异步电机利用交流电工作，定子上布置了三相对称绕组，转子为短路的绕组，原理上与直流电机有很大区别。

1. 定子上布置三相对称绕组

异步电机定子一般设计为三相，其模型如图1.26(a)所示。圆筒形的定子铁心内壁的槽里布置了三个线圈U_1U_2、V_1V_2、W_1W_2，它们分别代表U、V、W三相对称的定子绕组，新能源汽车驱动电机一般采用星形（Y形）接法。三相对称绕组是指三相绕组结构相同且空间位置互差120°电角度的三相绕组。

2. 三相定子绕组中通入三相对称电流

图1.26(a)给出了各相绕组中流过电流的参考方向，从U_1、V_1、W_1所代表的绕组首端流入，从U_2、V_2、W_2所代表的绕组尾端流出，三相电流为对称正弦交流电流i_U、i_V和i_W，如图1.26(b)所示。

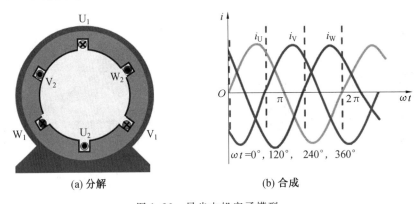

图1.26　异步电机定子模型

3. 定子产生圆形旋转磁场

三相绕组各自产生的磁场向量分别处于各相绕组的轴线上，空间互差120°电角度，大小均按正弦变化且时间相位互差120°。三个磁场空间上是对称的，时间上也是对称的，因此，它们将在定子内合成一个大小不变的速度为n_1的圆形旋转磁场。"圆形"意味着该磁场向量旋转时大小不变，其向量尖端的运动轨迹为圆形。磁场转向由三相绕组中电流的相位关系决定,从超前相向滞后相旋转,如图1.26(a)所示磁场转向为顺时针。该合成磁场可以等效为旋转磁极产生的旋转磁场,如图1.27(a)所示。

4. 转子受到定子旋转磁场的作用开始旋转

若把短路的线圈放入定子磁场中,旋转的定子磁场切割线圈导体会产生感应电动势,并在线圈中流过感应电流。根据楞次定律,感应电流在磁场中受力形成的电磁转矩总是力图削弱它们之间的相对运动,与磁场相对于线圈的旋转方向一致,拖动线圈以速度 n 跟随磁场顺时针旋转,即力图使线圈与磁场保持同步,如图1.27(b)所示。

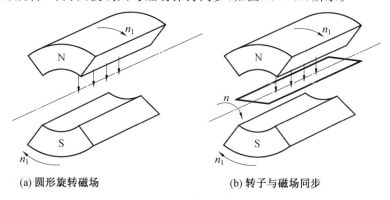

(a) 圆形旋转磁场　　　　(b) 转子与磁场同步

图1.27　异步电机的工作原理

转速 n_1 由定子电流的交变频率 f_1 决定,同时与磁极对数 p 有关,其表达式为

$$n_1 = 60 f_1 / p \tag{1.3}$$

在转子与旋转磁场转速不同($n \neq n_1$)时,才会形成电磁感应,从而产生电磁转矩,因此,工作时转子与磁场不是同步而是异步,故此类电机称为异步电机,也称作感应电机,n_1 称为同步转速。

在新能源汽车正常行驶时,驱动电机一般工作在电动状态。此时,n 略低于 n_1 且方向相同,磁场相对于转子的转速 Δn 为顺时针方向,电磁转矩 T 也为顺时针方向,与转子转速 n 同向,故 T 是拖动转矩,使交流电能转变为机械能,如图1.28(a)所示。

改变定子电流频率 f_1 可以改变磁场的转速,从而改变电机的转速,改变车辆的行驶速度。

改变通电相序可以改变电机的转向,从而改变车辆的行驶方向。

在新能源汽车减速或制动时,可以降低通电频率使得同步转速 n_1 小于转子的转速 n,磁场相对于转子的转速 Δn 为逆时针方向,电磁转矩 T 也为逆时针方向,与转子转速 n 反向,故 T 是制动转矩,使机械能转变为电能,如图1.28(b)所示。此时,驱动电机工作在发电机状态,可实现回馈制动。

二、异步电机的结构

新能源汽车驱动电机的异步电机的结构要比其原理模型复杂得多。下面以常州华盛电机有限公司生产的异步电机为例,说明异步电机定子、转子部件的具体结构。

1. 定子部件

实际异步电机的定子部件除定子铁心和定子绕组外,还设计了专门的机座,以及与直

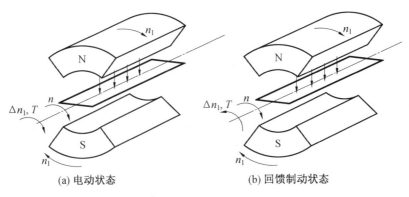

(a) 电动状态　　　　　　　　(b) 回馈制动状态

图1.28　异步电机的电动状态与回馈制动状态

流电机类似的前后端盖,下面分别予以介绍。

(1)定子机座与电枢。

对于异步电机而言,其定子铁心和定子绕组均属于电枢。由于定子绕组流过交流电,铁心中的磁场是交变的,因此异步电机的定子铁心同直流电机的转子铁心一样,由硅钢片冲制叠压而成,如图1.29(a)所示。每相定子绕组采用外部绝缘的导体按一定方式绕制而成,不同的绕制方式可以获得不同的磁极对数和性能,一般为三相对称绕组,采用星形接法连接,各相绕组间绝缘,并按一定规律嵌放在具有槽绝缘定子铁心的槽中,槽底也放置了槽绝缘。图1.29(b)所示为定子绕组嵌放过程。与直流电机不同的是,异步电机一

(a) 异步电机的定子铁心　　　　(b) 定子绕组的嵌放过程

(c) 铝制机座　　　　　　　　(d) 案例电机的三相绕组

图1.29　异步电机的定子机座与电枢

一般具有专门的机座,用于支撑、保护定子铁心,不再兼作磁路,中小功率的异步电机可采用铸铁或铝型材制成,大功率的采用钢板焊接制成,一般外壳设计有散热筋以便于散热,图1.29(c)所示为铝制机座。案例电机的定子机座同样为铝制,其内压装了定子铁心,铁心内安放了三相绕组,如图1.29(d)所示。

如图1.30所示,案例电机在定子绕组内埋设了温度传感器,还设置了两个转速传感器,一个磁阻型转速传感器,一个旋转磁盘式转速传感器。磁阻型转速传感器定子固定在机座上,通过机座壁上的开孔伸入电机内腔,这些传感器均布置于电机后部。

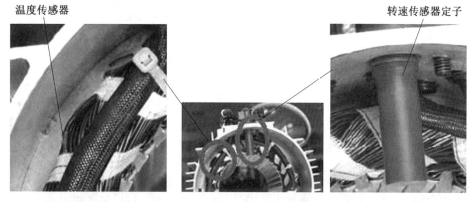

图1.30 温度传感器和磁阻型转速传感器定子

(2)端盖。

案例电机采用铸钢端盖,前端盖内侧及外侧分别如图1.31(a)及图1.31(b)所示。端盖中间留有轴伸孔和轴承室,外缘有端盖止口,四周有端盖安装孔。前端盖兼作电机的安装法兰,留有固定电机的法兰安装孔。

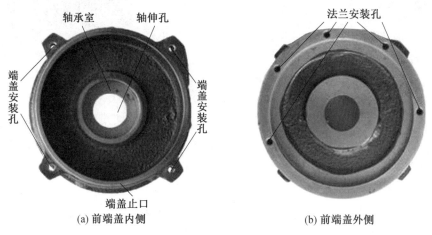

(a) 前端盖内侧　　　(b) 前端盖外侧

图1.31 前端盖内侧及外侧

后端盖内、外侧分别如图1.32(a)和图1.32(b)所示。内侧中心处有安放电机后端轴承的轴承室,外缘有端盖止口,四周有端盖安装孔,轴承室周围的三个小孔是固定内侧轴承挡板的螺栓孔。

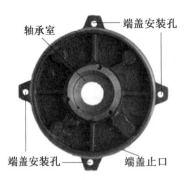

(a) 后端盖内侧　　　　　　　　(b) 后端盖外侧

图 1.32　后端盖内侧及外侧

(3) 外壳布置。

案例电机机壳外部有电机的各种电气接口及铭牌,如图 1.33(a)所示,前、后端盖依靠四根长杆螺栓拉紧固定在机座上。旋转磁盘式转速传感器定子固定在后端盖上,如图 1.33(b)所示。

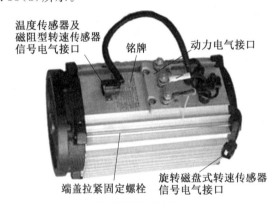

(a) 案例电机机壳布置　　　　　　(b) 后端盖上的旋转磁盘式转速传感器定子

图 1.33　案例电机机壳布置及后端盖上的旋转磁盘式转速传感器定子

信号电气接口有两个,温度传感器和磁阻型转速传感器合用一个,如图 1.34(a)所示,旋转磁盘式转速传感器单独设置一个,如图 1.34(b)所示。动力电气接口为三相定子绕组的供电端子,如图 1.34(c)所示。电机的铭牌如图 1.34(d)所示,标出了电机的各项主要参数,包括额定功率、额定电压、额定电流、额定频率、额定转速等。

2. 转子部件

实际异步电机的转子绕组由很多导体构成多相对称绕组短接而成,具有与定子绕组相同的极对数,放置在由硅钢片冲制叠压而成的转子铁心的槽中,在减小磁阻和铁耗的同时,也使转子结构更加牢固,从而可以输出更大的转矩。转子部件除转子绕组和转子铁心外,还包括转轴、风扇等。

转子绕组可采用导线绕制,称为绕线式转子,新能源汽车驱动电机一般不会采用这种结构。另一种转子绕组结构为鼠笼式转子,槽内的导体称为导条,两端由端环短接。中小

(a) 温度传感器和磁阻型转速传感器的电气接口

(b) 旋转磁盘式转速传感器的电气接口

(c) 动力电气接口

交流电动车驱动电机			
型号	XYQ-7.5-3DHV	编号	73603
额定功率	7.5kW	工作制	S2 60min
额定电压	51V（A.C）	频率	0-200Hz
额定电流	118A	耐热等级	F
转速范围	0-5875r/min	额定转速	3440r/min
防护等级	IP44	重量	43kg
编码	A:64p/rev B:64p/rev		2017.02

(d) 电机的铭牌

图 1.34 机壳上的各种电气接口及铭牌

型电机鼠笼式转子可以采用铸铝或铸铜制成,大型电机可在槽内插入铜导条再焊接铜端环。转子铁心如图 1.35(a)和图 1.35(b)所示,图 1.35(a)中铁心的槽口裸露,属于半闭口槽,图 1.35(b)铁心为闭口槽。图 1.35(c)、图 1.35(d)和图 1.35(e)为铸铝转子,端环可有不同的设计,有的铸有扇叶和铆柱,铆柱上可以铆上若干垫片以实现转子的动平衡,扇叶有助于散热。图 1.35(f)和图 1.35(g)为铜转子。

本案例电机采用铸铝鼠笼式转子,如图 1.36(a)所示,转轴上压装了前、后轴承,后轴承内侧套有轴承挡板,转轴上靠近铁心位置固定了磁阻型转速传感器的转子。轴承挡板与转轴之间有足够的间隙,不随转子旋转,它固定在后端盖上,将轴承压在轴承室,以防止转子轴向蹿动,属于定子的一部分。转轴前端的轴伸为内花键形式,如图 1.36(b)所示,端环上同时铸有散热扇叶和动平衡铆柱,从图中可以看到利用铆柱铆压在端环上的垫片。组装电机时,旋转磁盘式转速传感器的转子固定在转轴后端,如图 1.36(c)所示。

三、拆装异步电机

当异步电机出现故障返厂维修时,电机拆装技能是电机厂维修人员必会的技能之一,下面以案例电机为例说明异步电机的拆装步骤。

1. 准备好拆装工具及必要的劳动保护用品

与拆装直流电机相同,在进行电机拆装前,清理环境,准备好拆装工具及必要的劳动保护用品。

2. 拆卸后端盖上的转速传感器定子

用十字螺丝刀拆除电机后端盖上转速传感器定子的两颗固定螺丝,取下转速传感器

(a) 转子铁心半闭口槽

(b) 转子铁心闭口槽

(c) 铸铝转子

(d) 铸铝转子

(e) 铸铝转子

(f) 铜转子　　　　　　　　　　(g) 铜转子

图 1.35　鼠笼式转子

(a) 铸铝鼠笼式转子

(b) 转轴前端的轴伸

(c) 旋转磁盘式转速传感器转子

图 1.36　案例电机的转子部件

定子,如图 1.37 所示。

图 1.37　拆卸后端盖上的转速传感器定子

3. 拆卸转轴后端的转速传感器转子

用十字螺丝刀拆除固定在转轴后端的转速传感器转子的固定螺丝,取下转速传感器转子,如图 1.38 所示。

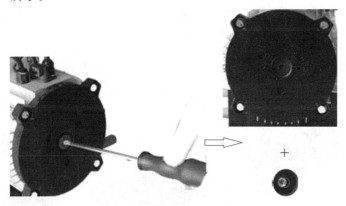

图 1.38　拆卸转轴后端的转速传感器转子

4. 拆卸后端盖

拆卸后端盖的步骤如下。

(1)在前、后端盖与机座的连接处做好位置标记,如图 1.39(a)所示,以便安装时确定位置。

(2)选用合适的扳手,拆除后端盖内侧轴承挡板的三颗固定螺丝,使后端盖可以与后轴承脱离,如图 1.39(b)所示。

(3)选用合适的扳手,拆除前、后端盖的四根长杆紧固螺栓,注意按照对角线位置均匀进行拆卸,如图 1.39(c)所示。

(4)用橡胶锤和橡胶棒相配合,轻轻敲击后端盖四角的凸出部分,敲击时应按照对角线位置均匀敲击,确保受力均匀,使其缓慢与机座分离,小心地将后端盖拆下,如图 1.39(d)所示。

图 1.39　拆卸后端盖

5. 拆卸前端盖

用橡胶锤和橡胶棒相配合，轻轻地按照对角线位置均匀敲击前端盖，使端盖与机座分离，小心地将前端盖卸下，如图 1.40 所示。

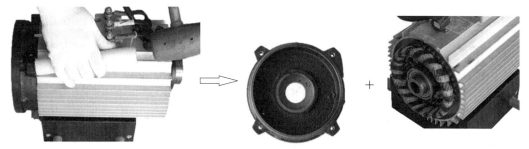

图 1.40　拆卸前端盖

6. 拆卸转子部件

用一手握住转子的轴伸端，将转子向前拉出一些，露出部分铁心，随后用另一手托住转子铁心，将转子部件缓慢外移从定子前部抽出，放置于专用的支架上，如图 1.41 所示。注意不要碰伤定子绕组，必要时可采取在转子和定子之间垫上厚纸板等保护措施。

异步电机的拆解施工已完成，下面开始组装施工。

7. 安装转子部件

由于在机座后端安装了转速传感器定子部件，因此转子部件只能从电机前端放入定子内腔。操作时，一只手握住轴伸端，另一只手托起转子铁心，将转子缓慢送入定子，注意

图1.41 拆卸转子部件

不要碰伤定子绕组。鼠笼式转子绕组端部与柱形传感器定子也要保持足够的安全距离，不要碰坏转速传感器定子部件，如图1.42所示。

图1.42 安装转子部件

8. 安装后端盖

安装后端盖的步骤如下。

(1)将后端盖中心轴承室对准转轴上的后轴承并与转轴垂直，使轴承进入轴承室，如图1.43所示。

(2)在后端盖上固定内部轴承挡板的螺丝孔内插入一把粗细合适的螺丝刀，稍微转动后端盖，直至螺丝刀插入轴承挡板上相应的螺丝孔内，使端盖与轴承挡板上的螺丝孔对齐，然后上好轴承挡板的固定螺丝，如图1.44所示。

图1.43 安装后端盖(一)　　　图1.44 安装后端盖(二)

(3)稍微转动后端盖位置，按照位置标记将端盖和机壳对准，采用橡胶锤轻轻地按照对角线位置均匀敲打端盖，使端盖嵌入机壳止口，如图1.45所示。

9. 安装前端盖

先将电机的前端盖套在转轴的前端轴承上，注意与转轴垂直，并对准端盖和机座的安装位置标记。然后用橡胶锤均匀地轻轻敲击端盖四周，使其嵌入机壳止口，如图1.46所示。在前端盖的安装过程中，要防止尚未固定的后端盖松脱，需专人护持，必要时用橡胶锤轮流敲击前、后端盖,使之与机座紧密贴合。

图 1.45　安装后端盖(三)　　　　　　图 1.46　安装前端盖

10. 安装两侧端盖的长杆紧固螺栓

将四根固定螺栓从后端盖四周的固定孔插入,分别拧入前端盖上的相应螺孔内,然后用合适的扳手按照对角线位置分次均匀拧紧,同时转动转子,检查转子转动是否灵活。

11. 安装转速传感器

用螺丝刀将传感器转子磁钢拧紧,使其固定于转轴的后端面上,再将传感器定子固定在后端盖上。

12. 竣工收尾

取下组装完成的电机,放置回原位,整理各种工具及环境,完成拆装施工。

学习任务 3　永磁同步电机拆装

【任务情境描述】

当新能源汽车售后企业维修人员检测到新能源汽车用永磁同步电机出现异响故障时,电机厂维修人员按照永磁同步电机拆解工艺,采用专用工具对永磁同步电机进行拆解,更换故障轴承后,重新组装,并对维修后的电机进行必要的检测。

通过拆装永磁同步电机,了解其工作原理及结构,并掌握拆装工艺。

【任务实施】

一、永磁同步电机的工作原理

尽管异步电机具有结构简单和维护少等优点,但其功率密度比永磁同步电机低,目前主流的电动乘用汽车绝大多数采用永磁同步电机作为驱动电机。北京新能源汽车股份有限公司(以下简称"北汽新能源")生产的新能源汽车采用永磁同步电机,如图 1.47(a)所示,其铭牌如图 1.47(b)所示。

永磁同步电机与异步电机都是交流电机,利用交流电工作。不过,永磁同步电机的转子与磁场具有相同的转速,它们是同步旋转的。

(a)永磁同步电机　　　　　　　(b)永磁同步电机的铭牌

图 1.47　永磁同步电机及其铭牌

1. 定子部件与异步电机基本相同，转子为永磁体磁极

永磁同步电机的定子部件与异步电机的相似，通入三相正弦交流电产生 p 对磁极的转速为 n_1 的旋转磁场，转子则是由永磁体构成的 p 对磁极。如图 1.48(a)所示，外侧的两个磁极用来形成等效顺时针旋转磁场，永磁体转子同为一对磁极。

2. 永磁体转子与磁场同步旋转

永磁体转子受旋转磁场的异性磁极吸引而与之同步旋转，其转速 n_1 称为同步转速。如图 1.48(a)所示，此时的永磁体转子落后于旋转磁场，形成的电磁转矩与 n_1 同方向，为拖动转矩，同步电机工作于电动状态。

如图 1.48(b)所示，永磁体转子超前于旋转磁场，形成的电磁转矩与 n_1 反向，为制动转矩，可使永磁同步电机工作于回馈制动状态。

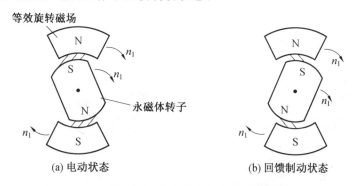

(a)电动状态　　　　　　　　(b)回馈制动状态

图 1.48　永磁同步电机的工作原理

永磁同步电机通常采用变频调速，改变定子的通电频率，即可改变同步转速 n_1，从而改变车辆的行驶速度。

改变通电相序可以改变旋转磁场的转向，使得永磁体转子跟随磁场反转，从而改变车辆的行驶方向。

二、永磁同步电机的结构

下面以图 1.49(a)所示北汽新能源生产的电动汽车用永磁同步电机为例，说明永磁同步电机定子、转子部件的构成。

1. 定子部件

(1) 定子结构部件。

永磁同步电机定子部件的结构与异步电机一样，由机座、定子铁心、定子绕组及端盖等组成。定子铁心和定子绕组与异步电机的基本一致，甚至同一机座号的永磁同步电机定子铁心和定子绕组与异步电机的可以通用。本案例电机的定子机座与前端盖为一体化整体铸造，不可拆分，内部装配了定子铁心和定子绕组，如图 1.49(a) 所示。

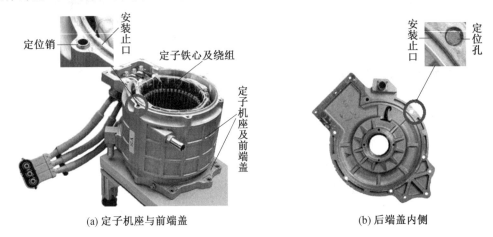

(a) 定子机座与前端盖　　　　(b) 后端盖内侧

图 1.49　本案例电机定子部件

后端盖可以拆卸，其内侧如图 1.49(b) 所示，与机座之间有安装止口配合，并设计了定位孔，与机座上的定位销配合进行端盖定位。

本案例电机前、后端盖上留有安装孔，用于电机在整车上的安装固定及与减速器总成等其他汽车部件的连接，前、后端盖的外侧分别如图 1.50(a) 和图 1.50(b) 所示。

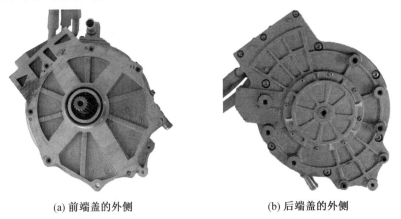

(a) 前端盖的外侧　　　　(b) 后端盖的外侧

图 1.50　前、后端盖外部的安装孔

(2) 外壳布置。

定子机座、与机座一体的前端盖和后端盖一起构成了电机的外壳。电机外壳布置如图 1.51 所示，标明了电机外壳上的动力电气接口、信号电气接口、冷却液管路接口。

动力电气接口为插接式，通过高压电缆（一般为橙色）连接至电机接线盒，如图

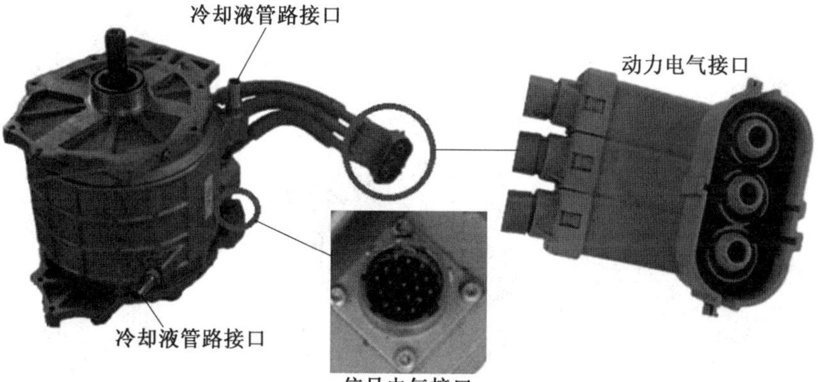

冷却液管路接口

图 1.51 电机外壳布置

1.52(a)所示。在接线盒内部通过螺栓与电机内部绕组连接,如图 1.52(b)所示。

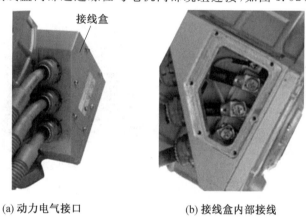

(a) 动力电气接口　　　　　(b) 接线盒内部接线

图 1.52 接线盒及其内部接线

控制过程中需要的电机转子信息及温度等信号通过电机外壳上的信号电气接口输出送至电机控制器。本案例电机采用旋转变压器检测转子信息。旋转变压器包括定子和转子两部分,其定子固定在后端盖上,外部有保护盖,转子则固定在转轴后端面,如图 1.53 所示。

案例电机采用液冷的冷却方式,机座内有冷却液流通路径,冷却液管路接口如图 1.54 所示,是驱动电机与整车冷却液管路的接口。

新能源汽车的起步、加速及高速行驶依靠驱动电机提供动力,这些工况下驱动电机的电流很大,损耗也会增加且全部以热能的方式释放。如果驱动电机得不到有效的冷却散热,其温升会不断提高,导致电机性能下降,甚至造成电机损坏。

为了减小大功率电机的体积,多采用强制冷却方式对驱动电机进行冷却。驱动电机和控制器一般采用相同的冷却方式,常见的冷却方式包括风冷和液冷。

多数新能源汽车特别是大功率新能源汽车一般采用液冷电机。液冷电机的结构比较复杂,一般需在外壳体上布置冷却水道,且有较为严格的防护措施,需额外增设电动水泵和散热器等装置,虽结构较为复杂,布置和安装要求较高,成本也较高,但提高了电机的

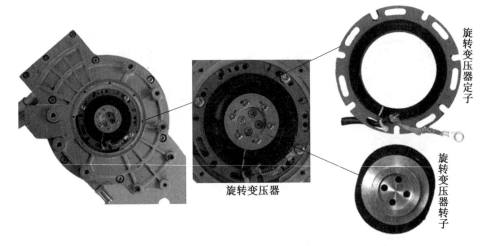

图1.53 旋转变压器

(a) 案例电机液冷冷却

(b) 冷却液管路接口

图1.54 案例电机的冷却液管路接口

功率。

如果车辆安装空间的自由度较大,通风情况良好,新能源汽车电机的重量[①]要求不是很高,可以采用风冷电机,无须设置散热水道,表面采用冷却栅的方式增加散热面积。有些电机的封闭端增加散热风扇以加强散热效果,虽体积和质量较大,但制作和工艺的要求较低,成本较低。

2. 转子部件

永磁同步电机转子是由永磁体磁钢构成的磁极,磁钢固定在转子铁心上,工作时由转轴支撑旋转。

永磁同步电机的转子铁心一般由0.5 mm或0.35 mm厚硅钢片制成的冲片叠压而成,磁钢直接固定在铁心表面(表面式)或嵌入转子表面的槽里(嵌入式)或内置埋设在铁心内部(内置式),在转子圆周上形成与定子绕组相同磁极对数的磁场。

图1.55(a)所示为表面式永磁转子,图1.55(b)所示为内置式永磁转子的铁心,图1.55(c)所示为内置式永磁转子。本案例永磁同步电机采用内置式结构,其转子部件如图

---

① 在本书中,重量均指质量。

1.55(d)所示。

(a) 表面式永磁转子　　　　　(b) 内置式永磁转子的铁心

(c) 内置式永磁转子　　　　　(d) 本案例永磁同步电机转子

图 1.55　永磁同步电机转子的结构

本案例电机转子具有八个磁极即四对极,外表可见部分为转子铁心,磁钢埋设在铁心内部不可见,轴伸为外花键型。

三、拆装永磁同步电机

当永磁同步电机出现故障需要返厂维修时,电机拆装技能是电机厂维修人员必会的技能之一,下面以案例电机为例说明永磁同步电机的拆装步骤。

1. 准备好拆装工具及必要的劳动保护用品

与拆装直流电机相同,在电机拆装前,需清理环境,准备好拆装工具及必要的劳动保护用品。

永磁同步电机拆装时,由于转子具有磁性,因此定子、转子的分离和组装十分困难,且具有很大的危险性,必须使用特殊的施工装备。

本案例电机配备的特殊施工装备包括具有两个轴伸插孔的工作台和永磁转子起吊架,分别如图 1.56(a)和图 1.56(b)所示。工作台上的两个穿轴孔用于将电机轴伸插入其中以便固定好电机或转子部件。起吊架专为起吊永磁同步电机转子设计,既方便拆装施工,又可防止损伤电机,拆装过程中详细介绍了其使用方法。

2. 拆卸旋转变压器后罩

小心抬起电机,将其轴伸端向下插入工作台一侧的轴伸插孔内,将电机安放平稳,如图 1.57(a)所示。搬运过程中注意安全,避免挤伤手指和电机掉落伤人,必要时可以使用

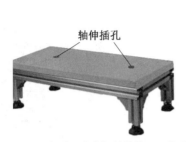
(a) 永磁同步电机拆装施工工作台

(b) 永磁转子起吊架

图 1.56　永磁同步电机拆装施工工装

吊装机械。

选用合适的扳手,拆除后端盖上的旋转变压器后罩固定螺丝,如图 1.57(b)所示。注意根据固定螺栓的规格选择合适的扳手或螺丝刀,按照对角线位置进行均匀拆卸。最后取下后罩,如图 1.57(c)所示。

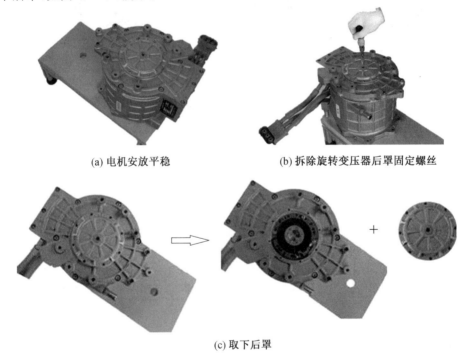

图 1.57　拆卸旋转变压器后罩

3. 拆卸旋转变压器定子

拆卸旋转变压器定子先选用合适的扳手,拆除旋转变压器定子固定螺丝,如图 1.58(a)所示。然后取下旋转变压器定子,如图 1.58(b)所示。

4. 拆卸旋转变压器转子

拆卸旋转变压器转子先选用合适的扳手,拆除旋转变压器转子固定螺丝,如图

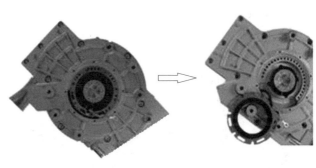

(a) 拆除旋转变压器定子固定螺丝　　　　(b) 取下旋转变压器定子

图 1.58　拆卸旋转变压器定子

1.59(a)所示。然后将旋转变压器转子从转轴端部取下,如图 1.59(b)所示。

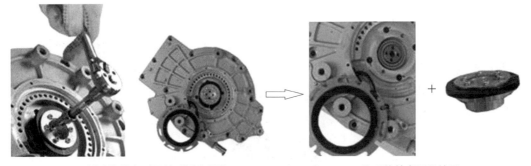

(a) 拆除旋转变压器转子固定螺丝　　　　(b) 取下旋转变压器转子

图 1.59　拆卸旋转变压器转子

5. 拆卸后端盖

拆卸后端盖的步骤如下。

(1)选用合适的扳手,拆除后端盖内轴承挡板固定螺丝,如图 1.60 所示。

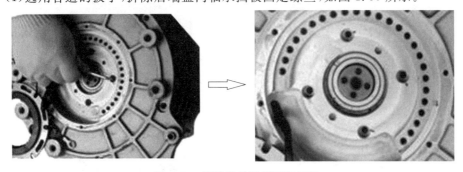

图 1.60　拆除轴承挡板固定螺丝

(2)由于案例电机的机座端面上有定位销,后端盖上有定位孔,因此拆卸前可以不必再做记录标记。选择合适的扳手拆除后端盖与机座的紧固螺栓,如图 1.61 所示,注意应按照对角线位置进行均匀拆卸。然后,轻轻地用橡胶锤按照对角线位置均匀敲打端盖,使左侧端盖与机壳分离,取下后端盖,放置在安全的地方。移动后端盖时注意安全,避免受伤,必要时可以多人合抬或使用吊装机械。

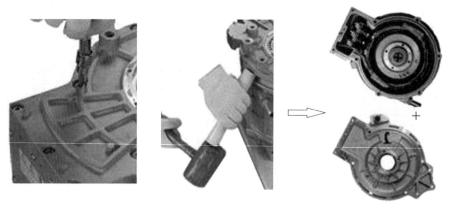

图 1.61 拆卸后端盖

6. 固定六角固定头

六角固定头如图 1.62 所示,有四个与旋转变压器转子相同的固定安装孔,为永磁转子起吊架的部件之一。选用合适的螺丝刀将六角固定头固定在转轴上原来固定旋转变压器转子的位置,如图 1.63 所示。

图 1.62 六角固定头

图 1.63 固定六角固定头

7. 放置转子起吊架

放置转子起吊架的步骤如下。

先将转子起吊架放置在机座上后端盖原来的位置,注意契合良好,如图 1.64(a)所示。起吊架要有专人扶持,防止倾倒伤人。

起吊架放置好以后,提起丝杠上的大套筒,转动起吊架旋臂,调整丝杠使得丝杠底端的六角活动头向下移动,直至与电机转轴端部的六角固定头对齐并贴合在一起,如图 1.64(b)所示。然后,将分体式小套筒(起吊架的部件之一,见图 1.64(c))套在对齐贴合好的两个六角固定头外部,如图 1.64(d)所示。小套筒套好后,放下丝杠上的大套筒,套在分体式小套筒外,如图 1.64(e)所示。

(a) 放置起吊架　　　　(b) 调整丝杠　　　　(c) 分体式小套筒

(d) 套好分体式小套筒　　　(e) 放下丝杠上的大套筒

图 1.64　放置转子起吊架

8. 吊出永磁转子

吊出永磁转子的步骤如下。

(1)转动旋臂,将转子逐步吊出。待转子露出机座边缘时,将丝杠上的防滑螺丝向下拧紧与大套筒贴合,防止丝杠随旋臂一起转动造成起吊过程中止,如图 1.65 所示。

(2)继续转动旋臂,待转子整体吊出后,将起吊架与转子一起取下,轴伸端向下插入工作台上的另一个插孔内,并放置平稳,如图 1.66 所示。起吊过程中,注意扶稳起吊架。移动转子时,注意安全,可以多人合抬或使用吊装机械。放好后可以不拆下吊架,以便组装施工。

永磁同步电机的拆解施工已完成,下面开始组装施工。

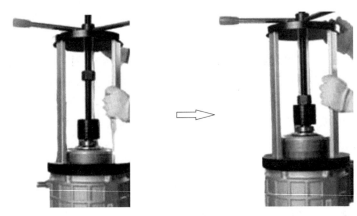

图 1.65　拧紧防滑螺丝

图 1.66　定子、转子分离

9. 放置转子

放置转子的步骤如下。

(1)将起吊架和转子一起抬起,放回电机定子上,注意放稳对齐。

(2)转动起吊架旋臂,将转子缓慢向下放入定子腔内,使其轴伸端进入前端盖轴伸孔,重新插回工作台上的插孔,最后使轴伸端轴承进入前端盖轴承室,转子放置稳定。

(3)按照与前面相反的步骤拆除起吊架。首先拆除丝杠上的防滑螺丝,再提起大套筒,接着取下分体式小套筒,移走起吊架,拆除转轴端部的六角固定头。

10. 安装后端盖

安装后端盖的步骤如下。

(1)将后端盖放置在机座上,与机座基本对齐,在后端盖上用于固定内部轴承挡板的螺丝孔内插入一把粗细合适的螺丝刀,稍微转动后端盖,直至螺丝刀插入轴承挡板上的螺丝孔内,使后端盖与轴承挡板上的所有螺丝孔对齐,如图 1.67 所示。

(2)将固定轴承挡板的螺丝放入其他螺丝孔内拧好,再取出定位用的螺丝刀,上好轴承挡板的最后一枚固定螺丝。

(3)稍微转动后端盖,将后端盖上的定位孔与机壳上的定位销对齐,用橡胶锤轻轻地按照对角线位置均匀敲打端盖,使端盖嵌入机壳止口,如图 1.68 所示。

图1.67 轴承挡板螺丝孔定位

图1.68 后端盖安装定位

(4)根据后端盖固定螺栓的规格选择合适的扳手,按照对角线位置进行均匀拧紧,注意应分几次拧紧,且不可有松有紧,以免损伤端盖,同时转动转子,检查转子转动是否灵活。

11. 安装旋转变压器

安装旋转变压器的步骤如下。

(1)安装旋转变压器转子。将旋转变压器转子按照原来的位置重新固定在转子轴端,拧紧固定螺丝。

(2)安装旋转变压器定子。将旋转变压器定子按照原来的位置重新固定在后端盖上,拧紧固定螺丝。

(3)安装旋转变压器后罩。将旋转变压器后罩重新固定在后端盖上,拧紧固定螺丝。

12. 竣工收尾

取下组装完成的电机放置回原位,整理工具及环境,完成拆装施工。

学习任务4 驱动电机控制器拆装

【任务情境描述】

经新能源汽车售后企业维修人员检测,确定新能源汽车用交流驱动电机控制器出现故障,其中包括电力电子器件(IGBT)模块故障、母线电流传感器故障及被动泄放时间过长故障,驱动电机控制器厂维修人员按照驱动电机控制器拆解工艺,采用专用工具对驱动电机控制器进行拆解,更换电力电子器件模块、母线电流传感器及被动泄放电阻。

【任务实施】

一、驱动电机控制器的工作原理

驱动电机不能独立运行,所有不同类型的驱动电机都需要有配套的驱动电机控制器,此处以主流的交流电机控制器为例进行说明,虽然不同类型的驱动电机工作原理不同,但驱动电机控制器的硬件结构均相同，只是控制软件有所区别。

驱动电机控制器的内部结构示意图如图1.69所示。驱动电机控制器的控制输入信号包括加速踏板的加速信号、制动踏板的制动信号、驱动电机的速度信号及驱动电机的温度信号等。加速踏板的加速信号和制动踏板的制动信号绝大多数是通过整车控制器处理后，采用CAN总线方式传送给驱动电机控制器。驱动电机的速度信号和驱动电机的温度信号绝大多数通过线束方式传送给驱动电机控制器。

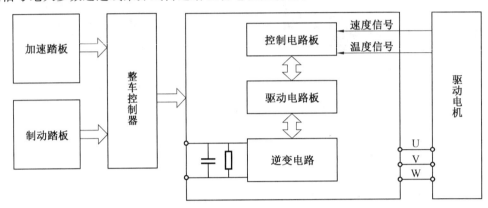

图1.69 驱动电机控制器的内部结构示意图

所有的控制信号汇集到控制器的控制电路板，经过整形、标定和分析处理后形成控制信号，控制信号经驱动电路板隔离和放大后控制逆变电路，逆变电路按照预期将动力电池的能量转移到驱动电机。

二、驱动电机控制器的结构

驱动电机控制器由低压控制电路、驱动电路、主回路、冷却系统及机械接口等组成，每个电路均相对独立，各部分电路又相互联系。

1. 低压控制电路

低压控制电路由输入输出控制信号接口和控制电路板等组成，驱动电机控制器输入输出控制信号主要包括速度传感器信号、驱动电机温度传感器信号、整车控制器传递信号及保护信号等，北汽新能源汽车EV200（简称"北汽EV200"）驱动电机控制器控制信号接口如图1.70(a)所示，低压接插件引脚如图1.70(b)所示，信号包括速度传感器（旋转变压器）输入信号、驱动电机温度传感器信号、CAN通信信号及低压控制电源输入。

保护信号包括高压接插件互锁信号和开盖保护信号等，开盖保护信号传感器如图1.71(a)所示，控制电路板如图1.71(b)所示。

2. 驱动电路和主回路

驱动电路板如图1.72(a)所示，驱动电路输入来自低压控制电路，输出由主回路的电力电子器件提供，电力电子器件模块如图1.72(b)所示。

以北汽新能源汽车驱动电机控制器为例，其中直流高压输入正极、直流高压输入负极及主电机U相、V相与W相均采用高压接插件，如图1.73所示。

(a) 控制信号接口

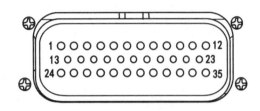

(b) 低压接插件引脚

图 1.70　北汽 EV200 驱动电机控制器的信号接口连接器实物图

(a) 开盖保护信号传感器

(b) 控制电路板

图 1.71　北汽 EV200 驱动电机控制器的低压控制电路实物图

(a) 驱动电路板

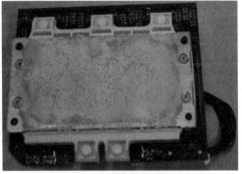

(b) 电力电子器件模块

图 1.72　驱动电机控制器的驱动电路和电力电子模块实物图

为了减小电压波动,通常在直流高压输入正极和直流高压输入负极之间并联缓冲电容。为了保证安全,缓冲电容两端并联泄放电阻。北汽 EV200 缓冲电容实物图如图 1.74 所示。

驱动电机控制器中能触及的可导电部分必须与外壳接地点连接,接地点实物图如图 1.75 所示。

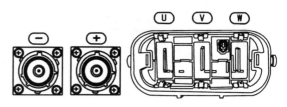

(a) 快速连接器接口   (b) 高压接插件

图 1.73 驱动电机控制器的快速连接器接口实物图

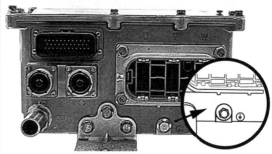

图 1.74 北汽 EV200 缓冲电容实物图 图 1.75 接地点实物图

3. 冷却系统

驱动电机控制器与驱动电机通常采用同一种冷却方式,与电动水泵、散热器、风扇及配套的管路等共同构成了新能源汽车的冷却系统,北汽新能源汽车的冷却系统示意图如图 1.76 所示。

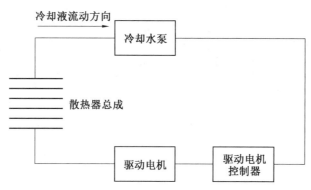

图 1.76 北汽新能源汽车的冷却系统示意图

冷却液管路接口是连接驱动电机控制器与冷却管路的接口,冷却系统在电力电子器件的下方,用于冷却其产生的热量,北汽新能源驱动电机控制器的内部冷却系统实物图如图 1.77 所示。

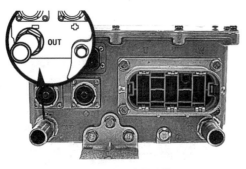
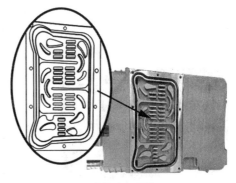

(a) 冷却液管路接口　　　　　　　(b) 内部冷却系统

图 1.77　北汽新能源驱动电机控制器的内部冷却系统实物图

4. 机械接口

驱动电机控制器的机械接口主要指它与支架或车架之间的安装接口,安装接口没有国家标准和行业标准要求,通常由生产单位与用户协商确定,须满足整车抗震性和防护性要求。

宇通新能源汽车驱动电机控制器安装接口如图 1.78(a)所示,北汽新能源汽车驱动电机控制器安装接口如图 1.78(b)所示。

(a) 宇通新能源汽车驱动电机控制器安装接口　　　(b) 北汽新能源汽车驱动电机控制器安装接口

图 1.78　驱动电机控制器的安装接口实物图

三、拆装驱动电机控制器

电力电子器件模块、母线电流传感器及被动泄放电阻是驱动电机控制器的核心零部件,更换这些零部件必须对驱动电机控制器的内部零部件进行拆装。以北汽 EV200 驱动电机控制器为例进行说明,其拆装的具体步骤如下。

1. 拆卸驱动电机控制器上盖

拆卸驱动电机控制器上盖的步骤如下。

(1)查阅驱动电机控制器说明书,确定驱动电机控制器上盖固定螺栓的拆装工具。北汽 EV200 驱动电机控制器上盖采用了 17 颗螺栓与控制器进行固定,如图 1.79(a)所示,拆装工具选用 PH2 型十字改锥,如图 1.79(b)所示。

(2)采用 PH2 型十字改锥拆卸驱动电机控制器上盖的 17 颗螺栓,拆卸后的驱动电机控制器俯视图如图 1.79(c)所示,可以看到控制器板、缓冲电容器、低压接插件转接板及母线电流传感器等。将拆卸的 17 颗螺栓放置于工具盒内,防止丢失。

  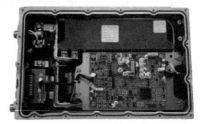

(a) 驱动电机控制器上盖　　　(b) 拆装工具　　　(c) 拆卸后的驱动电机控制器俯视图

图 1.79　北汽 EV200 拆卸驱动电机控制器上盖

2. 拆卸驱动电机控制器控制板

驱动电机控制器控制板接口包括与驱动电路板线束接插件、母线电流传感器线束接插件及 4 颗固定螺栓等,其拆卸步骤如下。

(1)为了防止运动过程中线束运动造成的线束虚接,控制器内部线束通常采用绑扎带进行固定,如图 1.80(a)所示。可采用斜嘴钳剪掉绑扎带,斜嘴钳如图 1.80(b)所示,剪掉绑扎带后的控制板如图 1.80(c)所示。

(a) 控制器内部　　　(b) 斜嘴钳　　　(c) 剪掉绑扎带后的控制板

图 1.80　剪掉线束绑扎带实物图

(2)为了防止运动过程中造成接插件松动,接插件与插座之间通常采用固定胶进行加固,如图 1.81(a)所示。可采用竹签或徒手进行固定胶剥离,剥离固定胶后的接插件插座如图 1.81(b)所示。

(3)拆除接插件。

通常驱动电机控制器控制板的接插件至少包括外部输入接插件和内部驱动电路插件,有些控制器可能还有其他控制接插件,如北汽 EV200 驱动电机控制器还包括母线电流传感器接插件,如图 1.82(a)所示。逐一按下低压接插件卡扣,然后向外拔使其与插座脱离,如图 1.82(b)所示。

(4)拆卸控制板固定螺栓。

查阅驱动电机控制器说明书,确定驱动电机控制器控制板固定螺栓的拆装工具。北汽 EV200 驱动电机控制器的控制板采用 4 颗螺栓与隔板进行固定,如图 1.83(a)所示,拆装工具选用 PH2 型十字改锥。拆卸后的驱动电机控制器俯视图如图 1.83(b)所示,将拆

(a) 固定胶加固　　　　　　　　(b) 剥离固定胶后的接插件插座

图 1.81　清除接插件固定胶

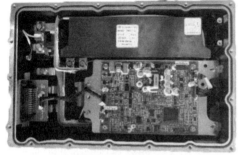 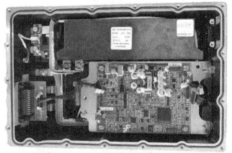

(a) 母线电流传感器接插件　　　　　　(b) 拆除接插件

图 1.82　拆除接插件

卸的 4 颗螺栓放置于工具盒内,防止丢失。

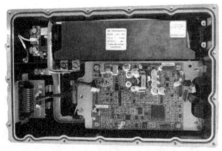 

(a) 驱动电机控制器控制板固定螺栓　　　(b) 拆卸后的驱动电机控制器俯视图

图 1.83　拆卸控制板固定螺栓

(5)拆卸隔板。

控制板和驱动电路板之间的隔板有两个作用:一是固定控制板;二是减小电磁干扰,其拆卸步骤如下。

查阅驱动电机控制器说明书,确定驱动电机控制器隔板固定螺栓的拆装工具。北汽 EV200 驱动电机控制器隔板采用了 4 颗螺栓与控制器进行固定,如图 1.84(a)所示,拆装工具选用 PH2 型十字改锥。拆卸后的驱动电机控制器俯视图如图 1.84(b)所示,将拆卸的 4 颗螺栓放置于工具盒内,防止丢失。拆卸后的隔板如图 1.84(c)所示。

(a) 驱动电机的控制器隔板　　(b) 拆卸后的驱动电机控制器俯视图　　(c) 拆卸后的隔板

图 1.84　拆卸隔板

4. 拆卸缓冲电容器

缓冲电容器的结构通常由某种驱动电机控制器确定,如北汽 EV200 结构中采用 2 颗六角螺栓将缓冲电容器与控制器外壳固定,输入采用 2 颗六角螺栓与直流母排相连,输出采用 6 颗六角螺栓与 IGBT 模块相连,如图 1.85(a)所示。缓冲电容器的拆卸步骤如下。

查阅驱动电机控制器说明书,确定驱动电机控制器缓冲电容器固定螺栓的拆装工具:胶柄棘轮扳手和 10 mm 套筒,如图 1.85(b)所示。依次拆掉缓冲电容器输入和输出的 8 颗六角螺栓,最后拆掉与控制器外壳固定的 2 颗六角螺栓,拆卸缓冲电容器后的驱动电机控制器俯视图如图 1.85(c)所示,将拆卸的 10 颗螺栓放置于工具盒内,防止丢失。拆卸下来的缓冲电容器如图 1.85(d)所示。

(a) 缓冲电容器与控制器外壳　　(b) 拆卸工具　　(c) 拆卸后的驱动电机控制器俯视图　　(d) 缓冲电容器

图 1.85　拆卸缓冲电容器

5. 拆卸 IGBT 模块

拆卸缓冲电容器后的驱动电机控制器中可以直接看到 IGBT 模块的整体,但 IGBT 模块与输出交流母排叠压,而交流母排又与驱动电机控制器低压接插件叠压,如图 1.86(a)所示。因此拆卸 IGBT 模块的前提是拆卸低压接插件和交流母排,具体拆卸步骤如下。

(1)拆卸低压接插件和交流母排。

查阅驱动电机控制器说明书,确定驱动电机控制器低压接插件的拆装工具。北汽 EV200 驱动电机控制器低压接插件采用 4 颗螺栓与控制器固定,如图 1.86(a)所示,拆装工具选用 PH1 型十字改锥。拆卸低压接插件后的驱动电机控制器俯视图如图 1.86(b)所示,低压接插件如图 1.86(c)所示,将拆卸的 4 颗螺栓放置于工具盒内,防止丢失。

北汽 EV200 结构交流母排输入采用 3 颗六角螺栓与 IGBT 模块相连,输出采用 3 颗六角螺栓与高压接插件相连。查阅驱动电机控制器说明书,确定驱动电机控制器交流母排输入和输出连接螺栓的拆装工具:胶柄棘轮扳手和 10 mm 套筒。依次拆掉缓冲电容器输入和输出的 6 颗六角螺栓,拆卸交流母排后的驱动电机控制器俯视图如图 1.86(d)所示,将拆卸的 6 颗螺栓放置于工具盒内,防止丢失。拆卸后的交流母排如图 1.86(e)所示。

(a) 驱动电机控制器低压接插件

(b) 拆卸低压接插件后的驱动电机控制器俯视图

(c) 低压接插件

(d) 拆卸交流母排后的驱动电机控制器俯视图

(e) 交流母排

图 1.86 拆卸交流母排

(2)拆卸 IGBT 模块。

查阅驱动电机控制器说明书,确定 IGBT 模块固定六角螺栓的拆装工具。北汽 EV200 驱动电机控制器 IGBT 模块采用了 8 颗六角螺栓与控制器固定,如图 1.87(a)所示,IGBT 模块连接螺栓的拆装工具采用胶柄棘轮扳手和 8 mm 六角套筒头,如图 1.87(b)所示,依次拆掉 8 颗六角螺栓,拆卸 IGBT 模块后的驱动电机控制器俯视图如图

1.87(c)所示,将拆卸的 8 颗螺栓放置于工具盒内,防止丢失。IGBT 模块正面如图 1.87(d)所示,反面如图 1.87(e)所示。

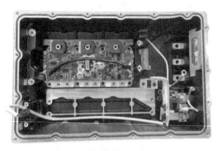
(a) 驱动电机控制器IGBT模块

(b) 拆装工具

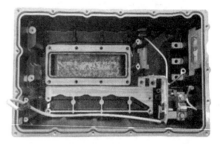
(c) 拆卸IGBT模块后的驱动电机控制器俯视图

(d) IGBT模块正面

(e) IGBT模块反面

图 1.87　拆卸 IGBT 模块

6. 拆卸母线电流传感器

拆卸 IGBT 模块后,可以直接看到驱动电机控制器内的母线电流传感器的整体,但母线电流传感器与电磁兼容模块和直流母排叠压,如图 1.88(a)所示。因此拆卸母线电流传感器的前提是拆卸电磁兼容模块和直流母排,其具体拆卸步骤如下。

(1)拆卸电磁兼容模块和直流母排。

查阅驱动电机控制器说明书,确定驱动电机控制器电磁兼容模块接地连接螺栓的拆装工具。北汽 EV200 驱动电机控制器电磁兼容模块采用 1 颗螺栓与控制器固定,如图 1.88(a)所示,拆装工具选用 PH2 型十字改锥。

查阅驱动电机控制器说明书,确定电磁兼容模块与直流母排固定螺栓的拆装工具。北汽 EV200 驱动电机控制器电磁兼容模块采用 2 颗六角螺栓与直流母排固定,如图 1.88(a)所示,拆装工具采用胶柄棘轮扳手和 8 mm 六角套筒头,依次拆掉 2 颗六角螺栓,拆卸电磁兼容模块后的驱动电机控制器俯视图如图 1.88(b)所示,电磁兼容模块如图 1.88(c)所示,直流母排如图 1.88(d)所示,将拆卸的螺栓放置于工具盒内,防止丢失。

(2)拆卸母线电流传感器。

查阅驱动电机控制器说明书,确定母线电流传感器与控制器外壳固定螺栓的拆装工具。北汽 EV200 驱动电机控制器母线电流传感器采用了 1 颗内六角螺栓与控制器固定,如图 1.89(a)所示,拆装工具选用平头内六角扳手,如图 1.89(b)所示。拆掉内六角螺栓并取下母线电流传感器,拆卸母线电流传感器后的驱动电机控制器俯视图如图 1.89(c)所示,母线电流传感器如图 1.89(d)所示,将拆卸的螺栓放置于工具盒内,防止丢失。

 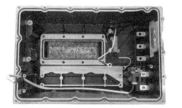

(a) 驱动电机控制器电磁兼容模块　　(b) 拆卸电磁兼容模块后的驱动电机控制器俯视图

(c) 电磁兼容模块　　　　　　　　　(d) 直流母排

图 1.88　拆卸电磁兼容模块和直流母排

(a) 驱动电机控制器母线电流传感器　　　　(b) 拆装工具

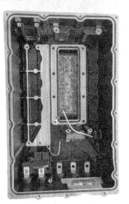 

(c) 拆卸母线电流传感器后的驱动电机控制器俯视图　　(d) 母线电流传感器

图 1.89　拆卸母线电流传感器

7. 拆卸被动泄放电阻

查阅驱动电机控制器说明书,确定被动泄放电阻与控制器外壳固定螺栓的拆装工具。北汽 EV200 驱动电机控制器的被动泄放电阻采用 2 颗内六角螺栓与控制器固定,如图 1.90(a)所示,拆装工具选用平头内六角扳手。拆掉 2 颗内六角螺栓并取下被动泄放电阻,拆卸被动泄放电阻后的驱动电机控制器俯视图如图 1.90(b)所示,被动泄放电阻如图 1.90(c)所示,将拆卸的螺栓放置于工具盒内,防止丢失。

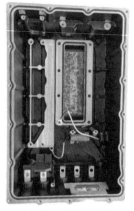

(a) 驱动电机控制器被动泄放电阻　(b) 拆卸被动泄放电阻后的驱动电机控制器俯视图　(c) 被动泄放电阻

图 1.90　拆卸被动泄放电阻

驱动电机控制器安装是其拆卸的逆过程,但应注意以下几个问题。

8. 检查高压接插件

采用目视检测方法,检查高压接插件是否存在烧蚀痕迹和划痕等破损现象,如有破损,则需更换高压接插件。

高压接插件通常采用线簧形式,其接触电阻是微欧级,随着电流增加,要求电阻越小越好,若存在破损现象会造成接触电阻急剧增加,严重时可能发生接插件烧毁。以苏州康吉奥电子科技有限公司生产的大电流重载线簧连接器接插件为例进行说明,其插针如图 1.91(a)所示,线簧如图 1.91(b)所示,不同电流对应最大接触电阻如图 1.91(c)所示。

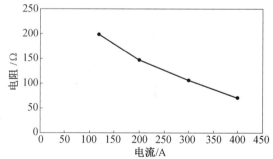

(a) 插针　　　　　　(b) 线簧　　　　　(c) 不同电流对应最大接触电阻

图 1.91　重载线簧连接器的接插件

9. 检查密封圈

驱动电机控制器中有两个密封圈：一个是驱动电机控制器外壳与上盖之间的密封圈；另一个是 IGBT 模块与驱动电机控制器外壳之间的密封圈，如图 1.92 所示。

拆卸完毕后需要检查密封圈的外观，如有裂纹、断裂以及不可恢复变形的破损现象时，需要更换密封圈。

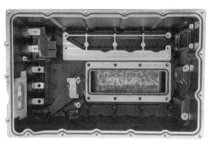

图 1.92 驱动电机控制器中的密封圈实物图

10. 确认扭力

拆卸固定螺栓和电气连接螺栓时，将螺栓拆卸即可，安装时，则必须严格按照规定的扭矩进行安装，特别是高压大电流连接点。如图 1.93 所示，若高压大电流连接点位置松动，使接触电阻变大，高压大电流连接点就会急剧发热，甚至引发火灾。

 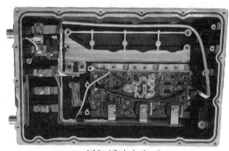

(a) 拆卸缓冲电容前　　　　　　　　　(b) 拆卸缓冲电容后

图 1.93 高压大电流连接点实物图

常规扳手如图 1.94(a) 所示，其不能控制扭矩。扭力扳手如图 1.94(b) 所示，可根据扭矩具体要求调整安装扭矩。

(a) 常规扳手　　　　　　　　　(b) 扭力扳手

图 1.94 常规扳手和扭力扳手实物图

11. 涂导热硅脂

驱动电机控制器内部的功率器件安装时需要重新涂导热硅脂,功率器件包括被动泄放电阻等,如图 1.95(a)所示。如图 1.95(b)和图 1.95(c)所示,拆卸交流母排和直流母排后,夹层的绝缘材料会松动,重新安装时,也需要在夹层的绝缘材料上涂导热硅脂,导热硅脂如图 1.95(d)所示。

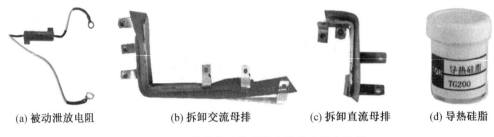

(a) 被动泄放电阻　　(b) 拆卸交流母排　　(c) 拆卸直流母排　　(d) 导热硅脂

图 1.95　涂导热硅脂部件和导热硅脂实物图

学习任务 5　驱动电机铭牌认知

【任务情境描述】

当新能源汽车驱动电机系统发生故障时,维修人员按照高压操作规范拆卸故障驱动电机并将其放置于支架托盘,根据驱动电机铭牌标识的重量参数,选择搬运工具,将驱动电机搬运至故障零部件放置区域。

【任务实施】

一、驱动电机铭牌认知

铭牌又称为标牌,每台驱动电机至少包含一块铭牌,材料采用耐久性金属类或非金属类材料,牢固地装在电机易于见到的部位,记载生产厂家及额定工作情况下的一些技术数据,向用户提供必要的参数信息。金属材质铭牌如图 1.96(a)所示,非金属铭牌如图 1.96(b)所示。

按照国家标准《电动汽车用驱动电机系统　第 1 部分:技术条件》(GB/T 18488.1—2015)的要求,驱动电机铭牌应包括如下信息。

①生产企业信息:制造厂名。

②驱动电机信息:型号、编号及名称等。

③驱动电机主要参数:额定电压、额定电流、持续功率、相数、工作制、峰值转矩、峰值功率、最高工作转速、绝缘等级及防护等级,铭牌中的主要参数并不一定包含全部主要参数。

(a) 金属材质铭牌　　　　　　　　(b) 非金属铭牌

图 1.96　驱动电机铭牌实物图

1. 驱动电机型号

驱动电机型号由驱动电机类型代号、尺寸规格代号、信号反馈元件代号、冷却方式代号及预留代号五部分组成。

驱动电机型号代表意义如图 1.97 所示。

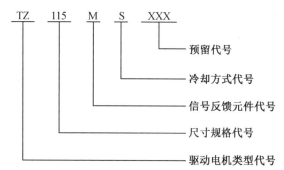

图 1.97　驱动电机型号代表意义示意图

(1) 驱动电机类型代号。

①TZ:正弦控制型永磁同步电机,也称为永磁同步电机,是目前新能源汽车用主流驱动电机之一,60 kW 新能源汽车用永磁同步电机如图 1.98(a)所示。

②YS:异步电机(鼠笼式),也称感应电机,是目前新能源汽车用主流驱动电机之一,15 kW 新能源汽车用异步电机如图 1.98(b)所示。

③TF:方波控制型永磁同步电机,也称为无刷直流电机,目前在新能源汽车驱动电机领域应用较少,电动环卫汽车用无刷直流电机如图 1.98(c)所示。

④ZL:直流电机,早期是新能源汽车用主流驱动电机,目前在低速新能源汽车中还有部分应用,低速新能源汽车用 5 kW 直流电机如图 1.98(d)所示。

⑤KC:开关磁阻电机,目前已很少应用,新能源汽车用开关磁阻电机如图 1.98(e)所示。

⑥YR:异步电机(绕线式),目前还没有相关应用。

(2) 尺寸规格代号。

尺寸规格代号一般表示定子铁心的外径,外转子电机采用外转子铁心外径来表示。

(a) 永磁同步电机　　　　(b) 异步电机　　　　(c) 方波控制型永磁同步电机

(d) 直流电机　　　　　　(e) 开关磁阻电机

图1.98　电动用驱动电机实物图

(3) 信号反馈元件代号。

信号反馈元件一般用于测速，代号以字母形式表示，无传感器则不标注。代号代表的意义具体如下。

①X：代表信号反馈元件是旋转变压器，该变压器是目前新能源汽车驱动电机主流的速度和位置传感器，如图1.99(a)所示。

②H：代表信号反馈元件是霍尔元件，该元件是目前新能源汽车用无刷直流电机主流的速度和位置传感器，通常是三个霍尔元件组合使用，如图1.99(b)所示。

③M：代表信号反馈元件是光电编码器，由于光电编码器对工作环境要求较高，因此目前在新能源汽车驱动电机领域已经很少应用。光电编码器如图1.99(c)所示。

(a) 旋转变压器　　　　(b) 霍尔元件　　　　(c) 光电编码器

图1.99　速度信号反馈元件实物图

(4) 冷却方式代号。

冷却方式代号代表了电机的冷却方式，常见的代号以字母形式表示，非强迫冷却方式即自然冷却不标注。代号代表的意义具体如下。

①S：代表驱动电机采用水冷方式，该类方式是目前新能源汽车驱动电机主流的冷却方式，需要一套水冷系统作支撑，北汽新能源汽车用水冷驱动电机如图1.100(a)所示。

②Y：代表驱动电机采用油冷方式，该类冷却方式需要一套油冷系统作支撑，丰田普瑞斯新能源汽车用油冷驱动电机系统如图1.100(b)所示。

③F：代表驱动电机采用强迫风冷方式，由于冷却风扇是易损件，因此目前新能源汽车中已很少应用，强迫风冷方式新能源汽车用驱动电机如图1.100(c)所示。

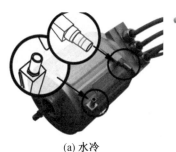  

(a) 水冷　　　　　　　　(b) 油冷　　　　　　　　(c) 强迫风冷

图1.100　电机冷却方式实物图

(5)预留代号。

预留代号用英文大写字母或阿拉伯数字组合形式表示，其含义由制造商自行确定。

2. 驱动电机主要参数

驱动电机的主要参数包括额定电压、额定电流、持续功率、峰值功率、最高转速、绝缘等级、防护等级、工作制及重量等。

(1)额定电压。

额定电压指驱动电机能够长时间正常工作的线电压，绕组电压与绕组的接线方式相关。

①Y形接法：额定电压等于线电压，线电压等于绕组电压的$\sqrt{3}$倍，如图1.101(a)所示。

②△形接法：额定电压等于线电压，线电压等于绕组电压，如图1.101(b)所示。

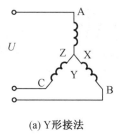 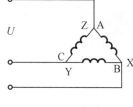

(a) Y形接法　　　　　　　　(b) △形接法

图1.101　驱动电机额定电压示意图

(2)额定电流。

额定电流指驱动电机定子绕组在指定接法下，能够长时间正常工作的线电流，绕组电流与绕组的接线方式相关。

①Y形接法:额定电流等于线电流,线电流等于绕组电流,如图1.102(a)所示。

②△形接法:额定电流等于线电流,线电流等于绕组电流的$\sqrt{3}$倍,如图1.102(b)所示。

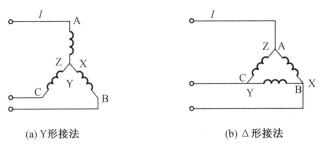

图1.102 驱动电机额定电流示意图

(3)持续功率。

持续功率指驱动电机能够连续输出的有效功率,即在正常的工作环境下可以持续工作的最大功率。

(4)峰值功率。

峰值功率指驱动电机能够在短时间内输出的最大功率,此处短时间一般指1 min。

(5)最高转速。

驱动电机是常见的机电设备,受到轴承等限制,所有驱动电机存在一个能够输出的最高转速n_{max}。新能源汽车可处于最高转速以下的任何转速,新能源汽车驱动电机与工业电机最大的区别是没有额定转速。

(6)绝缘等级。

驱动电机主要采用三种材料:铁、铜及绝缘材料,其中绝缘材料决定了驱动电机温度的上限。驱动电机的绝缘材料包括驱动电机槽内绝缘纸、绕组之间绝缘及绕组漆包线绝缘等,驱动电机槽内绝缘纸如图1.103(a)所示,绕组之间绝缘如图1.103(b)所示,绕组漆包线绝缘结构示意图如图1.103(c)所示。

(a) 驱动电机槽内绝缘纸

(b) 绕组之间绝缘

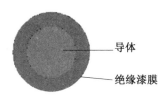
(c) 绕组漆包线绝缘结构示意图

图1.103 驱动电机绝缘

绝缘等级代表驱动电机绕组所用的绝缘材料在使用时容许的极限温度,即电机绝缘结构中最热点的最高容许温度。绝缘等级用字母表示,驱动电机绝缘指内部所有绝缘等级最低的级别。不同绝缘等级与极限温度的对应关系见表1.1。

表 1.1 不同绝缘等级与极限温度

绝缘等级	A	E	B	F	H	C
极限温度/℃	105	120	130	155	180	大于 180

(7)防护等级。

驱动电机的防护等级采用外壳防护分级的 IP 代码表示。防护等级分级根据防尘、防止外物(工具、人的手指等均不可接触电器的带电部分)侵入和防湿气、防水侵入的特性加以分级。IP 防护等级由两个数字组成,如 IPXX,第 1 个数字 X 表示电器防尘、防止外物侵入的等级,第 2 个数字 X 表示电器防湿气、防水侵入的密闭程度等级,数字越大表示其防护等级越高。IP 防护等级第 1、2 两个数字的含义分别见表 1.2 和表 1.3。

表 1.2 IP 防护等级第 1 个数字的含义

数字	防护范围	说明
0	无防护	对外界的人或物无特殊防护
1	防止直径大于 50 mm 的固体外物侵入	防止人体(如手掌)接触到电器内部的零件,防止较大尺寸(直径大于 50 mm)的外物侵入
2	防止直径大于 12.5 mm 的固体外物侵入	防止人的手指接触到电器内部的零件,防止中等尺寸(直径大于 12.5 mm)的外物侵入
3	防止直径大于 2.5 mm 的固体外物侵入	防止直径或厚度大于 2.5 mm 的工具、电线及类似的小型外物接触到电器内部的零件
4	防止直径大于 1.0 mm 的固体外物侵入	防止直径或厚度大于 1.0 mm 的工具、电线及类似的小型外物接触到电器内部的零件
5	防止外物及灰尘	完全防止外物侵入,虽不能完全防止灰尘侵入,但灰尘的侵入量不会影响电器的正常运作
6	防止外物及灰尘	完全防止外物及灰尘侵入

表 1.3 IP 防护等级第 2 个数字的含义

数字	防护范围	说明
0	无防护	对水或湿气无特殊防护
1	防止水滴浸入	垂直落下的水滴(如凝结水)不会对电器造成损坏
2	倾斜 15°时,仍可防止水滴浸入	当电器由垂直方向倾斜至 15°时,水滴不会对电器造成损坏
3	防止喷洒的水浸入	防止雨或与垂直方向的夹角小于 60°的范围内所喷洒的水浸入电器
4	防止飞溅的水浸入	防止来自各个方向飞溅而来的水浸入电器
5	防止喷射的水浸入	防止来自各个方向由喷嘴射出的水浸入电器
6	防止大浪浸入	对于装设在甲板上的电器,可防止因大浪的侵袭而造成的电器损坏

续表1.3

数字	防护范围	说明
7	防止浸水时水的浸入	当电器浸在水中一定时间或水压在一定的标准以下,确保电器不因浸水而造成损坏
8	防止沉没时水的浸入	当电器无限期沉没在指定的水压下,确保电器不因浸水而造成损坏

(8)工作制。

电机的工作制表明电机在不同负载下的允许循环工作时间,工作制的分类是对电机承受负载情况的说明,工作制可分为连续、短时、周期性或非周期性等类型,按照工作特性可以将工作制分为 S1~S10 类,其中新能源汽车驱动电机主要涉及 S1 工作制和 S2 工作制,其具体意义如下。

①S1 工作制。

S1 代表连续工作制。驱动电机在负载下的运行时间足以达到热稳定,电动乘用车和商用汽车运行时间较长,因此都要求是 S1 工作制,驱动电机负载与温升、时间关系如图 1.104(a)所示。特斯拉新能源汽车用电机如图 1.104(b)所示,采用 S1 工作制。

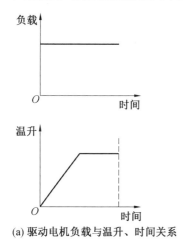

(a)驱动电机负载与温升、时间关系　　(b)特斯拉电动汽车用电机

图 1.104　S1 工作制特性原理图和电机实物图

②S2 工作制。

S2 代表短时工作制。驱动电机在负载下按给定的时间运行,该时间不足以达到热稳定,随之即断电停转足够时间,使电机再度冷却到与冷却介质温度之差在 2 K 以内。电动高尔夫球车的负载工况就是典型的 S2 工作制,驱动电机负载与温升、时间关系如图 1.105(a)所示。常州华盛电机有限公司生产的 S2 工作制电机如图 1.105(b)所示。

(9)重量。

驱动电机铭牌中的重量参数是维修过程中至关重要的参数。驱动电机的重量跨度很

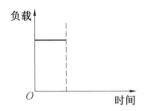
(a) 驱动电机负载与温升、时间关系

(b) 常州华盛电机有限公司的S2工作制电机

图1.105　S2工作制特性原理图和电机实物图

大,从几十公斤[①]到几百公斤,因此需要根据驱动电机重量参数确定吊装工具和运输工具能否达到要求,若承载能力达不到要求,可能会引发安全事故。高压零部件吊装工具和运输工具如图1.106所示。

(a) 高压零部件吊装工具

(b) 高压零部件运输工具

图1.106　高压零部件吊装工具和运输工具实物图

二、驱动电机控制器铭牌认知

驱动电机控制器铭牌与驱动电机铭牌功能类似,北汽EV160驱动电机控制器铭牌实物图如图1.107所示。

按照国家标准《电动汽车用驱动电机系统 第1部分:技术条件》(GB/T 18488.1—2015)要求,驱动电机控制器铭牌应包括如下信息。

①生产企业信息:制造厂名。

②驱动电机控制器信息:型号、出厂编号及名称等。

③驱动电机控制器主要参数:包括工作制、相数、持续工作电流、短时工作电流、防护

---

① 注:1公斤=1千克。

图 1.107　北汽 EV160 驱动电机控制器铭牌实物图

等级,其中工作制及防护等级等参数与驱动电机铭牌一致,此处不再重复介绍。铭牌中的参数并不一定包含全部主要参数。

1. 驱动电机控制器型号

驱动电机控制器型号由驱动电机控制器类型代号、工作电压规格代号、信号反馈元件代号、工作电流规格代号、冷却方式代号、预留代号六部分组成,如图 1.108 所示,其中信号反馈元件代号和冷却方式代号意义与驱动电机型号意义一致。

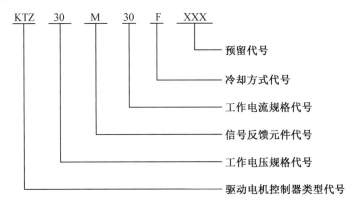

图 1.108　驱动电机控制器型号标识方法示意图

(1)驱动电机控制器类型代号。

驱动电机控制器类型代号由 3 个字母组成,代表意义如下。

第一个字母:字母 K 表示控制器,固定不变。

第二个字母和第三个字母:代表驱动电机类型,与驱动电机代号一致。

(2)工作电压规格代号。

工作电压规格代号用驱动电机控制器的标称直流电压除以"10"再圆整后的数值来表示。最少以两位数值表示,不足两位的,在十位上冠以 0。输入电压的单位为伏特(V)。

圆整,是科技术语,通常理解为因满足某种要求而进行的数据修正,按照修正后的数据在数值上是否比原数据大,又可分为向上圆整和向下圆整,此处按照向下圆整计算。

例如,控制器标称直流电压为 312 V,工作电压规格代号的计算方法如下:

工作电压规格代号:312÷10＝31.2,圆整后工作电压规格代号为 31;

例如,控制器标称直流电压为 72 V,工作电压规格代号的计算方法如下:

工作电压规格代号:72÷10＝7.2,圆整后工作电压规格代号为 07。

(3)工作电流规格代号。

工作电流规格代号用驱动电机控制器标称最大工作电流的有效值除以"10"再圆整后的数值来表示。最少以两位数值表示,不足两位的,在十位上冠以 0。输出电流的单位为安培(A)。

例如,控制器标称最大工作电流为 426 A,工作电流规格代号的计算方法如下:

工作电流规格代号:$426÷\sqrt{2}÷10=30.12$,圆整后工作电流规格代号为 30;

例如,控制器标称最大工作电流 98 A,工作电流规格代号的计算方法如下:

工作电流规格代号:$98÷\sqrt{2}÷10=6.93$,圆整后工作电流规格代号为 06。

(4)预留代号。由英文大写字母或阿拉伯数字组成,其含义由制造商自行确定。

2. 额定电压

额定电压指直流母线的标称电压,动力电池电压通过输入端口传递给直流母线,如图 1.109 所示。

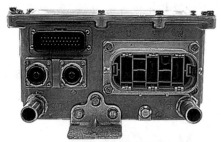
(a) 驱动电机控制器实物图

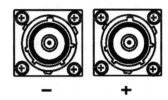
(b) 驱动电机控制器输入端口

图 1.109　驱动电机控制器直流母线电压输入端口实物图

驱动电机系统的直流母线额定电压分为以下等级:36 V、48 V、60 V、72 V、80 V、120 V、144 V*、168 V、192 V、216 V、240 V、264 V、288 V*、312 V*、336 V*、360 V、384 V*、408 V、540 V、600 V*、650 V、700 V、750 V。标有的"*"为优选等级。

3. 驱动电机控制器持续工作电流

驱动电机控制器持续工作电流指能够长时间持续工作的驱动电机控制器工作电流的最大值,该电流是三相正弦交流电,输入驱动电机绕组,其输出端口实物图如图 1.110 所示。

4. 驱动电机控制器最大工作电流

驱动电机控制器最大工作电流指能达到并能短时间承受的驱动电机控制器工作电流的最大值,时间通常为 1 min。

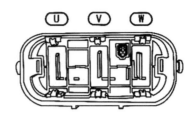

图 1.110　驱动电机控制器工作电流输出端口实物图

三、驱动电机系统铭牌参数应用

驱动电机铭牌和驱动电机控制器铭牌的每个参数都具有重要意义,如电压、电流、绝缘等级及转速等;还有些参数看似不重要,但也有重要作用,如通过驱动电机型号中尺寸规格代号可以估算驱动电机大小,驱动电机铭牌重量参数和驱动电机控制器铭牌重量参数是选择其搬运工具的重要依据等;还有些需要通过铭牌参数计算其他重要参数,如转矩等。

1. 尺寸规格参数

新能源汽车驱动电机型号中的尺寸规格代号表示铁心的外径,按照铁心的位置分为内转子和外转子两类。

①内转子驱动电机:内转子驱动电机铁心外径是指定子铁心外径。

②外转子驱动电机:外转子驱动电机铁心外径是指外转子铁心外径。

内转子驱动电机的定子铁心外径和外转子驱动电机的外转子铁心外径都可能带有磁钢。若其具有磁钢结构时,不能使用铁制的测量工具,否则可能造成测量工具粘在铁心表面,碰撞后会造成精度降低,应选用非金属抗磁测量工具。非金属抗磁游标卡尺外形与铁制游标卡尺没有区别,威汉玻璃纤维游标卡尺实物图如图 1.111 所示。

(a) 仪表式威汉玻璃纤维游标卡尺

(b) 数字式威汉玻璃纤维游标卡尺

图 1.111　威汉玻璃纤维游标卡尺实物图

2. 搬运方法选择

《重物搬运安全技术标准》(Q/BYJ 928—2009)规定了成人个体搬运负重的重量极限,包括搬运、扛运及推或拉方式等,见表 1.4。

表 1.4　成人个体搬运负重的重量极限

性别	搬运类别	搬运方式		
		搬运	扛运	推或拉
男	单次重量/kg	15	50	300
	全日重量/t	18	20	30
	全日搬运重量和相应步行距离乘积/(t·m)	90	300	3 000
女	单次重量/kg	10	20	200
	全日重量/t	8	10	16
	全日搬运重量和相应步行距离乘积/(t·m)	40	150	1600

驱动电机铭牌重量参数和驱动电机控制器铭牌重量参数是判断采用个体搬运或采用搬运工具的依据，同时也是选择搬运工具类型的重要依据。

新能源汽车驱动电机通常具有专用的搬运吊环，具有一个搬运吊环结构的驱动电机如图1.112(a)所示；具有两个搬运吊环结构的驱动电机如图1.112(b)所示，两个搬运吊环是主流的结构形式。

(a) 具有一个搬运吊环结构

(b) 具有两个搬运吊环结构

图1.112　新能源汽车驱动电机实物图

3. 转矩计算

从用户角度看，驱动电机最重要的两个物理量是转矩和转速。通常情况下，驱动电机铭牌有转速参数，但没有转矩参数，需要通过转速和功率计算得出转矩数值，转矩与功率及转速具有如下关系：

$$T = 9\,550 P/n \tag{1.4}$$

式中　T——驱动电机转矩；

　　　P——驱动电机功率；

　　　n——驱动电机转速。

学习任务6　汽车减速器认知与拆装

【任务情境描述】

经新能源汽车售后企业维修人员检测,新能源汽车减速器总成发生故障,需要对减速器进行拆解,维修完成后,重新组装并进行整车测试。

通过拆装汽车减速器,了解其结构及工作原理,并掌握拆装工艺。

【任务实施】

一、汽车减速器认知

汽车减速器介于驱动电机和驱动半轴之间,是一种相对精密的机械,一般情况下,减速器和差速器总成在一起。减速器起到降低转速、增大扭矩的作用,差速器保证汽车在转弯及不平路面上行驶时,左、右驱动轮能以不同的转速作纯滚动,使车辆可以平稳运行。

减速器的种类繁多,型号各异,常见的分类标准如下。

(1)按照传动类型,可分为齿轮减速器、蜗杆减速器和行星齿轮减速器。

(2)按照传动级数,可分为单级减速器和多级减速器。

(3)按照齿轮形状,可分为圆柱齿轮减速器、圆锥齿轮减速器和圆锥－圆柱齿轮减速器。

(4)按照传动布置形式,可分为展开式减速器、分流式减速器和同轴式减速器。

目前成熟并标准化的减速器主要包括圆柱齿轮减速器、涡轮减速器、行星减速器、行星齿轮减速器、RV减速器、摆线针轮减速器和谐波减速器。

根据工作特性要求,车辆需要动力源在低速时输出大扭矩,高速时输出恒功率。传统内燃机的输出特性无法与车辆直接匹配,需要配置一个多档变速器满足车辆需求。对于新能源汽车而言,由于电机具有与传统内燃机不同的工作特性,因此可以在低速时输出大扭矩,高速时输出恒功率,基本上与车辆需求吻合,无需多档变速器,只需一个单级减速器或两档变速器即可适应汽车多种行驶工况。因此,新能源汽车减速驱动系统结构得以大幅简化。

单级减速器采用固定传动比将电机转速降低并增大扭矩装置,传动效率高,资源丰富,开发难度小,基本可以满足中小型纯电动整车要求,不同车型的传动比有所不同。目前量产车型大多采用固定速比的减速器,但是单级减速器要求电机扭矩较大、转速较高,难以有效控制电机运行状态。随着技术的不断发展,现在也出现了两档减速器,可减小电机的输出扭矩,降低电机体积和成本,优化电机的运行状态。但两档减速器增加了换挡机构,结构复杂,效率稍低。

北汽EV200、EU260新能源汽车采用由中国长安汽车集团股份有限公司重庆青山变速器分公司生产的EF126B02单速变速器,如图1.113所示。市面上的一款舍弗勒两档减速器的结构如图 1.114 所示。多档减速器也相继问世。

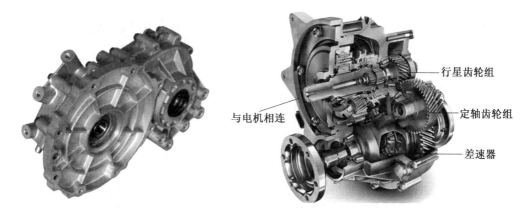

图 1.113　EF126B02 单速变速器实物图　　图 1.114　舍弗勒两档减速器的结构

下面以 EF126B02 单速变速器为例进行介绍。该减速器采用左右分箱、两级传动的结构设计,具有体积小、结构紧凑的特点,采用前进档和倒档共用的结构,整车倒档通过电机反转来实现。其按功用和位置分为五大组件:左箱体、右箱体、输入轴组件、中间轴组件和差速器组件,如图 1.115 所示。

图 1.115　EF126B02 单速变速器结构

两级圆柱齿轮减速器由一级减速主动轮、一级减速从动轮、二级减速主动轮、二级减速从动轮及轴承等构成。一级减速主动轮属于输入轴组件,如图 1.116(a)所示。一级减速从动轮、二级减速主动轮属于中间轴组件,如图 1.116(b)所示。二级减速从动轮与差速器壳体为一体,为差速器组件,如图 1.116(c)所示。差速器为开放式,由左、右半轴齿轮、两个行星齿轮及齿轮架(差速器壳体)组成。减速器的各对齿轮之间的啮合关系如图 1.116(d)所示。

EF126B02 单速变速器的工作原理如图 1.117 所示。

减速器的动力输入轴齿轮通过花键直接与驱动电机的动力输出轴连接,驱动电机的动力通过电机输出轴花键传至减速器总成,经减速器之后再通过左、右两个三枢轴万向节传给左、右车轮半轴,实现减速并同时达到增加扭矩的目的,驱动左、右驱动轮,可使两轮以不同转速转动。一级减速主动轮与一级减速从动轮构成一级减速,传动比 $i_1=1.92$。二级减速主动轮与二级减速从动轮构成二级减速,传动比 $i_2=4.06$。两级减速总传动比 $i=i_1×i_2=7.793$。

减速器左、右箱体用 14 颗螺栓紧固组装在一起,左箱体上的齿轮油加油口和放油口

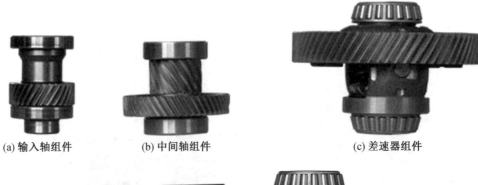

图 1.116 减速器的各齿轮组件及相互啮合关系

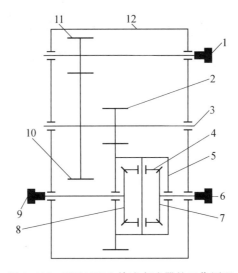

图 1.117 EF126B02 单速变速器的工作原理
1—动力输入轴；2—二级减速主动轮；3—中间轴；4—行星轮；5—差速器壳体（二级减速从动轮）；6—右半轴出轴；7—右半轴齿轮；8—左半轴齿轮；9—左半输出轴；10——级减速从动轮；11——级减速主动轮；12—变速器壳体

有加油螺塞和放油螺塞，同时设计了排气阀，如图 1.118 所示。拧紧加、放油螺塞时需满足技术条件规定的紧固力矩，排气阀可以调节减速器内的气压，避免减速器工作时产生的热量引起内部压力过高导致油封漏油。

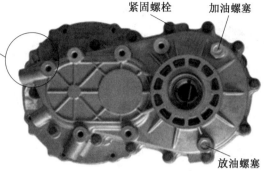

图 1.118 EF126B02 单速变速器箱体结构

EF126B02 单速变速器的主要技术参数见表 1.5。

表 1.5　EF126B02 单速变速器的主要技术参数

技术指标	技术参数	备注
最高输入转速	9 000 r/min	—
扭矩容量	≤260 N·m	—
驱动方式	横置前轮驱动	—
减速比	7.793	—
重量	23 kg	不含润滑油
润滑油规格	GL-475W-90 合成油	推荐嘉实多 BOT130(美孚 1 号 LS)
设计寿命	10 年或 30 万千米	—

二、减速器拆装

减速器拆装技能是汽车维修人员必会的技能之一,下面以 EF126B02 单速变速器为例介绍减速器的拆装步骤。

1. 准备好拆装工具及必要的劳动保护用品

在进行减速器拆装前,清理环境,准备好拆装工具及必要的劳动保护用品(方便施工的劳动服、防滑保护手套、防砸鞋和各种扳手、橡胶锤、螺栓收纳盒、撬棍、清洗槽、清洗液、刮刀、刀口尺、塞尺等)。

2. 分离驱动电机和减速器

从整车上拆下的驱动电机和减速器总成如图 1.119(a)所示。减速器依靠 8 颗紧固螺栓与驱动电机连接固定。从左侧可以看到,6 颗螺栓穿过减速器右箱体固定端面上的固定孔拧紧在电机前端盖上,同时可以观察到左半输出轴的输出花键和油封,如图 1.119(b)所示。从右侧可以看到,2 颗螺栓穿过电机前端盖上的固定孔反向拧紧在减速器右箱体的固定端面上,同时可以观察到右半输出轴的输出花键和油封,如图 1.119(c)所示。

分离驱动电机和减速器的步骤如下。

(a) 驱动电机和减速器总成　　(b) 左半输出轴和油封　　(c) 右半输出轴和油封

图 1.119　驱动电机与减速器

（1）操作前，确保驱动电机和减速器总成放置平稳。

（2）查看半轴油封外观，检查油封是否漏油。

（3）根据固定螺栓的规格选择合适的扳手，先按照对角线位置均匀拆卸连接固定减速器与驱动电机的 8 颗螺栓，再用橡胶锤轻轻敲打减速器，将驱动电机和减速器分离，卸下减速器，如图 1.120 所示。

图 1.120　分离驱动电机和减速器

3. 分离左、右箱体

分离左、右箱体的步骤如下。

（1）查看右箱体侧的动力输入轴油封外观，检查油封是否漏油。与驱动电机分离后的减速器如图 1.121 所示。

（2）将减速器平放在操作台上，右箱体处于下方，按照对角线位置均匀拆除将左、右箱体连接固定在一起的 14 颗螺栓，如图 1.122 所示。

图 1.121　与驱动电机分离后的减速器　　图 1.122　左、右箱体连接螺栓拆除

（3）用撬棍在预留撬位处轻轻撬动，使左、右箱体分离，如图 1.123 所示。

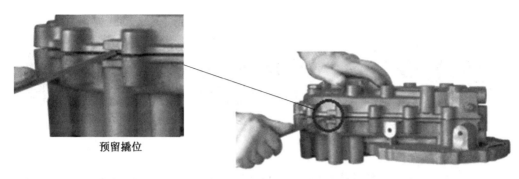

图 1.123 分离左、右箱体

(4)小心取下左箱体,放置在操作台上。分离后的左、右箱体分别如图 1.124 和图 1.125 所示。左箱体上有两个定位销,右箱体上有两个定位孔,相互配合用于左、右箱体的定位。

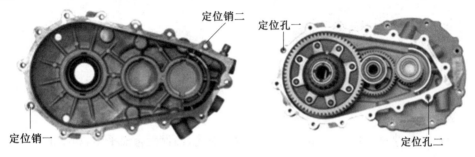

图 1.124 左箱体及其上的两个定位销　　图 1.125 右箱体及其上的两个定位孔

4. 取出右箱体内各齿轮组件

(1)同时取下差速器组件和中间轴组件,如图 1.126 所示。因为差速器组件和中间轴组件的啮合关系,两者只能同时取出。若轴承和箱体配合较紧,可适当借助撬棍,注意用力均衡适度,不宜过猛。

(2)取出输入轴组件,如图 1.127 所示。

图 1.126 取出差速器组件和中间轴组件　　图 1.127 取出输入轴组件

(3)取下的齿轮组件与左、右箱体均放入专用清洗槽清洗,然后晾干,如图 1.128 所示。

减速器的拆解施工完成,下面开始组装施工。组装过程按拆解过程的逆序进行,过程中要轻取轻放,确保轴承在箱体的轴承室内安装到位,各螺栓的拧紧力矩应符合要求。

图 1.128 清洗部件

5. 清理残胶

在进行组装前,首先用刮具清理左、右箱体配合面上残余的旧胶,并处理干净,如图 1.129 所示。

图 1.129 清理残胶

6. 检查平面度

用刀口尺和塞尺检查左、右箱体配合面的平面度,确保配合面平整,如图 1.130 所示。

图 1.130 检查平面度

7. 安放齿轮组件

在右箱体内,首先将输入轴组件放入,再将中间轴组件和差速器组件同时放入,确保安放到位,齿轮间啮合良好。

8. 涂布新胶

在箱体配合面重新涂布新胶,如图 1.131 所示。

9. 组装箱体

将左箱体放置在右箱体上,注意定位销与相应的定位孔对齐,轴承安装到位,然后将左、右箱体的紧固螺栓按照对角线位置均匀拧紧,如图 1.132 所示。

图1.131 涂布新胶　　　　　图1.132 组装左、右箱体

10. 竣工收尾

取下组装完成的变速器,放置到规定位置,整理工具及环境,完成拆装施工。

学习情境二

新能源汽车驱动电机系统测试

【学习目标】

(1)接受新能源汽车驱动电机系统维修学习任务后,能明确任务目标并进行小组成员分工和维修场地检查。

(2)能通过互联网、国家标准、行业标准及企业标准等各种信息渠道获取驱动电机、驱动电机控制器及驱动电机系统的测试技术条件和试验方法。

(3)了解测试驱动电机和驱动电机控制器接地电阻的意义,识别接地标识,掌握驱动电机和驱动电机控制器接地电阻测试方法。

(4)了解测试驱动电机和驱动电机控制器绝缘电阻的意义,掌握驱动电机和驱动电机控制器绝缘电阻测试方法。

(5)了解测试驱动电机和驱动电机控制器漏电流的意义,掌握驱动电机和驱动电机控制器漏电流测试方法。

(6)了解驱动电机系统功能测试和性能测试的意义,掌握部分驱动电机系统功能测试和性能测试方法。

(7)掌握通用各类接地电阻测试仪器的使用,在监护人员指导下,能按照新能源汽车操作安全规范独立进行驱动电机和驱动电机控制器接地电阻测试,能够对自己的学习任务进行正确评价并对自身工作负责。

(8)掌握通用各类绝缘电阻测试仪器的使用,在监护人员指导下,能按照新能源汽车操作安全规范独立进行驱动电机和驱动电机控制器绝缘电阻测试,能够对自己的学习任务进行正确评价并对自身工作负责。

(9)掌握通用各类漏电流测试仪器的使用,在监护人员指导下,能按照新能源汽车操作安全规范独立进行驱动电机和驱动电机控制器漏电流测试,能够对自己的学习任务进行正确评价并对自身工作负责。

(10)掌握驱动电机系统测试仪器的使用,在监护人员指导下,能按照新能源汽车操作安全规范独立进行驱动电机系统功能测试和性能测试,能够对自己的学习任务进行正确评价并对自身工作负责。

(11)能按照维修场地管理要求进行正确处理废弃物及维修现场整理。

(12)能与小组成员进行深入交流合作并进行有效沟通。

(13)能对工作过程作记录并进行完整的存档。

【任务导入】

新能源汽车驱动电机系统在新能源汽车中并不是孤立存在,驱动电机系统工作原理示意图如图 2.1 所示,整车控制器将汽车的加速、制动踏板、停车、前进、倒车、空挡等信号接收并处理,再经过驱动电机控制器控制驱动电机带动汽车运动,也有些将加速和档位开关信号直接传送给电机控制器。

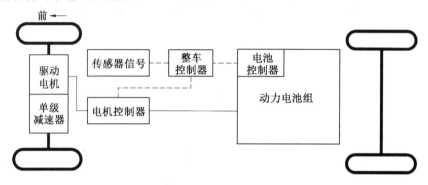

图 2.1 驱动电机系统工作原理示意图

驱动电机和驱动电机控制器出厂或维修完毕后都需要按照国标要求进行测试,可以采用试验台测试,也可以采用通用设备测试,驱动电机系统测试台架样机如图 2.2 所示,耐压测试仪通用测试设备样机如图 2.3 所示。

图 2.2 驱动电机系统测试台架样机

图 2.3 耐压测试仪样机

学习任务 1　驱动电机系统接地电阻测试

【任务情境描述】

驱动电机及驱动电机控制器制造完成或拆解维修完毕后,要逐台按照国家标准要求检验合格才能出厂,出厂时需要检验的项目以一般性项目为主,其检验目的主要是防止制造缺陷。安全接地检查就是出厂检验的项目之一。

通过驱动电机系统对接地电阻的测试,了解驱动电机系统接地的安全要求及测试方法。

【任务实施】

一、相关知识

1. 驱动电机系统接地电阻测试意义

新能源汽车驱动电机系统的接地平衡电位线属于保护接地。保护接地是将电气装置正常情况下不带电的金属部分(即与带电部分相绝缘的金属结构部分)用导线接地的一种起保护作用的接线方式,避免这些金属部分在绝缘损坏或其他故障情况下可能带电,从而保障了人身和设备安全。

新能源汽车的高压零部件比较多,包括动力电池、驱动电机控制器、驱动电机、车载充电机、DC/DC 变换器、空调及高压线束等,这些部件正常工作时直接或间接都与动力电池的正负极输出并联。正常状态下,新能源汽车所有高压零部件带电部位都与金属外壳隔离,二者之间具有足够的绝缘。在缺少安全接地措施或安全接地措施失效的新能源汽车中,如果任意两个高压零部件发生了绝缘击穿故障,会造成触电危险。如图 2.4 所示,一个部件是正极引线绝缘击穿,另一个部件是负极引线绝缘击穿,则两个外壳将具有不同电位,从而在两个外壳之间形成具有危险性的电压,如果维修者或新能源汽车驾驶者同时触及这两个部件,就会发生触电危险。

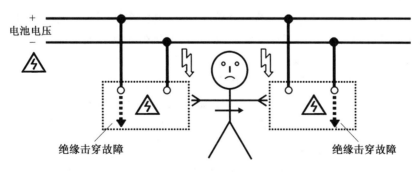

图 2.4　无接地平衡电位线的系统示意图

新能源汽车中所有的高压零部件外壳通过电位均衡线一起连到车辆的接地端,与公共接地点相连,这保证了高压零部件外露可导电部分之间电位差的最小化,实现了电位均衡的目的。即使不同部件发生绝缘故障,也无法形成电位差,不会危害到维修者或新能源汽车驾驶者的安全,如图2.5所示。新能源汽车一般有绝缘监测功能,发生绝缘击穿故障时会自动报警并切断动力电池的输出,起到安全保护的作用。

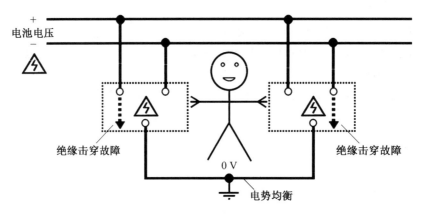

图2.5 具有接地平衡电位线的系统示意图

同样基于电位均衡的考虑,在已经安装接地平衡电位线情况下,还需要有其他的参数要求来保证新能源汽车中不同部件发生绝缘故障时不能形成电位差。当新能源汽车中不同部件发生绝缘故障时,如某一部件外壳可见导电性部件对接地端电阻较大,可能导致不同部件外露可导电部分之间电位差无法达到最小化,无法实现电位均衡的目的。如图2.6所示,两部件发生绝缘击穿,左侧部件外壳可见导电性金属点A与保护接地点之间电阻过大,则会导致金属点A与右侧部件外壳可见导电性金属点B之间电位不平衡,即$U_A \neq U_B$,此时如果使用者接触A、B两点,将在双手之间形成较大的电位差,将会有大电流通过人体,危害人身安全。为避免此类危害发生,可通过接地电阻测试来核实该部件接地路径的完整性,通过测试保护接地端子及零部件可见导电性部件之间的电阻值判断其是否符合要求,以此判断危害发生的可能性,不超过产品安全标准范围的阻值被认为是符合要求的。图2.6为接地电阻过大时电位不均衡示意图。

2. 接地标志

电机产品的接地是安全性要求的必要措施,低压电机产品标准中规定,所有电机产品都必须有可靠的接地标志。为了便于安装及观察,电机保护接地标志应该位于电机产品的明显位置并清晰可辨,一般采用标注方式与电机机座或接线盒融为一体,必要时应采用固定标志牌的方式,用铆接或焊接方式固定,不能简单地采用螺钉紧固。图2.7(a)、图2.7(b)为驱动电机及电机控制器壳体接地标志实物图,采用的驱动电机及其控制器为北汽EU260车型配套产品,其中电机控制器为多合一PEU。

3. 驱动电机系统接地要求

(1)安全接地接线端子的连接应可靠锁紧,防止意外松动,可以采用添加防松弹簧垫片的方式对接线端子进行可靠连接,如图2.8所示。

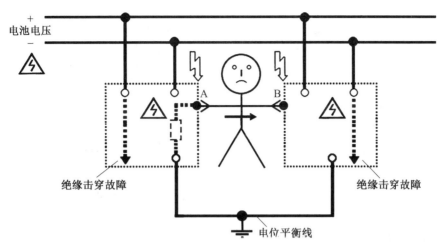

图 2.6　接地电阻过大时电位不均衡示意图

(a) 驱动电机接地标志　　　　(b) 电机控制器壳体接地标志

图 2.7　接地标志实物图

(a) 弹簧垫片样式1　　　(b) 弹簧垫片样式2　　　(c) 弹簧垫片用法

图 2.8　金属编织带接线端子弹簧垫片实物图

(2)保护接地端子除作保护接地外,不应兼作他用。

(3)电机机座与保护接地装置之间应有永久、可靠和良好的电气连接,即使在设备出现移动时,保护接地导体仍能可靠连接。保护接地导体应有足够的韧性,能承受电机的振动应力,并有适当保护措施防止在电机使用和安装时产生危险,如采用金属编织带接地线等。图 2.9 为金属编织带接地线实物图。

(a) 金属编织带接地线样式1　　　　　(b) 金属编织带接地线样式2

图 2.9　金属编织带接地线实物图

（4）保护接地导体和保护接地端子及其连接装置的材料应具有相容性，能抗电腐蚀且导电性良好，可防止接地连接部位锈蚀。如采用铜铝接线端子等，可较好地实现铜铝的过渡连接，提高接线端子的抗腐蚀性。图 2.10 为铜铝接线端子实物图。

（5）穿透弹性橡胶底座的接地体应采用金属材料，不能用导电橡胶接地。

(a) 铜铝接线端子样式1　　　　　(b) 铜铝接线端子样式2

图 2.10　铜铝接线端子实物图

二、驱动电机系统接地电阻测试方法

在预计接地的部件与接地导体端子之间施加一个等于电机额定输入或输出时的电流，测试电压降并以此电压降除以该线路中的电流，计算出接地路径电阻。测试工具推荐使用直流低电阻测试仪。

1. 驱动电机系统接地电阻测试

根据国家标准《电动汽车用驱动电机系统 第 1 部分：技术条件》（GB/T 18488.1—2015）规定，驱动电机外壳及驱动电机控制器外壳接地点与能触及的可导电部分之间的电阻值不应大于 0.1 Ω。以北汽 EU260 车型驱动电机为例，其外壳具有保护镀膜，为非可导电部分，建议在电机外壳上均匀选取 6 点螺丝作为能触及的可导电测试点，测试其与电机外壳接地点之间的电阻值，驱动电机安全接地点及测试点实物图如图 2.11 所示。

以北汽 EU260 车型驱动电机控制器为例，其外壳具有保护镀膜，为非可导电部分，建议在电机控制器外壳上均匀选取 6 个点螺丝作为能触及的可导电测试点，测试其与电机控制器外壳接地点之间的电阻值，驱动电机控制器安全接地点及测试点实物图如图 2.12 所示。

图 2.11　驱动电机安全接地点及测试点实物图　图 2.12　驱动电机控制器安全接地点及测试点实物图

2. 直流电阻测试仪使用方法

测试接地电阻的常用工具为直流低电阻测试仪,如图 2.13 所示,以优利德 UT620A 为例,其使用方法如下。

(1)将凯氏夹测试线(标配)一端连接仪表的 T＋、T－端子,另一端连接待测物两端,如图 2.14 所示。

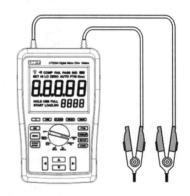

图 2.13　直流低电阻测试仪实物图　　图 2.14　低压电阻测试仪连接方式实物图

(2)转动刀盘开关到适当的档位。
(3)按"START/STOP"按键开始测试,连续测试 60 s 后,数据将保持稳定。
(4)等到数据稳定,从显示屏读取测试值。

三、测试步骤

1. 驱动电机接地安全测试

(1)测试设备及工具准备。

测试设备及工具包括被测试电机、直流电阻测试仪及个人安全防护用具等,如图2.15所示。

(a)被测试电机　　　　　(b)直流电阻测试仪　　　　(c)个人安全防护用具

图 2.15　驱动电机接地安全测试主要准备物品实物图

(2)驱动电机外观检查。

①将被测驱动电机放置于试验台,应采取必要的措施防止驱动电机滚动,如采用专用支架等,如图 2.16 所示。

图 2.16　电机试验台

②对被测驱动电机进行外观检查,包括污损等情况,并填写记录结果。

③如有污渍,应先清洁接触面,清洁过程中可采用适当清洁剂,如图 2.17 所示。

图 2.17　驱动电机表面清洁实物图

(3)驱动电机接地电阻测试。

①测试前需选取合适的测试仪表,建议采用直流低电阻测试仪,量程档位选择可从最大量程逐次降低。

②按照要求对驱动电机和测试仪表进行正确的接线,测试仪表正极与电机外壳测试点连接,测试仪表负极连接电机接地点,接线方式如图 2.18 所示。

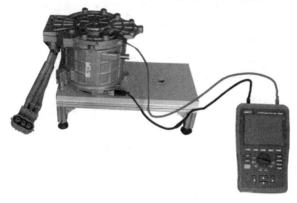

图 2.18　电机接地电阻测试接线方式实物图

③按照驱动电机接地电阻测试方法,选取 6 个合适的测试点,正确使用直流低电阻测试仪测试驱动电机接地电阻,并记录相关数据。

(4)按照要求完成竣工检验工作。

2.驱动电机控制器安全接地测试

(1)测试设备及工具准备。

测试设备及工具包括被测试驱动电机控制器、直流低电阻测试仪及个人安全防护用具等,如图 2.19 所示。

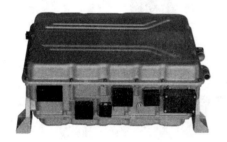  

(a) 被测试驱动电机控制器　　　(b) 直流低电阻测试仪　　　(c) 个人安全防护用具

图 2.19　驱动电机控制器接地安全测试主要准备物品实物图

(2)驱动电机控制器安全接地检查。

①将被测驱动电机控制器放置于试验台。

②对被测驱动电机控制器进行外观检查,包括污损等情况,并填写记录结果。

③如有污渍,应先清洁接触面,清洁过程中可选取适当清洁剂,用干净抹布擦拭,如图 2.20 所示。

(3)驱动电机控制器接地电阻测试。

①选取合适的测试仪表,建议采用直流低电阻测试仪,量程选择方式与测试驱动电机接地电阻类似。

②按照要求对驱动电机控制器和测试仪表进行正确的接线,测试仪表正极与驱动电

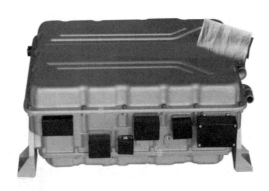

图 2.20　驱动电机控制器表面清洁实物图

机控制器外壳测试点相连接,测试仪表负极连接驱动电机控制器接地点,如图 2.21 所示。

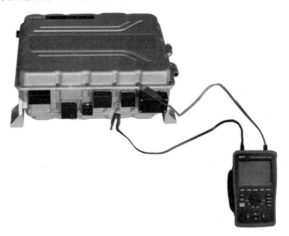

图 2.21　驱动电机控制器接地电阻测试接线方式

③按照驱动电机控制器接地电阻测试方法,选取 6 个合适的测试点,正确使用直流低电阻测试仪测试电机控制器接地电阻,并记录相关数据。

(4)按照要求完成竣工检验工作。

学习任务 2　驱动电机系统绝缘电阻测试

【任务情境描述】

驱动电机及驱动电机控制器制造完成或拆解维修完毕后,要逐台按照国家标准要求检验合格才能出厂,出厂时需要检验的项目以一般性项目为主,其检验目的主要是防止制造缺陷。除了安全接地检查外,绝缘电阻测试也是出厂检验的项目之一。

通过对驱动电机系统绝缘电阻的测试,了解驱动电机系统绝缘性能的要求及测试方法。

【任务实施】

一、驱动电机绝缘电阻测试

1. 相关知识

(1)驱动电机绝缘电阻测试的意义。

新能源汽车的驱动电机在工作时,其绕组要接受驱动电机控制器传来的动力电池电能,制作绕组的导体外均包裹了绝缘材料,并且放置绕组的铁心槽和绕组之间也设计了槽绝缘,以避免绕组匝间短路和电机外壳或其他可触及金属件带电,这些绝缘结构要求有一定的绝缘电阻,绝缘电阻测试可以提前发现绝缘材料中的明显绝缘缺陷,并可根据所测绝缘电阻发现电机等设备绝缘介质中的绝缘异物、绝缘局部或整体受潮、绝缘击穿和严重热老化等缺陷,从而避免对车辆部件及驾驶或乘坐人员带来较大的危害。

从设备安全角度考虑,驱动电机的绝缘均能耐受一定的温度,即在一定的高温下仍能具有良好的电气绝缘性能,但电机运行时产生的各种损耗引起的电机发热及环境潮湿等因素会使绝缘材料老化和绝缘性能降低,会导致高压零部件绝缘击穿产生漏电或短路,严重时甚至会造成车辆火灾事故。

从人员角度考虑,高压零部件绝缘击穿严重时可能会烧损绝缘,导致高压零部件之间出现电位不平衡等故障,进而造成驾驶或乘坐人员触电,影响人员安全。

为了避免以上类似事故发生,在驱动电机出厂、维护和检修时要进行绝缘测试。驱动电机绕组绝缘烧损可能造成的事故如图2.22所示。

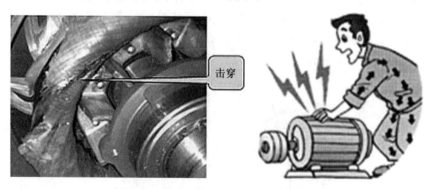

图2.22 绕组绝缘烧损的驱动电机示意图

(2)对驱动电机绝缘电阻的要求。

驱动电机的绝缘电阻测试应分别在被测样品实际冷状态或热状态(如温升试验后)下进行,如无其他规定,常规测试仅在实际冷状态下进行,需要记录被测样品周围介质的温度。根据《电动汽车用驱动电机系统 第1部分:技术条件》(GB/T 18488.1—2015)对驱动电机的要求,驱动电机定子绕组对机壳的绝缘电阻应大于 20 MΩ,驱动电机定子绕组对温度传感器的冷态绝缘电阻应大于 20 MΩ。

(3)兆欧表的选用及使用方法。

绝缘电阻测试设备常用数字绝缘测试计或指针式的兆欧表,如图2.23所示。

(a) 数字绝缘测试计

(b) 兆欧表

图 2.23 绝缘电阻测试设备实物图

①兆欧表的选择。

应按照被测绕组的最高工作电压选择兆欧表,规律如下。

a.当最高工作电压不超过 250 V 时,应选用 500 V 兆欧表。

b.当最高工作电压超过 250 V,但是不高于 1 000 V 时,应选用 1 000 V 兆欧表。

②机械式兆欧表的使用方法。

兆欧表使用前要进行开路检测及短路检测以判断仪表是否完好。

a.开路检测。将兆欧表水平放置平稳,在 E、L 两端开路状态下,以约 120 r/min 的转速摇动手柄,观测指针是否指到"∞"处,如图 2.24(a)所示。如果指针指向"∞"处,表明兆欧表开路检测结果为正常;如果指针无法指向"∞"处,则表明兆欧表开路检测结果为故障,仪表无法达到正常使用标准。

b.短路检测。将 E、L 两端短接,缓慢摇动手柄,观测指针是否指到"0"处,如图 2.24(b)所示。如果指针指向"0"处,表明兆欧表短路检测结果为正常;如果指针无法指向"0"处,则表明兆欧表短路检测结果为故障,仪表无法达到正常使用标准。

兆欧表经检测完好才能使用。

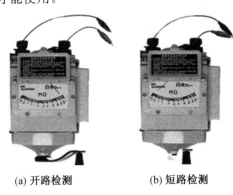

(a) 开路检测　　　　(b) 短路检测

图 2.24 兆欧表校验方式

a.测试前,被测设备必须与其他电源断开,必须确认被测设备无电压,也无突然来电的可能性。

b.测试两个测试点之间的绝缘电阻时,E 端和 L 端分别接一个测试点。

c.由慢到快摇动手柄,直到转速达 120 r/min 左右,保持手柄的转速均匀稳定,一般转动 1 min,待指针稳定后读数。

兆欧表与被测设备之间应使用单股线分开单独连接,并保持线路表面清洁干燥,避免因线与线之间绝缘不良引起误差。

摇测时,将兆欧表置于水平位置,摇把转动期间接线不允许短路。摇测电容器、电缆时,必须在摇把转动的情况下才能将接线拆开,否则反向充电将会损坏兆欧表。

d. 测试结束后,应将被测设备充分放电(需 2~3 min),以保护设备及人身安全。

③数字绝缘测试计的使用方法。

操作人员首先将黑色线束一端接入测试仪"com"孔,另一端连接被测物接地端;再将红色线束插入绝缘测试孔,戴上绝缘测试手套,调整旋转档位开关;最后将红表笔置于待测物绕组端,同时按下测试键。

2. 测试方法

(1)测试过程中,根据国家标准《电动汽车用驱动电机系统 第 1 部分:技术条件》(GB/T 18488.1—2015)要求需单独引出绕组及传感器等线束,考虑到线束引出过程中,由于线束接口数量较多,某些接口如低压端子接口等不方便与仪表直接相连,不易测试,同时考虑到高压端子接口直接用仪表鳄鱼夹测试会造成接口表面金属镀膜的破坏,进而影响线束的连接状态,故建议采用专用检测工装进行线束引出测试。常见检测工装如图 2.25 所示,图 2.25(a)为绝缘检测工装整体结构,图 2.25(b)为绝缘检测工装面板结构,包括三相绕组引出区、控制线束引出区、电源线引出区及接地引出区等。

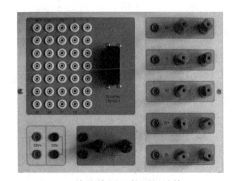

(a)绝缘检测工装整体结构　　　　(b)绝缘检测工装面板结构

图 2.25　绝缘检测工装实物图

(2)测量驱动电机定子绕组对机壳的绝缘电阻时,如果各绕组的始末端单独引出,应分别测试各绕组对机壳的绝缘电阻,不参加试验的其他绕组和埋置的检温元件等应与铁心或机壳作电气连接,机壳应接地。若中性点连在一起而不易分开时,则测试所有连在一起的绕组对机壳的绝缘电阻。测试结束后,每个回路应对接地的机壳作电气连接使其放电。测试时应注意,要在兆欧表指针或者显示数值达到稳定后再读取数值。驱动电机定子绕组对机壳的绝缘电阻测试方式示意图如图 2.26 所示。

(3)测试驱动电机定子绕组对温度传感器的绝缘电阻的方法与测试绕组对机壳绝缘电阻完全类似。如果驱动电机埋置有温度传感器,在各绕组始末端单独引出的情况下,应

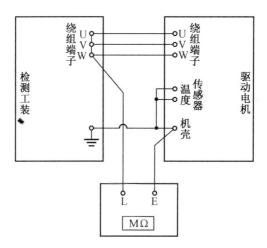

图 2.26　驱动电机定子绕组对机壳的绝缘电阻测试方式示意图

分别测试各定子绕组与温度传感器之间的绝缘电阻,不参加试验的其他绕组和埋置的其他检温元件等应与铁心或机壳作电气连接,机壳应接地。当绕组的中性点连在一起而不易分开时,则测试所有连在一起的绕组对温度传感器的绝缘电阻。测试结束后,每个回路应对接地的机壳作电气连接使其放电。驱动电机定子绕组对温度传感器的绝缘电阻测试方式示意图如图 2.27 所示。

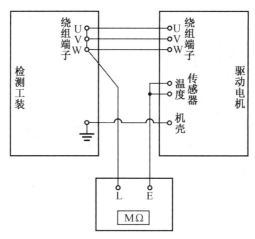

图 2.27　驱动电机定子绕组对温度传感器的绝缘电阻测试方式示意图

3. 测试步骤

(1)按照要求完成准备工作。准备物品包括被测试电机、绝缘检测工装、兆欧表及个人安全防护用具等,如图 2.28 所示。

(2)记录周围介质的温度,采用温湿度计进行测试,如图 2.29 所示。

(3)根据被测绕组的额定电压选择兆欧表。额定电压 500 V 以下的设备,选用 1 000 V 的兆欧表;额定电压 500 V 以上的设备,选用 1 000~2 500 V 的兆欧表。

(4)测试驱动电机定子绕组对机壳的绝缘电阻。驱动电机定子绕组通常采用星形接法,中性点连在一起不易分开,要测试所有连在一起的定子绕组对机壳的电阻。

(a) 绝缘检测工装　　(b) 被测试电机　　(c) 兆欧表　　(d) 个人安全防护用具

图 2.28　驱动电机绝缘检测试验主要准备物品实物图

图 2.29　温湿度计实物图

①检测适配线并校准兆欧表。

②拆除驱动电机电源及其他外部接线,使驱动电机处于静止状态,为防止带电测试,先将驱动电机绕组通过机壳对地短路放电,连接方式如图 2.30 所示。

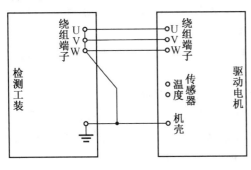 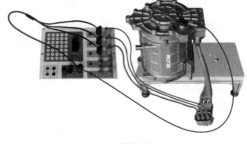

(a) 示意图　　　　　　　　　　　　　　(b) 实物图

图 2.30　驱动电机定子绕组对接地的机壳放电操作示意图和实物图

③检查被测驱动电机外观及测试点是否有污物和锈迹,如有应清除。

④连接绝缘检测工装,将电机三相绕组的接线端子连接至绝缘检测工装相应插孔并短接,驱动电机机壳接地连接方式如图 2.31 所示。

⑤绕组中埋置的检温元件与铁心或机壳作电气连接,机壳接地。将兆欧表 L 接线柱与三相绕组接线柱的短接点相连接,E 接线柱与驱动电机机壳相连接,连接示意图如图 2.26 所示,实物连接图如图 2.32 所示,测试绕组对机壳的绝缘电阻,并记录相关数据。

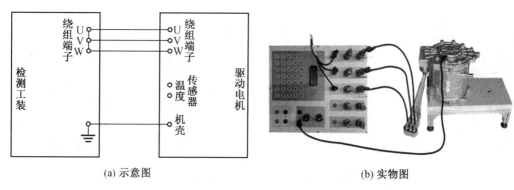

(a) 示意图　　　　　　　　　　　　(b) 实物图

图 2.31　驱动电机定子绕组连接检测工装示意图和实物图

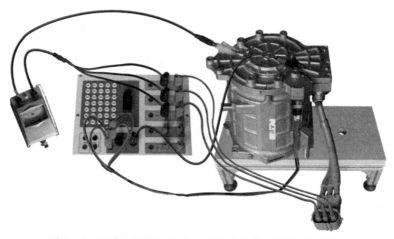

图 2.32　驱动电机定子绕组对机壳的绝缘电阻测试实物图

⑥测试结束后,将绕组对接地的机壳作电气连接使其放电,连接方式如图 2.30 所示。

(5)测试驱动电机定子绕组对温度传感器的绝缘电阻。

①断开温度传感器与机壳的电气连接,将电机绕组连接至绝缘测试工装相应插孔并短接,将驱动电机机壳接地,如图 2.31 所示。

②所采用的驱动电机中有三组温度传感器,将其中一组温度传感器端子引出线与兆欧表 L 接线柱相连,绕组中埋置的其他检温元件通过检测工装接地,兆欧表 E 接线柱与绝缘检测工装中三相绕组短接点相连接,连接方式如图 2.27 所示,实物连接结构如图 2.33 所示,测试绕组对温度传感器的绝缘电阻,并记录相关数据。

③测试结束后,将绕组对接地的机壳作电气连接使其放电,连接方式如图 2.30 所示。

④重复步骤②、③直至其他两组温度传感器与驱动电机定子绕组之间的绝缘电阻都测试完成。

⑤按照要求完成竣工检验工作。

二、驱动电机控制器绝缘电阻测试

1. 相关知识

与驱动电机一样,驱动电机控制器也属于高压部件,要求有一定的绝缘电阻,因此在

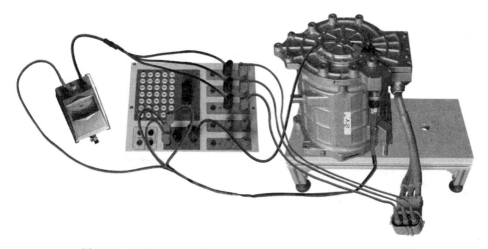

图 2.33 驱动电机定子绕组对温度传感器的绝缘电阻测试实物图

驱动电机控制器出厂时要进行绝缘电阻测试。驱动电机控制器在久置不用、受潮、过负荷、过温等情况下,易发生绝缘故障,为了保证驱动电机控制器的可靠运行及安全使用,在维护和检修时需对驱动电机控制器进行绝缘测试。

驱动电机控制器绝缘电阻测试方法与驱动电机绝缘电阻测试方法类似,根据国家标准《电动汽车用驱动电机系统 第1部分:技术条件》(GB/T 18488.1—2015)要求,驱动电机控制器的绝缘电阻包括控制器动力端子与外壳、信号端子与外壳、动力端子与信号端子之间的冷态及热态绝缘电阻,它们均应不小于 1 MΩ。测试绝缘电阻时,兆欧表的选用方法与驱动电机相同,最高工作电压不超过 250 V 时,选用 500 V 兆欧表;最高工作电压超过 250 V 但不高于 1 000 V 时,选用 1 000 V 兆欧表,常规测试仅在实际冷状态下进行,需要记录被测样品周围介质的温度。

进行驱动电机控制器的绝缘电阻测试试验前,电机控制器要与外部供电电源及负载分开,不能承受兆欧表高压冲击的电器元件(如半导体整流器、半导体管及电容器等)宜在测试前将其从电路中拆除或短接。

进行绝缘电阻测试试验时,要分别测试控制器动力端子与外壳、控制器信号端子与外壳、控制器动力端子与控制器信号端子之间的绝缘电阻,不参加试验的部分应接地。

测试结束后,每个回路应对接地的部分作电气连接使其放电。

2. 测试方法

(1)绝缘检测工装及工具与驱动电机绝缘检测时的类似,检测控制器动力端子对机壳的绝缘电阻时,不参加试验的控制线束应与机壳作电气连接,机壳应接地。测试结束后,每个回路应对接地的机壳作电气连接使其放电。测试时应注意,必须在兆欧表指针或者显示数值达到稳定后再读取数值。电机控制器动力端子对机壳的绝缘电阻测试方式示意图如图 2.34 所示。

(2)测试控制器信号端子对机壳的绝缘电阻的方法与测试控制器动力端子对机壳绝缘电阻的完全类似。不参加试验的动力端子应与机壳作电气连接,机壳应接地。测试结束后,每个回路应对接地的机壳作电气连接使其放电。电机控制器信号端子对机壳的绝

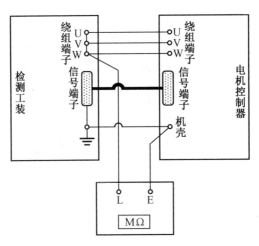

图 2.34 电机控制器动力端子对机壳的绝缘电阻测试方式示意图

缘电阻测试方式示意图如图 2.35 所示。

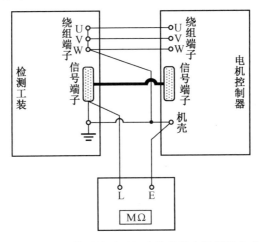

图 2.35 电机控制器信号端子对机壳的绝缘电阻测试方式示意图

(3)测试控制器动力端子对控制器信号端子的绝缘电阻的方法与测试控制器动力端子对机壳绝缘电阻的类似,应将外壳接地。测试结束后,每个回路应对接地的机壳作电气连接使其放电。电机控制器动力端子与信号端子之间的绝缘电阻测试方式示意图如图 2.36 所示。

3. 测试步骤

(1)按照要求完成准备工作,准备物品包括绝缘检测工装、被测电机控制器、兆欧表及个人安全防护用具等,如图 2.37 所示。

(2)记录周围介质的温度,采用温湿度计进行测试,如图 2.29 所示。

(3)将控制器与外部供电电源及负载分开。

(4)选择兆欧表。额定电压 500 V 以下的设备,选用 1 000 V 的兆欧表;额定电压 500 V 以上的设备,选用 1 000～2 500 V 的兆欧表。

(5)不能承受兆欧表高压冲击的电器元件(如半导体整流器、半导体管及电容器等)宜

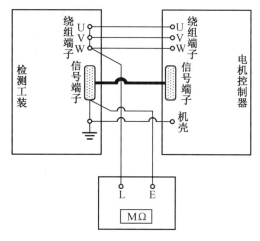

图 2.36 电机控制器动力端子与信号端子之间的绝缘电阻测试方式示意图

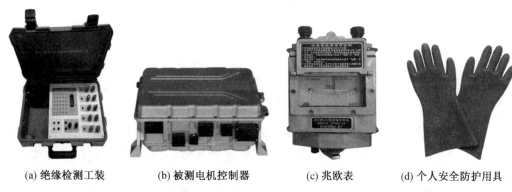

(a) 绝缘检测工装　　　(b) 被测电机控制器　　　(c) 兆欧表　　　(d) 个人安全防护用具

图 2.37　驱动电机绝缘检测试验主要准备物品实物图

在测试前将其从电路中拆除或短接,同时基于高压安全防护的考虑,测试过程中,与电机控制功能无关的端子采用专用工装进行遮盖。

(6)控制器动力端子与机壳之间绝缘电阻测试。

①将电机控制器动力端子连接至测试工装相应的插孔并短接,将兆欧表 L 端通与动力端子短接点相连接,兆欧表 E 端与电机控制器机壳相连接。按照国家标准《电动汽车用驱动电机系统　第 1 部分:技术条件》(GB/T 18488.1—2015)要求,非测试端子如控制端子及机壳应接地,测试并记录相应测试值,接线方式如图 2.34 所示,实物接线结构如图 2.38 所示。

②测试结束后,将电机控制器动力端子对接地的机壳作电气连接使其放电,如图2.39所示。

(7)控制器信号端子与机壳之间绝缘电阻测试。

①按照国家标准《电动汽车用驱动电机系统　第 1 部分:技术条件》(GB/T 18488.1—2015)要求,将电机控制器动力端子连接至测试工装相应的插孔并短接接地,外壳接地。将电机控制器信号端子连接至测试工装相应插孔,兆欧表 L 端与测试工装上相应信号端子接口相连接,兆欧表 E 端与电机控制器机壳相连接,测试并记录相应测试值,接线方式

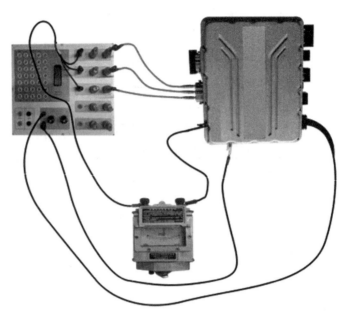

图 2.38 电机控制器动力端子与机壳绝缘测试实物图

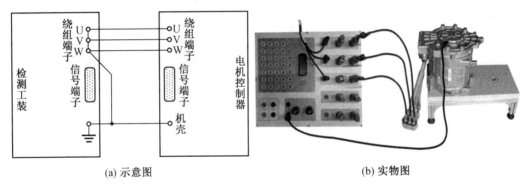

(a) 示意图　　　　　　　　　　　　　(b) 实物图

图 2.39 电机控制器动力端子对接地机壳放电示意图和实物图

如图 2.35 所示,实物接线结构如图 2.40 所示。

②测试结束后,将电机控制器信号端子对接地的机壳作电气连接使其放电,如图 2.41 所示。

(8)控制器动力端子与控制器信号端子之间绝缘电阻测试。

①将控制器动力端子及信号端子分别与绝缘检测工装的相应插孔相连接,机壳接地。将兆欧表 L 端与测试工装中的电机控制器动力端子引出线相连接,E 端与电机控制器信号端子引出线相连接,接线方式如图 2.36 所示,实物接线结构如图 2.42 所示,测试并记录相应测试值。

②测试结束后,将电机控制器信号端子、动力端子分别对接地的机壳作电气连接使其放电,连接方式如图 2.39、图 2.41 所示。

(9)按照要求完成竣工检验工作。

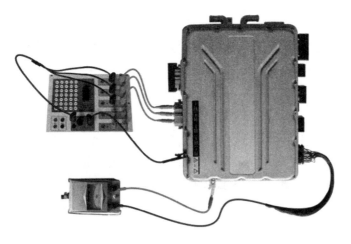

图 2.40 电机控制器信号端子与机壳绝缘电阻测试实物图

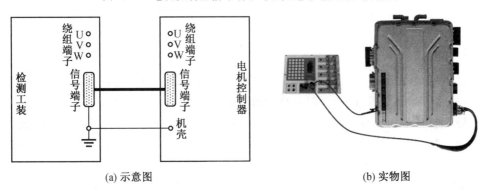

(a) 示意图　　　　　　　　　　　(b) 实物图

图 2.41 电机控制器信号端子对接地机壳放电实物图

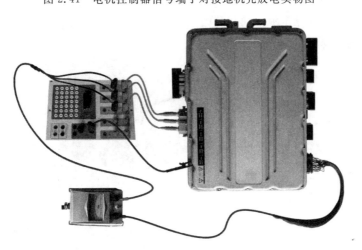

图 2.42 电机控制器的动力端子与信号端子之间绝缘电阻测试实物图

学习任务 3　驱动电机系统漏电流测试

【任务情境描述】

驱动电机及驱动电机控制器制造完成或拆解维修完毕后,要逐台按照国家标准要求检验合格后才能出厂,出厂时需要检验的项目以一般性项目为主,其检验目的主要是防止制造缺陷。除了安全接地测试、绝缘电阻测试外,漏电流测试也是出厂检验的项目之一。

通过对驱动电机系统漏电流的测试,了解驱动电机系统的耐压特性要求及测试方法。

【任务实施】

一、驱动电机漏电流测试

1. 相关知识

在过电压的作用下,绝缘材料的结构会发生损坏,当超过绝缘材料所能承受的最大值时就会发生击穿,从而损坏绝缘材料,导致设备运行异常甚至危害人身安全。因此,驱动电机的绝缘材料必须具有足够的介电强度,以保证电机运行的稳定性、安全性。耐电压试验用于测试驱动电机绝缘材料的介电强度,是驱动电机出厂检验的项目之一,要求在试验过程中无击穿和闪络发生。

驱动电机漏电流测试与绝缘电阻测试方法类似,采用的测试仪器为工频耐压仪。

工频耐压仪又称为耐压测试仪、耐电压测试仪或者绝缘介电强度测试仪,如图 2.43 所示,其工作原理是通过在绝缘部分和带电部分之间施加一定时间和数值的交流或直流高压来检验绝缘材料所能承受的耐压值。

图 2.43　耐压测试仪实物图

耐压测试仪的选用需要考虑最大输出电压值和最大报警电流值(测试前预先设置的漏电流上限阈值,也称为击穿报警电流)两方面的因素,一般需要根据被测样品参数来确定这两个数值。在进行耐电压试验时,耐电压测试仪的最大输出电压值和最大报警电流值一定要大于所需要的电压值和报警电流值。

2. 测试方法

驱动电机耐电压试验包括驱动电机绕组的匝间冲击耐电压、驱动电机绕组对机壳的工频耐电压及驱动电机绕组对温度传感器的工频耐电压。

（1）驱动电机绕组的匝间冲击耐电压。

匝间冲击耐电压试验指施加一定的冲击试验电压,然后比较被测绕组和参考绕组的放电波形,测得的波形应为两条无显著差异的正常衰减振荡波形。

（2）驱动电机绕组对机壳的工频耐电压。

驱动电机绕组对机壳的工频耐电压试验中,发生要求驱动电机绕组应能耐受表 2.1 所规定耐压值的工频正弦耐电压,并无击穿现象发生,漏电流限值应符合产品技术文件规定值。

表 2.1 驱动电机绕组对机壳的工频耐电压限值

序号	驱动电机或部件	试验电压（有效值）
1	持续功率小于 1 kW 且最高工作电压小于 100 V 的驱动电机绕组	500 V+2 倍最高工作电压
2	持续功率不低于 1 kW 或最高工作电压不低于 100 V 的驱动电机绕组	1 000 V+2 倍最高工作电压,最低为 1 500 V
3	驱动电机的励磁磁场绕组	1 000 V+2 倍最高励磁电压,最低为 1 500 V

试验应在耐压测试仪上进行,实验前应做好必要的安全防护措施,并测试绕组的绝缘电阻,绝缘电阻应符合要求方能进行耐电压试验。除非另有规定,试验应在驱动电机静止状态下进行。

试验时,不参加试验的其他绕组和埋置的检温元件等均应与铁心或机壳连接,机壳应接地,当电枢绕组各相或各支路始末端单独引出时,应分别进行试验,如果三相绕组的中性点不易分开,三相绕组应同时施加电压。正弦工频电压应施加于绕组和机壳之间,加载过程中,施加的电压应从不超过表 2.1 规定的全值试验电压的一半开始,然后以不超过全值 5%的速度均匀地或分段地增加至全值,电压自半值增加至全值的时间应不少于 10 s,应保持全值试验电压 1 min。

对批量生产的 5 kW（或 kVA）及以下电机进行常规试验时,1 min 试验可用 5 s 的试验代替,试验电压值应符合表 2.1 的要求。也可用 1 s 的试验来代替,但试验电压值应为表 2.1 要求的 120%。试验完毕,待电压下降到全值试验电压的 1/3 以下时,方可断开电源,并对被试绕组进行放电。

试验过程中,如果出现电压或漏电流急剧增加、绝缘材料冒烟或发生响声等异常现象时,应立即降低电压,断开电源,将被测绕组放电后再对绕组进行检查。

（3）驱动电机绕组对温度传感器的工频耐电压。

若驱动电机的温度传感器埋置于定子绕组中,应进行驱动电机绕组对温度传感器的工频耐电压试验,驱动电机对温度传感器应能承受 1 500 V 的工频耐电压测试,应无击穿现象,漏电流不应高于 5 mA。

试验时,将 1 500 V 耐电压全值按照驱动电机绕组对机壳的工频耐电压试验的方法施加于驱动电机绕组与温度传感器之间,驱动电机绕组和其他元件等应均与铁心或机壳连接,机壳应接地。

对于驱动电机绕组中埋置多个温度传感器的情况,则应对于每个温度传感器进行耐电压试验。记录试验过程中漏电流的大小。

(4)耐压测试仪的使用方法。

①接通电源:确定"电压调节"旋钮已置"0"位,然后打开电源开关,如图 2.44 所示。

图 2.44　电源开关电压调节旋钮实物图

②设定"漏电流"值:按下"预置/测试"开关,调节"PRE－ADJ"漏电流,将"漏电流"预置在所需值,如图 2.45 所示。

 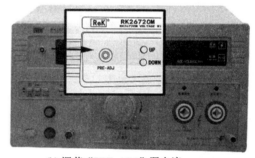

(a) 按下 "预置/测试" 开关　　　　(b) 调节 "PRE-ADJ" 漏电流

图 2.45　预置漏电流实物图

③连接被测件:根据被测件的需要,将测试线和被测件连接好。

④"定时测试":通过"UP"键和"DOWN"键设置定时增减。设定所需的定时时间,然后按下"STARTUP"开关,并缓慢调节"电压调节"旋钮使输出电压达到所需值。定时测试和电压设定实物图如图 2.46 所示。

⑤在测试过程中,如果检测到的"漏电流"值超过设定的"漏电流"预置值时,仪器会自动报警并切断输出电压。这时按下"RESET"开关,仪器即可回到待测试状态(若采用外控测试超漏时,应松开测试棒上的启动开关方可继续进行测试),耐压测试复位实物图如图 2.47 所示。

⑥如果检测到的"漏电流"没有超过设定值,则定时时间到或按下"RESET"开关后,仪器即可回到待测试状态。

⑦遥控测试:将遥控测试棒上的五芯插头插入仪器上的插座内,按下测试棒上的开关即可进行测试。注意:在使用遥控测试棒测试时,仪器的定时功能无效。遥控测试实物图

如图 2.48 所示。

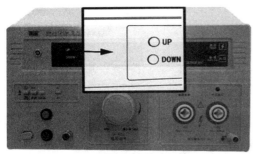

(a) 设置定时增减　　　　　　　　　(b) 按下"STARTUP"开关

图 2.46　定时测试和电压设定实物图

(a) 按下"RESET"开关　　　　　　　(b) 耐压测试复位

图 2.47　耐压测试复位实物图

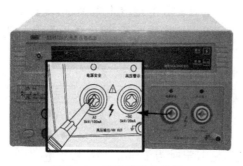

图 2.48　遥控测试实物图

(5)使用耐压测试仪的注意事项。

①必须使用三孔电源插座,接地须良好。正常情况下,在插入 220 V 电源没有按下面板电源开关时,"电源安全"接地指示灯亮,按下电源开关后不亮;若 220 V 输入电源接地不通,或接地线与机器接地端没有连接好,需确保 220 V 接地线与机器接地端连通。

②仪器接地端须和电源地可靠连结。

③操作者应戴绝缘手套,脚下应有绝缘垫。

④打开仪器电源前,要把"电压调节"旋钮逆时针旋转到底。

⑤在预置各项功能之前,要将仪器处于"复位"状态。

⑥不要在测试状态下接触被测件及测试导线。

⑦不要人为地将输出高压端与机壳或地线短路,以免损坏仪器。
⑧万一发生意外情况,应立即切断电源。
⑨指示灯或报警出现故障时,应立即检修。
⑩采用遥控测试时,操作应格外小心,以免发生危险。

3. 测试步骤

(1)按照要求完成准备工作。

准备物品包括绝缘检测工装、被测试电机、耐压测试仪及个人安全防护用具等,如图2.49所示。

(a) 绝缘检测工装　　　(b) 被测试电机　　　(c) 耐压测试仪　　　(d) 个人安全防护用具

图2.49　驱动电机漏电流测试主要准备物品实物图

(2)驱动电机定子绕组对机壳的耐电压测试。

①做好必要的安全防护措施,如穿戴绝缘鞋、绝缘手套及工服,放置绝缘垫等。

②完成驱动电机定子绕组对机壳的绝缘电阻测试,测试方法参考任务2.1。绝缘电阻测试合格后,注意放电,三相绕组接线端子、温度传感器与机壳的连接及机壳接地线不用拆除,继续使用,开始进行耐电压测试。

③确定试验电压有效值,准备好耐压测试仪。

④确定电压调节处于"MIN"位置,打开电源开关。

⑤设置"AC/DC"开关为交流电压测试(开关置于AC位置,则采用交流电压测试;置于DC位置,则采用直流电压测试)。

⑥按下电流预置按钮,调节定时为1 min,选择耐压电流量程为20 mA。

⑦将高压测试笔五芯插头插入测试仪上的插座内,接地线一端连接测试仪接地端。

⑧高压测试笔另一端连接检测工装中电机绕组相连的短接点,接地线另一端连接机壳。驱动电机定子绕组对机壳耐压测试线路连接如图2.50所示。

⑨检查仪器设置和连接无误后开始进行测试。将"测试/预置"按键选为测试,按下"STARTUP"按钮(此时定时显示为倒计时),缓慢调节"电压调节"旋钮至1 500 V。记录漏电流值。

⑩若被测物的漏电流值小于预置值,仪器未报警,"超漏"指示灯不亮,被测物合格;被测物的漏电流值大于预置值,仪器发出连续的报警声,"超漏"指示灯亮,被测物不合格,此时可按"复位"键,使仪器恢复正常状态。

测试结束后,电机绕组应对接地的机壳作电气连接使其放电,如图2.30所示。

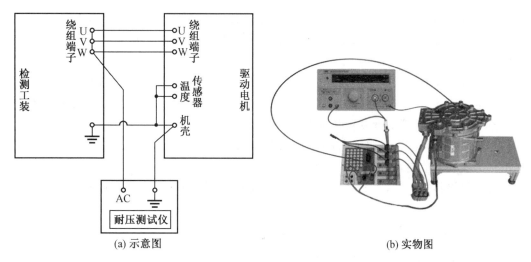

图 2.50　驱动电机定子绕组对机壳耐电压测试线路连接示意图和实物图

(3)驱动电机定子绕组对温度传感器的耐电压测试。

①按照任务 2.1 的要求完成驱动电机定子绕组对温度传感器的绝缘电阻测试。绝缘电阻测试合格后,注意放电,机壳接地线不用拆除,开始进行耐电压测试。

②确定电压调节处于"MIN"位置,打开电源开关。

③设置"AC/DC"开关为交流电压测试(开关置于 AC 位置,则采用交流电压测试;置于 DC 位置,则采用直流电压测试)。

④按下电流预置按钮,调节定时为 1 min,选择耐压电流量程为 20 mA。

⑤将高压测试笔五芯插头插入测试仪上的插座内,接地线一端连接测试仪接地端。

⑥高压测试笔另一端连接电机绕组相连的短接点,接地线鳄鱼夹连接一组电机温度传感器,不参加测试的其他检温元件通过检测工装接地。定子绕组对温度传感器耐电压测试线路连接如图 2.51 所示。

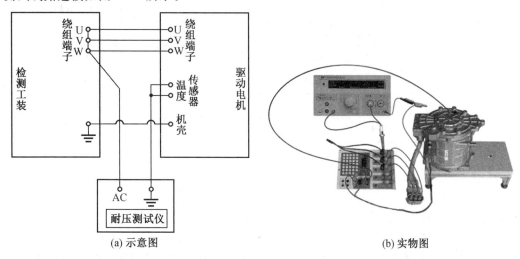

图 2.51　定子绕组对温度传感器耐电压测试线路连接示意图和实物图

⑦检查仪器设置和连接无误后开始进行测试。将"测试/预置"按键选为测试,按下"STARTUP"按钮(此时定时显示为倒计时),缓慢调节"电压调节"旋钮至1 500 V。记录漏电流值。

⑧若被测物漏电流值小于预置值,仪器未报警,"超漏"指示灯不亮,则被测物合格;被测物漏电流值大于预置值,仪器发出连续的报警声,"超漏"指示灯亮,则被测物不合格,此时可按"复位"键,使仪器恢复正常状态。

⑨该组温度传感器对驱动电机定子绕组的耐压测试结束后,电机绕组对接地的机壳作电气连接使其放电,如图2.30所示。

⑩重复操作②~⑦,完成其他组温度传感器对驱动电机定子绕组的耐压测试。

(4)记录相关测试数据。

(5)按照要求完成竣工检验工作。

二、驱动电机控制器漏电流测试

1. 相关知识

根据国家标准《电动汽车用驱动电机系统 第1部分:技术条件》(GB/T 18488.1—2015)要求驱动电机控制器动力端子与机壳、动力端子与信号端子之间应能耐受表2.2所规定的试验电压,驱动电机控制器信号端子与机壳之间应能承受500 V的工频耐电压测试。驱动电机控制器动力端子与机壳、动力端子与信号端子、信号端子与机壳间的工频耐电压测试持续时间为1 min,无击穿现象,漏电流限值符合产品技术文件规定。对于驱动电机控制器信号地与机壳短接的控制器,只需进行驱动电机控制器动力端子与机壳间的工频耐电压测试。测试结束后,每个回路应对接地的部分作电气连接使其放电。

表2.2 驱动电机控制器动力端子与机壳间、动力端子与信号端子间工频耐电压限值

单位:V

最高工作电压 U_{dmax}	试验电压(均方根值)
$U_{dmax} \leqslant 60$	500
$60 < U_{dmax} \leqslant 125$	1 000
$125 < U_{dmax} \leqslant 250$	1 500
$250 < U_{dmax} \leqslant 500$	2 000
$U_{dmax} > 500$	$1\ 000 + 2 \times U_{dmax}$

2. 测试方法

检测工装及工具与驱动电机漏电流检测时类似,在控制器动力端子与机壳的耐电压试验过程中,不参加试验的其他端子或部件应与机壳连接,机壳接地。

对有些因电磁场感应等情况而导致高电压进入低压电路的部件(如脉冲变压器、互感器等),可在试验前予以隔离或者拔除。记录试验过程中漏电流的大小,电机控制器动力端子对机壳的绝缘电阻测试方法示意图如图2.52所示。

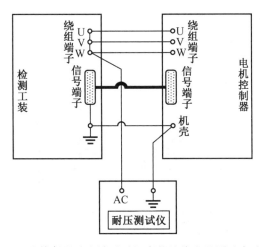

图 2.52 电机控制器动力端子对机壳的绝缘电阻测试方法示意图

3. 测试步骤

(1)按照要求完成准备工作,准备物品包括绝缘检测工装、被测电机控制器、兆欧表及个人安全防护用具等,如图 2.53 所示。

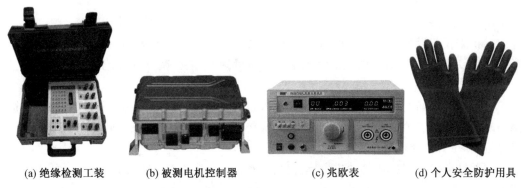

(a) 绝缘检测工装　　(b) 被测电机控制器　　(c) 兆欧表　　(d) 个人安全防护用具

图 2.53　驱动电机控制器漏电流测试主要准备物品实物图

(2)将控制器与外部供电电源及负载分开。

(3)不能承受高压冲击的电器元件(如半导体整流器、半导体管及电容器等)宜在测试前将其从电路中拆除或短接。

(4)驱动电机控制器动力端子对机壳的耐电压测试。

①做好必要的安全防护措施,如穿戴绝缘鞋、绝缘手套及工服,放置绝缘垫等。

②完成驱动电机定子绕组对机壳的绝缘电阻测试,方法参考任务 2.2。绝缘电阻测试合格后,注意放电,驱动电机动力端子、信号端子与机壳的连接及机壳接地线不用拆除,可继续使用,并开始进行耐电压测试。

③确定试验电压有效值,准备好耐压测试仪。

④确定电压调节处于"MIN"位置,打开电源开关。

⑤设置"AC/DC"开关为交流电压测试(开关置于 AC 位置,则采用交流电压测试;置于 DC 位置,则采用直流电压测试)。

⑥按下电流预置按钮,调节定时为 1 min,选择耐压电流量程为 20 mA。
⑦将高压测试笔五芯插头插入测试仪上的插座内,接地线一端连接测试仪接地端。
⑧高压测试笔另一端连接检测工装中动力端子相连的短接点,接地线另一端连接机壳。驱动电机控制器动力端子对机壳耐压测试线路连接如图 2.54 所示。

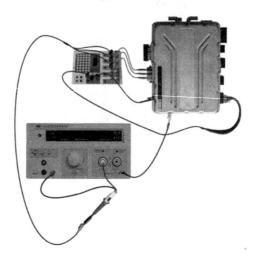

图 2.54　驱动电机控制器动力端子对机壳耐压测试线路连接实物图

⑨检查仪器设置和连接无误后开始进行测试。将"测试/预置"按键选为测试,按下"STARTUP"按钮(此时定时显示为倒计时),缓慢调节"电压调节"旋钮至 1 500 V。记录漏电流值。

⑩若被测物漏电流值小于预置值,仪器未报警,"超漏"指示灯不亮,则被测物合格;被测物漏电流值大于预置值,仪器发出连续的报警声,"超漏"指示灯亮,则被测物不合格,此时可按"复位"键,使仪器恢复正常状态。

测试结束后,将驱动电机控制器动力端子对接地机壳作电气连接使其放电,如图2.55所示。

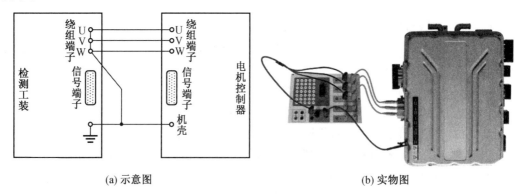

图 2.55　驱动电机控制器动力端子对接地机壳放电示意图和实物图

(5)记录相关测试数据。
(6)按照要求完成竣工检验工作。

学习任务 4　驱动电机系统功能和性能测试

【任务情境描述】

驱动电机系统在出厂前及正式安装使用前,要进行上电测试检验才能确保系统各项功能正常,同时对部分产品进行型式试验抽检,验证产品能否满足技术规范的全部要求,测试内容主要包括驱动电机系统的启动、制动、空载运行、负载运行、正反转运行及各种保护功能等。在新能源汽车驱动电机系统检修完成后,也要进行出厂测试。

【任务实施】

一、驱动电机系统功能测试

1. 上下电功能测试

(1)相关知识。

新能源汽车上下电过程涉及很多信号,如各控制器之间的信号交互、各控制器自身的状态切换及过程中所需时间、被控制对象响应控制器命令所需时间等,这些信号的正确与否都会影响正常上下电,严重时会导致整车控制逻辑陷入混乱,造成不可预期的后果,也就是说新能源汽车上下电过程的安全性及可靠性将会影响驾驶员的驾驶体验及行车安全。因此,正确的上电顺序是新能源汽车正常行驶的前提,只有上电成功后,才能推动档位开关并踩下加速踏板,控制汽车正常行驶。

整车上电由低压上电和高压上电两部分组成,指钥匙开关从 LOCK 档、ACC 档、ON 档上电高压电至可行驶状态,并点亮 READY 灯的过程,一般该过程由整车控制器 VCU 模块进行主导。VCU 接收钥匙上电信号,控制车身 12 V 电器系统从 LOCK 档切换到 ACC 档和 ON 档,在车辆处于 ON 档时,如果所有零部件的无故障自检通过,则车辆可以切换至 READY 状态。

驱动电机系统上电包括低压系统上电和高压系统上电两部分。低压系统上电主要包括对驱动电机控制器、驱动电机及其整车控制器等部件的低压信号系统供电,高压系统上电主要是对驱动电机等高压零部件供电。驱动电机系统上下电功能是否正常可通过控制钥匙开关位于不同档位来进行测试,新能源汽车的钥匙开关档位与普通汽车类似,如图 2.56 所示。

LOCK 档:钥匙开关位于 LOCK 档位,如图 2.56(a)所示,此位置是钥匙插入和拔出的位置,此时车辆除了防盗系统和车内小灯以外,电路完全关闭,方向盘被锁止。

ACC 档:钥匙开关位于 ACC 档位,如图 2.56(b)所示,表示"不发动车可以给车内部分电器供电",新能源汽车中低压蓄电池依次给整车控制器 VCU、电机控制器 MCU 等控制器和其他低压电气设备供电。供电电压为 12 V/24 V。

ON 档:钥匙开关位于 ON 档位,如图 2.56(c)所示,表示"给车内所有电器供电",新

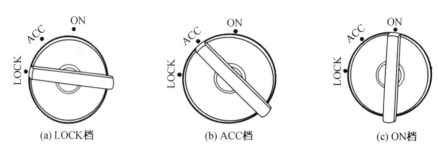

图 2.56　新能源汽车的钥匙开关示意图

能源汽车动力电池包依次给高压配电箱、电机控制器供电,同时可以给空调、DC/DC 变换器供电。当高压系统上电后,低压蓄电池不再给车内设备供电,车内所有设备供电电源由 DC/DC 变换器提供,仪表板 READY 指示灯点亮,新能源汽车可以接受行驶指令并按指令行车。

(2)测试方法。

上下电、正反向运行及高脚踏保护等功能的测试需要专用的台架才能实现,驱动电机系统出厂前一般会在新能源汽车驱动电机系统出厂测试平台上完成以上功能的测试,其功能及性能参数范围应符合产品技术文件的规定。平台应包括测试面板、操作台及加载装置等,平台举例如图 2.57 所示。

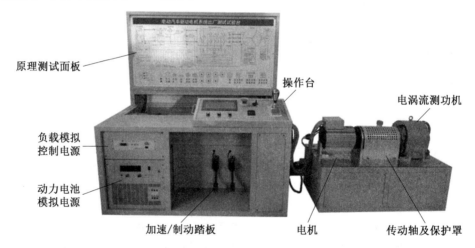

图 2.57　新能源汽车驱动电机系统出厂测试平台实物图

上电过程中测试平台将检测 BMS、MCU、DC/DC 的预充情况、高压器件工作模式的切换等。将钥匙开关位于 ACC 档位,进行驱动电机系统低压上电测试,该状态下整车控制器 VCU、电机控制器 MCU 等控制器被唤醒,主接触器、预充电接触器等应处于断开状态,通过测试此时的档位开关、主接触器、预充电接触器等器件的电压状态可判断低压上电是否完成。

将钥匙开关位于 ON 档位,进行驱动电机系统高压上电测试,整车控制器 VCU 将高压上电请求指令发送给电池管理系统 BMS 和电机控制器 MCU,完成负极接触器、预充接触器和正极接触器等闭合。同时,通过 CAN 总线向电机控制器 MCU 发送指令,控制驱动电机运行方向及速度,通过测试此时的档位开关、主接触器、预充电接触器等器件的电压可判断高压上电是否完成,上电测试原理图如图2.58所示。

当车速小于一定值时,将档位开关拨至LOCK档,系统完成下电。

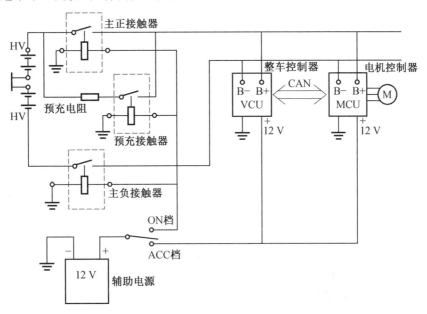

图2.58 上电测试原理图

(3)测试步骤。

①按照实施步骤完成准备工作,准备物品包括新能源汽车驱动电机系统测试平台、万用表及个人防护用品等,如图2.59所示。

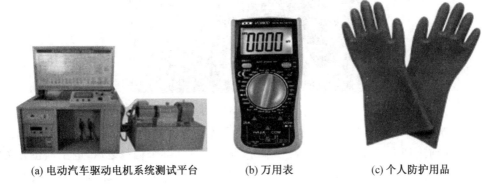

(a) 电动汽车驱动电机系统测试平台　　(b) 万用表　　(c) 个人防护用品

图2.59 上、下电功能测试准备物品实物图

②确认系统电源开关、负载、钥匙开关等都处于断开状态,所有按钮处于抬起断开状态,档位开关处于"N"档。

③确认高压线束和低压线束等均连接正常。

④确认负载及其冷却系统符合规定要求。

⑤连接测试平台电源线,闭合测试平台电源开关及冷却系统开关。

⑥将钥匙插入钥匙开关,旋转钥匙至ACC档位置,测试并记录相关数据,包括启动

开关电压、接触器状态等,判断驱动电机系统是否低压上电成功。

⑦旋转钥匙至 ON 档位置,测试并记录相关数据,包括启动开关电压、接触器状态等,判断驱动电机系统是否高压上电成功。此时,READY 灯应点亮,新能源汽车驱动电机系统测试平台的上电操作完成,可以随时按照驾驶员指令进行前进或后退行驶。

⑧断电操作。

a. 旋转钥匙开关至 ACC 位置,观察是否高压断电,测试并记录启动开关电压、接触器状态等相关数据。

b. 旋转钥匙开关至 LOCK 位置,观察是否低压断电,测试并记录启动开关电压、接触器状态等相关数据。

⑨按照要求完成竣工检验工作。

2. 正反向运行功能测试

(1)相关知识。

新能源汽车前进及后退行驶是其基本功能之一,这一功能是通过驾驶员的档位开关操作指令控制驱动电机的正反转来实现的。驱动电机在正向和反向运转时,系统主要物理量数值也随之变化。

新能源汽车档位分为自动档和手动档,依靠电机驱动的新能源汽车基本上只有自动档,混合动力汽车可能会搭载手动档。新能源汽车的档位开关外形与燃油汽车类似,如图2.60 所示。

图 2.60　新能源汽车档位开关实物图

根据新能源汽车的车型不同,档位开关的设置也有一定的差异,但通常都有倒退档 R、空档 N、前进档 D 三个档位。车辆工作时,驾驶员选择某个档位之后,电子档位开关将特定的高低压组合电平信号输出给驱动电机控制器或整车控制器,进而控制新能源汽车的驻车、前进或倒车。当换档杆位于 N 档时,电机处于停止运行状态,车辆不受驱动;当换档杆位于 D 档时,电机处于正向旋转状态,车辆受到驱动力向前行驶;当换档杆位于 R 档时,电机处于反向旋转状态,车辆受到驱动力向后行驶。

(2)测试方法。

驱动电机正向及反向运行功能可在图 2.57 列举的测试平台上结合换档杆 D 档、R 档及加速踏板进行测试。在不同档位下踩踏加速踏板,电机运行方向等状态参数将随之变化,进而可验证驱动电机正向及反向运转功能是否正常。

(3)测试步骤。

①按照上下电功能测试要求准备相关物品并正常上电。

②推动档位开关至如图2.61(a)所示D档的位置,轻踩加速踏板,观察电机转向。

(a) 推动档位开关至D档　　　　　(b) 推动档位开关至R档

图2.61　推动档位开关示意图

③调节电机正向运行速度达到60 km/h,测试并记录速度、档位电压等相关数据。

④推动档位开关至如图2.61(b)所示R档的位置,轻踩加速踏板,观察电机转向。

⑤调节电机反向运行速度达到20 km/h,测试并记录速度、档位电压等相关数据。

⑥推动档位开关至N档的位置,踩踏制动踏板至电机运行速度为0。

⑦按照上下电功能测试要求完成正常断电操作。

⑧按照要求完成竣工检验工作。

3. 高脚踏保护功能测试

(1)相关知识。

在新能源汽车中为了防止操作顺序的错误,特别加入误操作时的保护功能,高脚踏保护功能就是其中之一。若无高脚踏保护功能,不合理的操作可能会造成新能源汽车的瞬间启动,影响驾乘人员的人身安全。在新能源汽车正常上电后,若先行踩下加速踏板,再将档位开关推动至D档,基于保护驾乘人员的考虑,此时的加速踏板应不接受指令,档位开关推动至D档之前的踩下加速踏板动作应为无效操作,此时车辆不会前进。同理,若先行踩下加速踏板,再将档位开关推动至R档,踩下加速踏板动作也应是无效操作,车辆不会后退,操作顺序及效果见表2.3。

表2.3　高脚踏保护功能动作表

踩踏顺序	先推D档	后推D档	先推R档	后推R档
先踩加速踏板		无动作		无动作
后踩加速踏板	前进		后退	

新能源汽车采用的加速踏板与传统燃油车类似,也位于主驾驶位的前下部右侧,如图2.62所示。

新能源汽车上的加速踏板一般为电子加速踏板,本质上是一个传感器,主要由踏板机械结构、位置传感器及线路和相关附件组成。电子加速踏板通过位置传感器采集当前踏板位置信号传送给整车控制器进行运算处理后,通过CAN总线发送给电机控制器进而

图 2.62　新能源汽车的加速踏板

精确控制电机扭矩输出。

加速踏板根据传感器工作原理的不同，可以分为电位计式、感应式和霍尔效应式。其中第一种又称为接触式，后两种又称为非接触式。比较而言，非接触式传感器寿命长、可靠性高、准确性好，是当前应用的主流。

如图 2.63 所示为一款非接触式加速踏板电路原理图。位置传感器是一种霍尔效应（芯片）式旋转位置传感器，主要由磁铁和霍尔集成电路芯片组成，霍尔集成电路芯片安装在加速踏板的芯轴上固定不动，两个磁铁安装在加速踏板的旋转部件上，可随加速踏板一起动作。

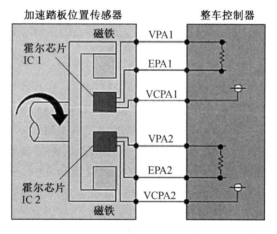

图 2.63　非接触式加速踏板电路原理

为保证信号的可靠性，新能源汽车电子加速踏板采用冗余设计，在加速踏板芯轴上安装了 2 个霍尔集成电路芯片，相当于 2 个加速踏板位置传感器。工作时，随着当前踏板位置的变化，与加速踏板联动的永久磁铁随加速踏板的动作而一起旋转，改变了磁铁与霍尔元件之间的相对位置，从而改变了霍尔元件输出的电压值。

VCPA1 和 VCPA2 是 2 根霍尔效应式旋转位置传感器的电源线，由整车控制器电压转换电路提供±5 V DC 电压，EPA1 和 EPA2 是 2 根传感器的搭铁线，VPA1 和 VPA2 是 2 根传感器的信号线，2 根霍尔效应式旋转位置传感器根据加速踏板位置产生的电压信号由这 2 根线传送给整车控制器。

(2)测试方法。

驱动电机系统高脚踏保护功能可在图2.57中的测试平台上结合换档杆及加速踏板进行测试。在不同档位下改变踩踏加速踏板及换档的先后顺序,驱动电机的运行参数将随之改变,进而可验证驱动电机系统高脚踏保护功能是否正常。

(3)测试步骤。

①按照上下电功能测试要求准备相关物品并正常上电。

②轻踩加速踏板,推动档位开关至D档的位置,观察电机是否旋转,测试并记录速度、加速踏板电压、档位开关电压等相关参数。

③松开加速踏板,推动档位开关至N档的位置,恢复到初始上电状态。

④轻踩加速踏板,推动档位开关至R档的位置,观察电机是否旋转,测试并记录速度、加速踏板电压、档位开关电压等相关参数。

⑤松开加速踏板,推动档位开关至N档的位置,恢复到初始上电状态。

⑥推动档位开关至P档的位置,轻踩加速踏板,观察电机是否旋转,测试并记录速度、加速踏板电压、档位开关电压等相关参数。

⑦松开加速踏板,推动档位开关至N档的位置,恢复到初始上电状态。

⑧推动档位开关至R档的位置,轻踩加速踏板,观察电机是否旋转,测试并记录速度、加速踏板电压、档位开关电压等相关参数。

⑨松开加速踏板,推动档位开关至N档的位置;旋转钥匙开关至LOCK位置,观察驱动电机系统是否断电,测试并记录速度、加速踏板电压、档位开关电压等相关参数。

⑩按照要求完成竣工检验工作。

二、驱动电机系统性能测试

1. 相关知识

电机处于无负载状态下的测试称为空载测试,其轴伸传动端无有效机械功率输出。新装、长期停用或大修后的驱动电机系统都需要进行空载检查试验,通过观察电机转向,测定电机转速,观测驱动电机的振动和噪声,测定驱动电机系统空载电流、空载损耗,检查控制器的显示、触发、保护、冷却、故障检测等单元的功能是否正常,从而检查驱动电机系统的制造和装配质量,判断驱动电机系统是否异常。

对于正常行驶的新能源汽车而言,车辆行驶时的阻力就是车辆动力系统的负载。车辆匀速行驶时,受到的动力和阻力或者负载是平衡的。车辆加速时,还需要额外的动力来克服车辆的惯性进而获得所需要的加速度,或者说车辆加速时的惯性也是一种负载。为了保证驱动电机系统能够提供新能源汽车行驶所需的足够动力,或者说在一定的负载情况下驱动电机系统能够正常工作,新装、长期停用或大修后的驱动电机系统需要进行负载测试。负载测试是指驱动电机和驱动电机控制器在负载下尤其是额定负载下的工作情况检查,包括检查控制器的各部分功能是否正常,确定电机的效率、功率因数、转速、定子电流、输入功率等与输出功率的关系,从而判断驱动电机系统是否异常。

2. 测试方法

驱动电机系统空载测试需要对空载运行的驱动电机系统进行一系列的检测,包括电压、电流和转速等。转速测试仪的准确度或误差不低于国家标准中±2 r/min 的要求，读数时须在数值稳定后方可读取，电流测试仪表的准确度或误差不低于标准中 0.5 级的要求，若采用了分流器或电流传感器，则分流器或电流传感器的准确度或误差不低于标准中 0.2 级的要求。

驱动电机系统负载测试需要对加载后的系统进行一系列的测试，包括负载电流、转矩和转速，仪器使用方式与空载测试类似。

驱动电机系统的空载及负载性能测试可在如图 2.57 所列举的新能源汽车驱动电机系统出厂测试平台上完成，一般采用电涡流制动器直接作为驱动电机的负载，通过调节电涡流制动器的控制电流来改变其阻力矩，进而改变驱动电机负载转矩，测试原理如图 2.64 所示。在改变电机负载的情况下，检测驱动电机转速、扭矩等参数，反馈至电机控制器判断驱动电机系统的空载及负载特性，并对电机的电压及电流进行实时控制。

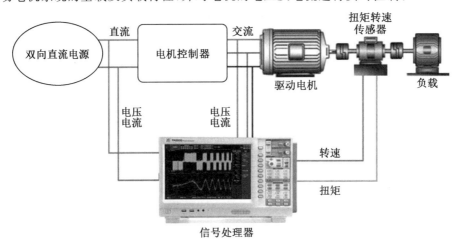

图 2.64　电机驱动系统性能测试示意图

3. 测试步骤

（1）按照实施步骤完成准备工作，准备物品包括新能源汽车驱动电机系统出厂测试平台、钳形万用表、速度测试仪及个人防护用品等，如图 2.65 所示。

(a) 电动汽车驱动电机系统出厂测试平台　(b) 钳形万用表　(c) 速度测试仪　(d) 个人防护用品

图 2.65　空载及负载测试准备物品实物图

(2)按任务4.1的步骤完成新能源汽车驱动电机系统出厂测试平台的上电操作。

(3)将负载调节至最小。

(4)将控制档位推至"D"档,踩下加速踏板,此时驱动电机应正向运转,将速度稳定至一定值。

(5)将反射标记贴在驱动电机转子轴上,按下速度测试仪测试按钮,使可见光与目标成一条直线,监视灯亮,待显示数值稳定时,释放测试按钮,记录此时测试的转速值。速度测试仪实物图如图2.66所示。

图2.66 速度测试仪实物图

(6)正确选用万用表的档位,分别测试并记录钥匙开关信号、档位开关信号、驻车制动开关信号、加速踏板信号、制动踏板信号、接触器状态信号等相关电压值。

(7)正确选用钳形电流表的档位,将钳形电流表正确接入被测电路,分别测试电机三相电流,并记录电流等相关数据,如图2.67所示。

图2.67 绕组相电流测试实物图

(8)闭合加载控制器开关,调节负载大小,确认负载处于稳定状态。

(9)推动档位手柄位于"D"档位置,此时驱动电机应正转。

(10)踩下加速踏板。

(11)逐渐减小驱动电机的负载直至空载,调节过程中读取转速等数据,共取记录的5或6组数据绘制负载曲线图。

(12)按照要求完成竣工检验工作。

学习情境三

新能源汽车驱动电机检测与维修

【学习目标】

(1)接受新能源汽车维修学习任务后,能明确任务目标并进行小组成员分工和维修场地检查。

(2)能通过互联网、维修手册及产品说明书等各种信息渠道获取驱动电机绕组、速度传感器、温度传感器、轴承以及连接电路等资料信息。

(3)在监护人员指导下,能按照新能源汽车操作安全规范对驱动电机绕组故障和速度传感器故障等简单故障进行故障诊断和故障修复,能够对自己的学习任务进行正确评价并对自身工作负责。

(4)能根据驱动电机的故障信息和现象对驱动电机过温等复杂故障进行故障诊断和故障修复,能够对自己的学习任务进行正确评价并对自身工作负责,能够提出改进建议并指导他人工作。

(5)能根据驱动电机的故障现象对驱动电机异响等机械故障进行故障诊断和故障修复,能够对自己的学习任务进行正确评价并对自身工作负责,能够提出改进建议并指导他人工作。

(6)能按照维修场地管理要求进行正确处理废弃物及维修现场整理。

(7)主动获取有效信息,展示工作成果,对学习任务进行总结和反思。

(8)能与小组成员进行深入交流合作并进行有效沟通。

(9)能对故障检测与维修过程作记录并进行完整的存档。

【任务引入】

目前主流新能源汽车驱动电机多采用感应异步电机和永磁同步电机,两者都有100多年的使用历史,从驱动电机设计、制造及维修等维度看,技术均比较成熟,只是应用领域有所不同。因此这两类电机总体发生故障概率并不高,不同车型驱动电机故障概率有所区别,总体上看驱动电机故障概率占新能源汽车故障的0.6%左右。驱动电机故障点主要集中在电机绕组、轴承及传感器,目前速度传感器使用机械式旋转变压器,极大降低了发生故障的概率,驱动电机绕组故障占驱动电机故障概率的70%左右,驱动电机轴承故障占驱动电机故障概率30%左右,如图3.1所示。本学习情境选取故障概率高的绕组故障、速度传感器故障过温故障以及轴承故障作为典型的学习任务。

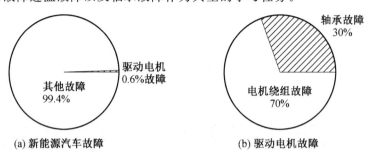

图3.1 驱动电机故障概率

学习任务 1　驱动电机绕组故障检测与维修

【任务情境描述】

新能源汽车在行驶过程中,仪表盘有故障图标点亮时,新能源汽车进入限速行驶模式,缓慢开到维修站。维修人员通过故障信息解析初步确认驱动电机绕组发生了断路故障,拆卸驱动电机相关的接插件,对绕组进行测试,再次确认是否发生故障,然后采用正确的工艺拆卸驱动电机,安装同型号的备用驱动电机并对维修结果进行测试确认。

【任务实施】

一、驱动电机绕组认知

绕组是驱动电机的核心部件,产生旋转磁场的部件。由于产生磁场的同时也会产生发热问题,因此绕组是驱动电机发生故障最高的故障点之一。

1. 绕组作用

电机绕组是由许多个形状一样的单匝绕组元件(也可以是多匝绕组元件)以一定的规律连接并嵌入到定子铁心的槽中,三相绕组如图 3.2(a)所示,定子铁心绕组如图3.2(b)所示,目前新能源汽车用驱动电机以三相绕组为主,有的也采用多相绕组。

(a) 三相绕组　　　　　　　　(b) 定子铁心

图 3.2　三相绕组和定子铁心

三相绕组有两种连接方式,尾部连接成一点且首部作为输入的连接方式称为 Y 形接法,如图 3.3(a)所示,首尾相连且连接点作为输入的连接方式称为 △ 形接法,如图 3.3(b)所示。

三相正弦交流电通入定子绕组中产生了旋转磁场,旋转磁场与转子磁场相互作用产生电磁转矩。转子磁场可以使用永磁体产生或感应磁场产生,永磁体同步电机由永磁体提供磁场,异步电机由感应磁场提供。无论是永磁同步电机还是异步电机,两者的定子结构非常类似,定子截面图如图 3.4(a)所示,三相正弦交流电流如图 3.4(b)所示。

(a) Y形接法　　　(b) △形接法

图 3.3　绕组连接方式

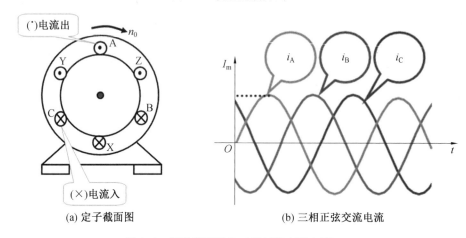

(a) 定子截面图　　　(b) 三相正弦交流电流

图 3.4　定子截面图和三相正弦交流电流

驱动电机控制器产生三相正弦交流电,驱动电机控制器和驱动电机的连接方式示意图如图 3.5 所示。

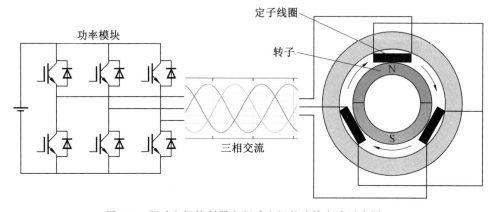

图 3.5　驱动电机控制器和驱动电机的连接方式示意图

2. 绕组故障

绕组按照一定规律排列并嵌入到定子铁心,图 3.6 是一个槽三相 24 绕组下线示意图。绕组材料通常采用漆包线,漆包线由导体和绝缘层组成,导体是由退火软化后的铜线经过多次涂漆并烘焙而成,漆包线的结构示意图如图 3.7 所示。

虽然漆包线经多次涂漆并烘焙而成,具有一定的强度,但过高的温度或机械损伤都能造成外部绝缘层破损。由图 3.6 中的三相 24 槽绕组下线示意图可知,AX 构成 U 相绕

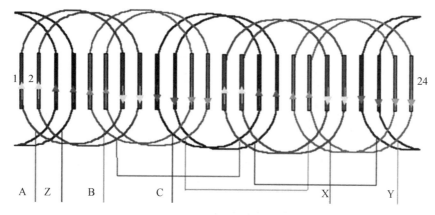

图 3.6 三相 24 槽绕组下线示意图

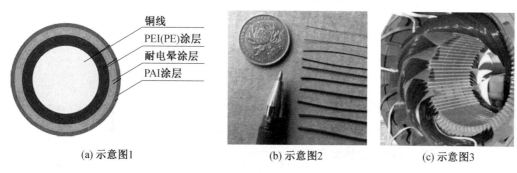

(a) 示意图1　　　　(b) 示意图2　　　　(c) 示意图3

图 3.7 漆包线的结构示意图

组,BY 构成 V 相绕组,CZ 构成 W 相绕组,每相绕组彼此之间绝缘。每一相绕组在槽中有相同的匝数,且每匝线圈也彼此绝缘,若一相绕组发生了绝缘损坏、彼此之间发生短路称之为匝间短路。两相绕组之间在线段端部发生绝缘损坏、彼此之间发生短路称之为相间短路。若绕组与定子铁心发生了短路称之为对地短路。

(1)匝间故障。

匝间故障主要包括匝间短路故障和绕组缺相故障。

匝间短路指的是电机一相定子绕组内部出现击穿并发生短路的现象,如图 3.8 所示,图 3.8(a)是星形(Y 形)接法匝间短路示意图,图 3.8(b)是三角形(△形)接法匝间短路示意图。

单相绕组可以等效成电阻和电感的串联,发生匝间击穿后会造成绕组内部短路,如图 3.8 所示。发生短路的绕组电阻和电感都会变小,表现的故障现象是绕组电流不平衡或绕组过流,输出转子电磁转矩波动加大,一般情况超过 10% 就必须上报。匝间击穿的极限表征形式是电机绕组击穿并发生烧损造成断路,上报的故障码是绕组缺相。

绕组缺相故障的故障点主要发生在绕组输出端子位置,由于机械受力或接触点发热等原因造成断路,表现出来的故障现象就是缺相故障。

(2)相间短路。

相间短路指的是电机两相以上定子绕组内部出现击穿并发生短路的现象,通常发生在绕组的端部,两相绕组重叠部分,如图 3.9 所示。图 3.9(a)是星形(Y 形)接法相间短

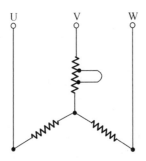 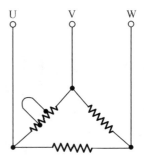

(a) 星形(Y形)接法匝间短路示意图　　(b) 三角形(△形)接法匝间短路示意图

图 3.8　匝间短路

路示意图，图 3.9(b)是三角形(△形)接法相间短路示意图。

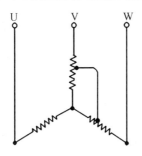 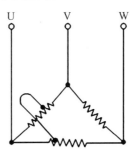

(a) 星形(Y形)接法相间短路示意图　　(b) 三角形(△形)接法相间短路示意图

图 3.9　相间短路

发生相间击穿后会造成绕组内部发生短路，如图 3.9 所示，发生短路的绕组电阻和电感都会变小，表征出的故障现象同样是绕组电流不平衡或绕组过流，比匝间击穿更为严重，输出电磁转矩波动加大，一般情况超过 10% 就必须上报。

(3)对地击穿。

定子铁心嵌入绕组之前必须放入槽绝缘，槽绝缘如图 3.10(a)所示，放入槽绝缘后的定子铁心如图 3.10(b)所示，嵌入绕组后的定子铁心如图 3.10(c)所示。槽绝缘的作用就是有效防止绕组与铁心发生击穿。若绕组和槽绝缘同时发生了破损或烧焦会造成绕组对铁心击穿，铁心带电，危害操作者的人身安全，因此对击穿故障必须进行及时处理。图 3.11(a)是星形(Y形)接法绕组对地击穿示意图，图 3.11(b)是三角形(△形)接法绕组对地击穿示意图。

驱动电机系统发生概率最大的故障是电机绕组击穿和短路，其产生原因主要如下。

①由于操作不当(常发生在解体保养电机时)，碰伤绕组端部绝缘或没垫好端部和层间绝缘材料，使导线互相接触而导致击穿和短路。

②由于电机在工作环境中的水分、尘埃等物质与绝缘体相互作用下，其定子绕组中的绝缘会因缓慢老化而易被击穿，长时间过负荷运行后，电机过热而使线圈局部较为薄弱的绝缘损坏导致击穿和短路。

③由于个别导线在槽内交叠，长期运行后，由于电磁力、机械力冲击的作用，导致绝缘损坏而发展成击穿和短路。

(a) 槽绝缘　　　　(b) 放入槽绝缘后的定子铁心　　　(c) 嵌入绕组后的定子铁心

图 3.10　定子铁心和定子槽绝缘

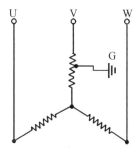

(a) 星形(Y形)接法绕组对地击穿示意图　　(b) 三角形（△形）接法绕组对地击穿示意图

图 3.11　绕组对地击穿

3. 驱动电机绕组直流电阻测量

驱动电机定子绕组的电阻值与温度和电流状态有关，温度越高电阻越大，电流频率越高电阻越大。通常所说的绕组电阻指的是常温条件下的直流电阻。通过测试直流电阻方法，判断是否发生绕组匝间短路和相间短路。通过与标称直流电阻比较，若发生了直流电阻偏差，则说明绕组发生短路或击穿故障。测试驱动电机绕组阻值的仪器采用微欧计，具体操作步骤如下。

(1)环境温度测量。

将驱动电机在温度均匀的空间中放置一段时间，使驱动电机内部和环境温度一致，记录温度数值。判断温度一致的标准满足下列条件之一即可。

①用温度计（或埋置温度计）测量电机绕组、铁心和环境温度，所测温度与环境温度之差应不超过 2 K，必要时，应采用具有隔热结构的温度计，且放置温度计的时间不少于 15 min。测量绕组温度时应根据电机的大小，在不同部位测量绕组端部和绕组槽部的温度（如有困难时，可测量铁心齿和铁心轭部表面温度），取其平均值作为绕组的实际冷态下的温度。

②驱动电机处于不工作状态且在环境温度稳定的空间中放置时间超过 12 h。

(2)绕组直流电阻测量。

①选择量程合适的微欧计，检测设备适配线和测试表笔，若出现外观问题需要重新更换。

②以测量 R_{UV} 电阻为例,微欧计与驱动电机绕组输出端子接线示意图如图 3.12(a) 所示,一个表笔夹住输出端子 U,另一表笔夹住输出端子 V,通电测试电阻,稳定后记录数据。同理测量电阻 R_{VW} 和电阻 R_{UW}。测试时需要注意:通过绕组的试验电流应不超过其额定电流的 10%,通电时间不超过 1 min。

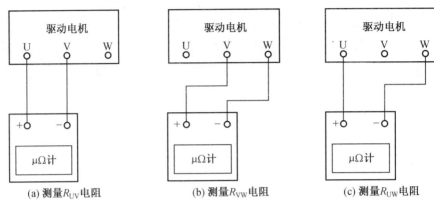

图 3.12　电机外部接线端口

(3)相绕组直流电阻计算。

三相驱动电机的绕组已按星形或三角形方法进行了连接,实际上测量的是绕组出相端子的等效电阻,然后由以下公式间接计算相绕组的电阻,各相电阻阻值按式(3.1)~式(3.6)计算。

①对星形接法的绕组:

$$R_U = R_{med} - R_{VW} \tag{3.1}$$

$$R_V = R_{med} - R_{WU} \tag{3.2}$$

$$R_W = R_{med} - R_{UV} \tag{3.3}$$

②对三角形接法的绕组:

$$R_U = \frac{R_{VW} \times R_{WU}}{R_{med} - R_{UV}} + R_{UV} - R_{med} \tag{3.4}$$

$$R_V = \frac{R_{WU} \times R_{UV}}{R_{med} - R_{VW}} + R_{VW} - R_{med} \tag{3.5}$$

$$R_W = \frac{R_{UV} \times R_{VW}}{R_{med} - R_{WU}} + R_{WU} - R_{med} \tag{3.6}$$

式中　R_{med}——等于 $(R_{UV} + R_{VW} + R_{WU})/2$;

　　R_{UV}、R_{VW} 和 R_{WU}——分别为出线端 U 与 V、V 与 W、W 与 U 之间测得的电阻值,单位为毫欧(mΩ);

　　R_U、R_V 和 R_W——分别为各相的相电阻,单位为毫欧(mΩ)。

(4)绕组故障判断。

通过测试出的驱动电机绕组的直流电阻与标称直流电阻之间的比较分析,可以得出故障类型为绕组故障,具体分析步骤如下。

①查找维修手册或驱动电机产品说明书中的驱动电机绕组直流电阻标称数值。

②将测试出的驱动电机绕组的直流电阻与标称直流电阻进行比较,数值相差不应超

过5%,即测试直流电阻数值应在标称数值的0.95~1.05倍之间,若超出这个范围,即认为绕组电阻发生了故障。

二、电机绕组故障信息分析

1. 新能源汽车故障诊断方法

随着科学技术的不断发展,故障诊断经历了3个阶段,包括人工判断、简单仪器诊断及专业集成设备诊断,集成设备诊断又多包含了各类人工智能诊断方法。

(1)人工判断方法。

不通过仪器设备,采用人工观察方法判断产生故障的原因,故障点通常会有故障现象,维修人员可以采用听、闻、看及触摸等方法进行判断。例如,驱动电机定子绝缘击穿后会有烧焦的味道,如图3.13(a)所示;电机控制器内的电力电子器件严重过热会发生膨胀现象,如图3.13(b)所示。

(a) 驱动电机定子绝缘击穿　　(b) 电机控制器内的电力电子器件严重过热

图3.13　驱动电机系统故障现象

(2)简单仪器诊断。

通过通用仪器等测试工具检测故障点,如选用合适的万用表测试电阻阻值,判断是否断路或阻值偏差是否超出允许范围;采用兆欧计检测驱动电机控制器绝缘是否满足要求等。驱动电机系统检测使用的通用仪器包括万用表、兆欧计、耐压测试仪和钳式电流表等,如图3.14所示。

(a) 万用表　　(b) 兆欧计　　(c) 耐压测试仪　　(d) 钳式电流表

图3.14　通用仪器

(3)专业集成设备诊断。

与传统燃油汽车类似,新能源汽车同样也有专业集成设备诊断,如故障解码仪等。新能源汽车电控系统诊断仪用于对应车型的故障诊断,由于各自车系的诊断协议没有公开,所以不同车型采用的诊断仪器也不同。诊断仪器应能与被检测车辆的控制模块(电脑)通信。北汽新能源汽车采用 BDS 故障诊断系统(图 3.15),将诊断软件安装在电脑终端上,经通信电缆和诊断盒与车载 OBD 诊断座连接,与车辆的控制模块通信进行故障诊断。采用故障解码仪读取故障信息,故障信息包括故障码、冻结帧数据及数据流,对故障信息解析后,仍然需要采用简单仪器诊断方法确定故障点。

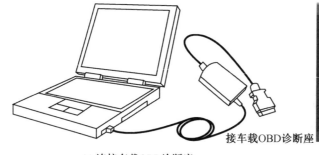

(a) 连接车载OBD诊断座　　　　　　　　(b) 诊断系统界面

图 3.15　北汽新能源汽车采用 BDS 故障诊断系统

某些新能源汽车整车厂为本身车系自主研发专用高压测试设备,如大众汽车研发了整套专业集成诊断的高压测试设备,如图 3.16 所示。

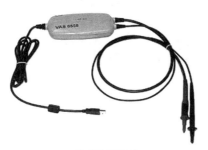

(a) 集成诊断设备1　　　(b) 集成诊断设备2　　　(c) 集成诊断设备3

图 3.16　大众汽车专业集成诊断设备

2. 故障信息

不同新能源汽车厂家的故障解码仪显示的信息不完全一致,但故障信息至少包括故障码、冻结帧数据及数据流,有些厂家会设置某些扩展功能,如北汽新能源汽车的故障解码仪还包括元件测试、下线测试以及标定与烧录等功能,如图 3.17 所示。

故障码是新能源汽车厂家针对每种故障的编码,每个厂家都有各自的编码规则,不同厂家可能不一致,故障码通常有两种表示方式:

第一种是利用动力电池、驱动电机或驱动电机控制器内的传感器,检测并诊断出由于驱动电机绕组故障引起的系统功能性故障或性能故障,如相电流过流故障、绝缘击穿故障、三相绕组电流不均衡故障及驱动电机过温故障等。

第二种是利用驱动电机或驱动电机控制器内的传感器精确确定绕组故障,如绕组开路故障等。

冻结帧数据是新能源汽车发生故障时刻记录的关键信息数据,便于分析故障发生时车辆所处的状态。一般情况,先选择读取冻结帧数据,再选择相应故障码,进入即可获取

(a) 功能主菜单　　　　　　　　　(b) 数据流

图 3.17　北汽新能源汽车故障信息

整车控制器记录的故障冻结帧数据信息。每个新能源汽车厂家记录数据的物理量可能不一致，例如，北汽新能源汽车整车控制器存储记录了 16 个变量，包括车速、铅酸电池电压、扭矩、电机转速、高压电压、锂电池电流、档位状态、加速踏板开度、制动状态、电机本体温度、电机控制器温度、SOC、车辆工况、电池状态及电机状态等关键信息。故障诊断仪显示的故障都是最新的故障，即如果故障重复发生，新故障冻结帧将覆盖旧的冻结帧。

新能源汽车维修人员想获知车辆的某些状态信息，可点击读取数据流，获取车辆的特定状态信息，数据流显示的物理量一般比冻结帧数据多，每个物理量对应显示出该时刻的状态，如图 3.17(b)所示。

3. 故障信息分析方法

(1)数值分析法。

数值分析法是指对所获取的物理量数据的变化规律与变化范围进行分析或与标准数据进行比较，来判断该数据是否有问题。北汽新能源汽车故障解码仪解析数据流见表 3.1 和表 3.2，如驱动电机转速范围是 0～15 000 r/min，此时的转速是 415 r/min，说明此时驱动电机转速在标准数据范围内。

表 3.1　北汽新能源汽车故障解码仪解析数据流 1

数据流名称	大小/状态	单位	参考范围
车速	5	km·h^{-1}	[0,460.7]
低压池电压	11.952 346	V	[0,28.00]
踏板开度	0.0	%	[0,0.609 3]
电机系统状态信息	MCU 初始化状态，初始化完成 驱动电机当前状态，电机状态 驱动电机当前工作模式，转矩模式 驱动电机当前旋转方向，正转 预充电完成，已完成	—	—
电机实际扭矩	1	N·m	[0,100 00]
电机控制器温度	−48	℃	[−48,250]

表3.2　北汽新能汽车故障解码仪解析数据流2

数据流名称	大小/状态	单位	参考范围
电机转速	415	$r \cdot min^{-1}$	[0,150 00]
电机目标扭矩	6	$N \cdot m$	[0,100 00]
电机系统生命信号	162.0	—	[0,255]
电池总电压	337	V	[0,100 00]
电池当前电流	2	A	[0,655 35]
电池电量SOC	88	%	[0,250]
单体最低电压	3.6	V	[0,600]
单体最高电压	3.2	V	[0,600]
电池单体最高温度	17	℃	[−48,250]
电池单体最低温度	7	℃	[−48,250]
电池系统生命信号	0	—	[0,255]

(2)时间分析法。

时间分析法指对所获取的物理量数据流的数值随时间变化的规律进行分析,有些故障解码仪可以记录关键物理量的变化曲线,可以借助曲线变化与发生故障内在联系进行分析,如动力电池充电曲线等。

(3)因果分析法。

因果分析法指对相互之间有因果关系(或有联系)的数据间响应情况和响应速度进行对比判断。如驱动电机过热,正常情况应该是由于驱动电机负载过大,绕组电流较大,绕组电阻发热造成的驱动电机过热。驱动电机温度与绕组电流存在因果关系,若不存在则大概率说明驱动电机的冷却子系统出现故障。

(4)关联分析法。

关联分析法是指对彼此有关联的数据进行分析,对比后再查看故障是否存在。如对比驱动电机温度与驱动电机控制器温度,正常状态下两者产生热量的原因都是由绕组电流引起的焦耳热,散热系统通常共用一个水路,因此这两个温度之间存在关联性,若不存在关联性,则说明其中一个系统出现了其他故障。

(5)比较分析法。

比较分析法是指对相同年款、相同品牌车型、相同系统的两台车,在相同条件下,对其数据进行比较,以此判断是否出现故障。如不确定某个数值时,可选取另一台车进行数值对比。也可在同一台车上,不同工况下进行对比,如冷车时的数据与热车时的数据对比。该方法也可用于没有相同车辆的情况下,替换自身零件后,再进行数值对比来判断故障。

电机绕组故障是指由于电机运转状态和运转环境不良,造成电机某相或多相绕组出现击穿等故障。这些故障会导致电机的运转电流等电气参数出现异常,严重时甚至无法运转。电机绕组故障发生时,便会产生上报故障码。

①故障码。

由驱动电机绕组故障引发上报故障码的状态包含以下两种：

第一种是利用动力电池、驱动电机或驱动电机控制器内的传感器，检测并诊断出由于驱动电机绕组故障引起的系统功能性故障或性能故障，如相电流过流故障、绝缘击穿故障、三相绕组电流不均衡故障及驱动电机过温故障等，相关传感器功能和位置明细见表3.3，各个传感器在学习情境一中绝大部分已经学习过。与驱动电机绕组故障相关传感器位置示意图如图3.18所示。

表3.3 驱动电机系统传感器功能和位置分布示意图

序号	传感器名称	传感器位置	数量	功能
1	动力电池电压传感器	动力电池	1	检测动力电池电压
2	动力电池电流传感器	动力电池	1	检测动力电池电流
3	绝缘检测传感器	动力电池	2	检测高压系统绝缘
4	驱动电机控制器母线电流传感器	驱动电机控制器	1	检测母线电流
5	驱动电机控制器母线电压传感器	驱动电机控制器	1	检测母线电压
6	绕组电流传感器	驱动电机控制器	3	检测三相绕组电流
7	散热片温度传感器	驱动电机控制器	1	检测电力电子器件温度
8	驱动电机速度传感器	驱动电机	1	检测驱动电机速度
9	驱动电机温度传感器	驱动电机	3	检测驱动电机温度
10	铅酸电池电压传感器	整车控制器	1	检测铅酸电池电压

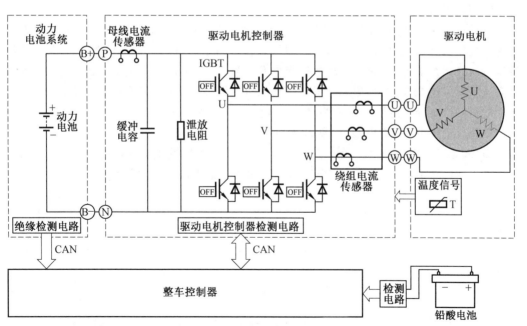

图3.18 与驱动电机绕组故障相关传感器位置示意图

第二种是利用驱动电机或驱动电机控制器内的传感器精确确定绕组故障及类型,如上报绕组断路故障就属于这种典型案例。

新能源汽车售后维修人员采用故障解码仪对故障新能源汽车进行故障信息提取,上报故障码是驱动电机绕组断路故障。驱动电机绕组断路故障属于严重故障,通常是由于绕组电流产生热量造成了绝缘损伤,初期是绕组匝间短路,没有进行快速干预会造成急剧过热导致断路,同时极有可能伴随绝缘击穿故障等。

a. 绕组断路。

驱动电机绕组断路故障点通常在驱动电机接线盒内的连接点处,主要原因是接插件连接点松动造成接触电阻急剧增加,熔断了接插件。图3.19所示为驱动电机绕组断路示意图。

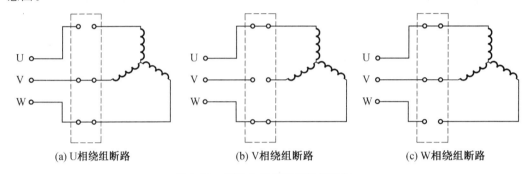

图 3.19　驱动电机绕组断路示意图

驱动电机绕组断路造成三相绕组电流不均衡、电磁转矩急剧减小及驱动电机振动加剧等多种后果。

b. 绕组绝缘击穿。

驱动电机绕组断路故障与绕组电流直接相关,较大的绕组电流产生的热量会造成绕组绝缘烧损并导致绕组绝缘击穿,击穿的位置和时间是随机的。动力电池可以检测到所有运行的高压系统绝缘,如果驱动电机绝缘发生故障,高压系统一定会报绝缘故障,然而当高压系统报绝缘故障时,却不一定是驱动电机绝缘发生故障,需要进行绝缘检测验证。驱动电机绝缘击穿示意图如图3.20所示,故障判断条件如下。

❖ 每伏绝缘电阻>500 Ω/V,驱动电机绝缘正常。

❖ 100 Ω/V<每伏绝缘电阻<500 Ω/V,驱动电机可能发生绝缘报警。

❖ 每伏绝缘电阻<100 Ω/V,驱动电机可能发生绝缘报警。

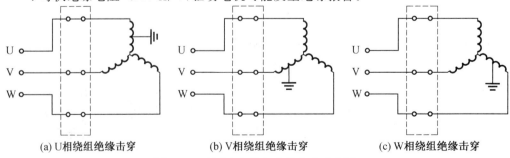

图 3.20　驱动电机绕组绝缘击穿示意图

c. 绕组短路。

绕组烧损造成断路的初期状态时出现绕组短路,绕组短路发生的概率比断路高很多,只不过其影响较小,一般情况各相绕组相差不超过5%是可以忽略不计的。驱动电机V相绕组发生短路的示意图如图3.21(a)所示。驱动电机绕组短路时,会造成驱动电机实际输出转矩比计算预期转矩小,如图3.21(b)所示,具体差值与短路程度和短路位置有关。

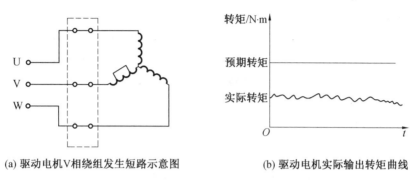

(a) 驱动电机V相绕组发生短路示意图　　(b) 驱动电机实际输出转矩曲线

图 3.21　驱动电机绕组短路示意图

②冻结帧数据。

涉及驱动电机绕组故障的冻结帧数据物理量主要包括铅酸电池电压、驱动电机系统状态、绝缘电阻、绕组电流、电机本体温度、扭矩、电机转速、档位状态、加速踏板开度及制动状态等,不同工况下冻结帧数据物理量显示的数据都有差别,此处主要分析每种冻结帧数据物理量的说明意义,分析驱动电机绕组冻结帧数据各物理量的方法类似,具体步骤如下。

铅酸电池电压:用于铅酸电池是否馈电和DC/DC各物理量是否正在充电,若铅酸电池电压过低,可能造成传感器数据信息误报。

驱动电机系统状态:分析驱动绕组断路发生故障时的驱动电机系统状态,包括驱动电机控制器是否完成初始化、驱动电机目前处于电动状态还是发电状态、驱动电机系统处于转矩模式还是转速模式、驱动电机的旋转方向及预充电是否完成等,这些信息用于判断故障时驱动电机工况。

绝缘电阻:分析驱动电机是否发生绝缘报警,但绝缘报警不一定说明驱动电机发生了绝缘故障。

绕组电流:在绕组断路故障状态下,分析三相绕组的各相电流是否超过限值,并与驱动电机输出转矩进行相互印证,同时可以分析三相电流是否出现了不均衡。若出现三相绕组电流存在为零时,说明有绕组发生缺相故障。

电机本体温度:在绕组故障状态下,分析三相绕组的各相绕组温度是否超过限值,同时判断电机的负载情况。

扭矩:在绕组故障状态下,比较驱动电机预期转矩和实际输出转矩,并与绕组电流进行相互认证。

电机转速:在绕组断路故障状态下,分析驱动电机转速状态。

档位状态:在绕组断路故障状态下,分析驱动电机处于前进状态还是倒车状态。

加速踏板开度:在绕组断路故障状态下,通过油门加速踏板开度分析驾驶员对驱动电机系统的速度给定和电机是否处于电动状态,并与档位状态和电机状态进行相互认证。通常加速踏板会有两个输出。

制动状态:在绕组断路故障状态下,通过制动踏板开度分析电机是否处于发电状态,并与档位状态和电机状态进行相互认证。

③数据流。

新能源汽车重新上电,维修人员想获知新能源汽车驱动电机绕组断路故障维修前、后的状态信息,可点击故障解码仪读取数据流,获取车辆的特定状态信息,数据流物理量一般比冻结帧数据的物理量要多。每种物理量表达的意义均一致,只不过冻结帧数据表示发生故障状态瞬间量值,此处数据流表示维修前、后时刻量值。

三、驱动电机绕组通断测试

电机绕组故障诊断方案与预充电电阻故障诊断方案类似,绕组故障通断测试的具体流程见表3.4,包括断电操作、断开接插件和线束操作及驱动电机绕组测试。

表3.4 绕组故障通断测试的具体操作步骤和动作

序号	操作步骤	操作动作
1	断电操作	(1)断开钥匙开关
		(2)断开铅酸电池负极
		(3)断开新能源汽车维修开关
2	断开接插件和线束操作	(1)断开驱动电机输入高压线束
		(2)摆放高压系统断开警示牌
3	驱动电机绕组测试	(1)选用合适的万用表
		(2)测试端子之间的电压
		(3)驱动电机绕组通断判定

1. 断电操作

(1)断开钥匙开关。

新能源汽车启动有两种方法:一种是传统的钥匙开关;另外一种是一键启动。以具有钥匙开关的新能源汽车为例进行说明,新能源汽车钥匙如图3.22(a)所示,将钥匙开关旋转到LOCK档位并拔出新能源汽车钥匙,如图3.22(b)所示。为防止误操作,新能源汽车钥匙收于专用储藏盒内或随身携带,避免意外事故发生。

(2)断开铅酸电池负极。

为了进一步增强维修安全性,需断开铅酸电池的负极,保证所有的控制系统电压断电。打开新能源汽车前机盖,采用扳手松开负极接线柱的螺栓,然后使负极远离负极接线柱,防止误接触。断开铅酸电池负极示意图如图3.23所示。长期不使用的新能源汽车也建议断开铅酸电池的负极,可有效避免铅酸电池馈电,降低自燃的风险。

(a) 电动汽车钥匙

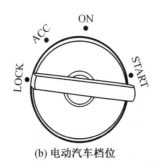
(b) 电动汽车档位

图 3.22　新能源汽车钥匙和档位

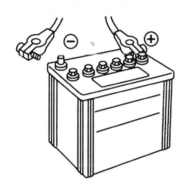

图 3.23　断开铅酸电池负极示意图

(3)断开新能源汽车维修开关。

维修开关位于动力电池中间位置,维修开关的插座安放在动力电池外壳,维修开关的插头可以拔出来,断开维修开关意味着机械断开新能源汽车高压系统,保证维修操作人员安全,断开新能源汽车维修开关的步骤如下。

不同品牌的新能源汽车维修开关位置有所差别,按照维修手册找到维修开关位置;拨开闭锁开关,向上撬动锁舌,如图 3.24(a)所示;按住把手向上旋转至垂直位置,如图 3.24(b)所示;将把手沿着滑道向上提起维修开关的插头使其完全分离,如图3.24(c)所示。

(a) 拨开闭锁开关

(b) 按住把手向上旋转

(c) 提起维修开关的插头

图 3.24　断开维修开关

拔下维修开关的插头,用肉眼观察插头的金属插片是否有破损或有放电痕迹,如有类似的情况,需要更换维修开关。维修开关和金属插片如图 3.25 所示。最后采用遮盖装置对维修开关插座进行防护遮盖。

(a) 维修开关

(b) 金属插片

图 3.25 维修开关和金属插片

2. 断开接插件和线束操作

(1)断开驱动电机输入高压线束。

驱动电机高压输入来自驱动电机控制器输出的三根高压线束,驱动电机输入高压线束拆卸前状态如图 3.26(a)所示,拆卸后状态如图 3.26(b)所示。

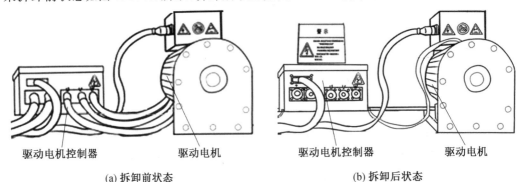

(a) 拆卸前状态　　　　　　　(b) 拆卸后状态

图 3.26 拆卸驱动电机输入高压线束

驱动电机输入高压线束拆卸步骤如下。

①拆卸驱动电机输入高压线束之前。无法确定驱动电机是否带高压电,因此需要按照高压安全操作规范要求,戴好绝缘手套,按照维修手册或说明书的工艺要求拆卸 2 根高压线束并放置于工具车上。

②拆卸高压线束后,放置 5 min,采用万用表进行断电验证检测,断电验证用于检测高压接插件是否带电,若在安全电压(DC60 V)以下即认为是本质安全。测试方法是检测高压接插件端子对地电压,即高压接插件端子与其具有内部连通高压回路的高压接插件端子之间电压。测试高压接插件端子 U 的连接示意图如图 3.27 所示。测试高压接插件端子 U 与接地之间电压,接线示意图如图 3.27(a)所示;测试高压接插件端子 U 与高压接插件端子 V 之间电压,接线示意图如图 3.27(b)所示;测试高压接插件端子 U 与高压接插件端子 W 之间电压,接线示意图如图 3.27(c)所示。

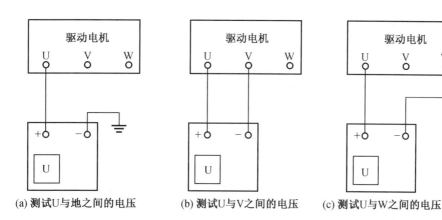

图 3.27　驱动电机控制器高压输入接插件断电验证

所有的断电测试检测结果都低于直流安全电压后,就可以确认驱动电机为本质安全设备,后续操作不用再穿戴高压防护装备,如绝缘手套等。

③若长时间不进行后续操作,高压接插件和高压线束应进行遮盖防护。

(2)摆放高压系统断开警示牌。

在断开高压线束后,摆放高压系统断开警示牌,如图 3.28 所示,提示维修操作者注意不能进行误上电。

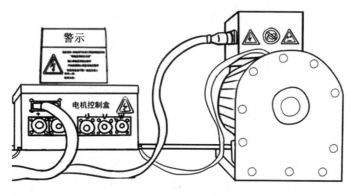

图 3.28　摆放高压系统断开警示牌

3. 驱动电机绕组测试

驱动电机绕组测试中的驱动电机绝缘测试、耐压测试以及绕组直流电阻测试前面已经论述过,此处进行驱动电机绕组通断测试,测试步骤如下。

(1)选用具有短路蜂鸣器测试功能的万用表,检测适配线和表笔,如有破损需要更换,注意表笔不能选用鳄鱼夹表笔。

(2)以驱动电机高压输出端子 U 和高压输出端子 V 断路测试为例进行说明,按照图 3.29(a)所示连接示意图进行测试,一个万用表表笔接触驱动电机高压输出端子 U,另外一个万用表表笔接触驱动电机高压输出端子 V,若驱动电机绕组正常,则蜂鸣响触发,说明没有断路。按照图 3.29(b)所示连接示意图进行驱动电机高压输出端子 U 和高压输出端子断路测试。按照图 3.29(c)所示连接示意图进行驱动电机高压输出端子 V 和高压输出端子 W 断路测试。

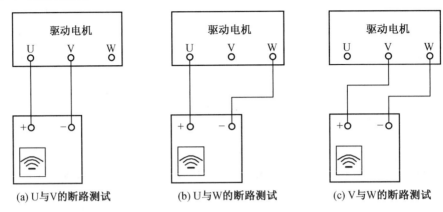

图 3.29 驱动电机绕组断路测试接线示意图

(3)根据驱动电机绕组断路测试结果,分析绕组断路情况。若绕组没有断路,三次测试蜂鸣器都响;若有一个绕组断路,一次测试蜂鸣器响,两次测试蜂鸣器不响;若有两个及以上绕组断路,三次测试蜂鸣器都不响。驱动绕组断路判断依据见表 3.5。

表 3.5 驱动电机绕组断路判断依据

断路绕组	测试方法	判断依据
U 相绕组	高压输出端子 U 和高压输出端子 V 断路测试	蜂鸣器不响
	高压输出端子 U 和高压输出端子 W 断路测试	蜂鸣器不响
	高压输出端子 V 和高压输出端子 W 断路测试	蜂鸣器响
V 相绕组	高压输出端子 V 和高压输出端子 U 断路测试	蜂鸣器不响
	高压输出端子 V 和高压输出端子 W 断路测试	蜂鸣器不响
	高压输出端子 U 和高压输出端子 W 断路测试	蜂鸣器响
W 相绕组	高压输出端子 W 和高压输出端子 V 断路测试	蜂鸣器不响
	高压输出端子 W 和高压输出端子 U 断路测试	蜂鸣器不响
	高压输出端子 U 和高压输出端子 V 断路测试	蜂鸣器响

四、故障修复

驱动电机发生轻微故障可以在现场修复,但有些严重故障必须更换驱动电机,驱动电机返厂后由电机维修专业人员进行修复。因绕组故障需要进行更换驱动电机的条件见表 3.6。

表 3.6 更换驱动电机的条件

故障部位	故障类型	判断条件	处置方式
驱动电机绕组	绕组短路	测试绕组电阻与标称电阻之间误差超过 5%	更换驱动电机
驱动电机绕组	绕组断路	任何一相绕组断路	更换驱动电机
驱动电机绕组	绝缘能力降低	经烘干处理后绝缘电阻依然低于限值	更换驱动电机

此处以整体更换驱动电机为例进行说明,驱动电机更换的操作步骤和操作工作见表 3.7。

表 3.7 驱动电机更换的操作步骤和操作工作

序号	操作步骤	操作工作
1	拆卸故障驱动电机	(1)拆卸驱动电机的控制线束
		(2)拆卸接地平衡线与接地片
		(3)选择支架
		(4)拆卸固定螺栓
		(5)正确放置故障驱动电机
2	安装驱动电机	(1)调整驱动电机入位
		(2)恢复接地线
		(3)恢复接线束
3	上电激活评估	(1)由新能源汽车维修监护人员进行检查
		(2)恢复维修开关
		(3)驱动电机系统激活
		(4)运行评估
		(5)摆放高压系统激活警示牌

1. 拆卸故障驱动电机

(1)拆卸驱动电机的控制线束。

驱动电机的控制线束拆卸前示意图如图 3.30(a)所示,驱动电机控制线束通常采用航空插头,拆卸时先旋转航空插头的紧固螺母,当紧固螺母脱离后,同时拔下接插件,注意不能直接用力拔线束,以免造成插针脱落。拆卸控制线束后示意图如图 3.30(b)所示。

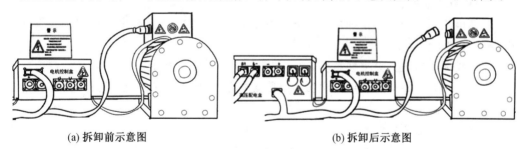

(a) 拆卸前示意图　　　　　　　　　(b) 拆卸后示意图

图 3.30 拆卸驱动电机的控制线束

(2)拆卸接地平衡线与接地片。

接地平衡线与接地片拆卸前示意图如图 3.31(a)所示。查阅维修手册或说明书中驱动电机接地平衡线固定螺栓的类型和规格,在工具车内找到合适的拆卸工具,拆卸接地平衡线固定螺栓,拆卸后示意图如图 3.31(b)所示,拆卸下来的固定螺栓和接地片放置于工具盒内,以免丢失。

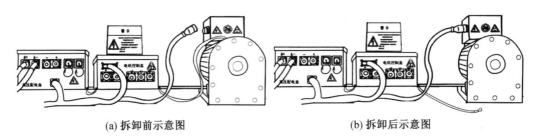

(a) 拆卸前示意图　　　　　　　　　　(b) 拆卸后示意图

图 3.31　拆卸驱动电机接地平衡线与接地片

(3) 选择支架。

电动乘用汽车驱动电机重量绝大部分在 50~80 kg 之间。当驱动电机固定螺栓拆卸后，单靠维修人员手工去接显然不太安全，因此无论是在驱动电机测试台上拆卸驱动电机，还是采用举升机拆卸驱动电机，都需要专用支架承接驱动电机，防止驱动电机跌落。

①新能源汽车售后机构采用的支架如图 3.32(a) 所示，通常采用液压装置调节支架高度。

②驱动电机测试台通常采用 L 形支架，如图 3.32(b) 所示，支架高度通常不用调整。

 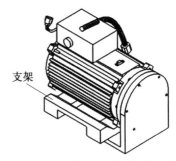

(a) 电动汽车售后机构采用的支架　　　　(b) 驱动电机测试台采用的L型支架

图 3.32　拆卸驱动电机采用的支架

(4) 拆卸固定螺栓。

驱动电机通常通过固定螺栓与新能源汽车或测试台固定，需要采用专用工具拆卸固定螺栓，拆卸步骤如下。

①调整驱动电机支撑支架高度，使支架刚好与驱动电机接触。

②查阅维修手册或驱动电机说明书中固定螺栓的类型和规格，在工具车内找到合适的拆卸工具。

拆卸驱动电机固定螺栓，拆卸时注意按对角线位置进行拆卸，如图 3.33(a) 所示，拆卸下来的螺栓放置于工具盒内，以免丢失。固定螺栓拆卸示意如图 3.33(b) 所示。

③拆卸驱动电机固定螺栓后，降低支架高度，使驱动电机完全脱离新能源汽车或测试台。

(5) 正确放置故障驱动电机。

新能源汽车车用驱动电机重量较重，一般需要采用专用的吊装设备进行吊装搬运，具体步骤如下。

①查阅维修手册或驱动电机说明书中重量参数，根据驱动电机重量选择是否采用吊

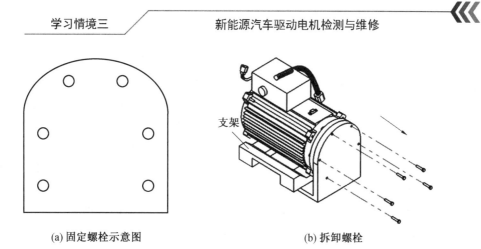

(a) 固定螺栓示意图　　　　　　(b) 拆卸螺栓

图 3.33　固定螺栓拆卸示意图

装工具或吊装工具负载。驱动电机吊装工具的选择类似于发动机吊装工具的选择,如图 3.34 所示。

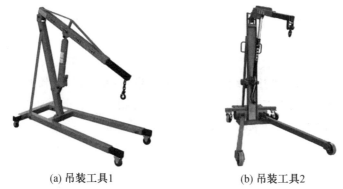

(a) 吊装工具1　　　　　　(b) 吊装工具2

图 3.34　驱动电机吊装工具

②移动驱动电机支架到故障件摆放区,采用吊装工具将故障电机放置于故障件摆放区,由于驱动电机呈圆柱形,为了防止滚动,驱动电机同样需要采用支架固定,如图 3.35 所示。

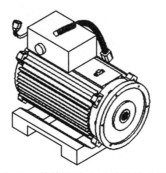

图 3.35　故障驱动电机放置示意图

2. 安装驱动电机

(1)调整驱动电机入位。

安装驱动电机的过程基本是拆卸驱动电机的逆过程,驱动电机的安装步骤如下。

①采用专用的吊装工具从备件区取出备用驱动电机放置于驱动电机支架上,支架与驱动电机高度总和一定小于驱动电机的安装高度。

②移动驱动电机安装支架到新能源汽车下部,调整支架高度,使其与安装螺栓位置紧密结合。

③查阅维修手册或说明书中驱动电机安装螺栓的类型和规格,确定安装螺栓的推荐扭矩,在工具车内找到合适的安装工具,采用专用的扭力扳手拆卸驱动电机安装螺栓。

(2)恢复接地线。

查阅维修手册或说明书中驱动电机接地平衡线固定螺栓的类型和规格,确定接地平衡线固定螺栓的推荐扭矩,在工具车内找到合适的安装工具,采用专用的扭力扳手安装接地平衡线螺栓。观察工具盒内拆卸下来的安装螺栓和接地片,若有破损,需要更换安装螺栓或接地片。

(3)恢复接线束。

需要恢复的驱动电机线束包括驱动电机控制线束和高压线束,具体操作步骤如下。

①将驱动电机控制线束航空插头对准插座,旋转航空插头的紧固螺母,使紧固螺母脱离锁紧。

②恢复高压线束,将驱动电机与控制器之间的高压导线插头按原位置插接至相应母端,并旋紧弹性环箍,三根高压导线分别连接驱动电机与电机控制器的U、V、W三相。若是三根分立的高压线束,则安装时需要注意相序,否则会造成正反向互换;使用快插接插件时,需要对准互锁接插件并锁紧卡扣。

3. 上电激活评估

(1)由新能源汽车维修监护人员进行检查。

由维修监护人负责再次检查,确认驱动电机控制器的低压线束、输入高压线束、输出高压线束、接地电位平衡线及各个安装螺栓等是否无误,如存在问题,需要作进一步处理。

(2)恢复维修开关。

从工具车内取出维修开关插头,将维修开关插头导向槽对准维修开关插座的导向凸起,如图3.36(a)所示;按下把手并向下转动,如图3.36(b)所示;继续按下把手,使插头与插座紧密结合,并向下推入锁片锁紧,如图3.36(c)所示。

(a) 插头导向槽对准导向凸起

(b) 按下把手

(c) 推入锁片锁紧

图3.36 恢复维修开关示意图

(3)驱动电机系统激活。

新能源汽车启动有两种方法:一种是传统的钥匙开关;还有另外一种是一键启动,这里以具有钥匙开关的新能源汽车为例进行说明。钥匙开关和仪表盘,如图3.37所示。缓慢地将钥匙开关由LOCK档位旋转至ACC档位和ON档位,同时观察仪表盘。旋转至ACC档位时,仪表盘点亮,并有一个自检过程;旋转至ON档位时,READY指示灯点亮,驱动电机系统正常上电。

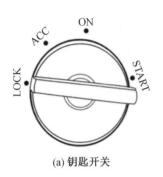

(a) 钥匙开关

(b) 仪表盘

图3.37 钥匙开关和仪表盘

(4)运行评估。

驱动电机检修后还要进行运行评估,由于驱动电机故障检修方式的不同,运行评估方式也有所差别。

①若检修方式为整体更换驱动电机方式,需要对新能源汽车系统或驱动电机系统进行上电运行测试,观察运行现象和数据是否正常。

②若检修方式为更换驱动电机定子部件等方式,需要对驱动电机进行出厂测试。

(5)摆放高压系统激活警示牌。

激活后的驱动电机处于维修状态工况时,要摆放高压系统激活警示牌,如图3.38所示,提示维修操作者注意高压危险。

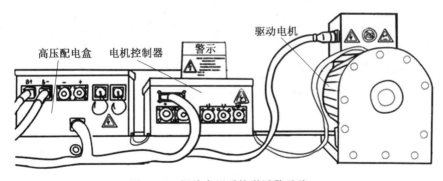

图3.38 摆放高压系统激活警示牌

学习任务 2　驱动电机速度传感器故障检测与维修

【任务情境描述】

新能源汽车在行驶过程中,仪表盘中速度数值显示为 0,同时仪表盘显示出现系统故障,新能源汽车缓慢降速并最终以较低的速度行驶,加大油门踏板时,速度仍不变。驾驶者将新能源汽车缓慢开进指定的维修站,维修人员采用故障解码仪进行解析后初步确定为驱动电机速度传感器故障。维修人员按照高压操作规范对驱动电机传感器进行测试,确定驱动电机速度传感器为故障点,正确拆卸驱动电机,安装备用驱动电机后进行系统测试。

【任务实施】

一、驱动电机速度传感器认知

1. 速度传感器作用

新能源汽车中速度控制框图如图 3.39 所示。新能源汽车的加速信号来自于加速踏板,加速踏板输出的是给定速度的信号,该信号经整车控制器整形标定后传递给驱动电机控制器。

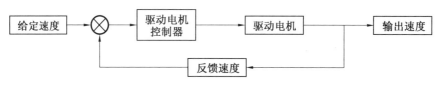

图 3.39　新能源汽车中速度控制框图

驱动电机系统作为执行机构提供整车动力,驱动电机速度传感器检测驱动电机转子部件并输出速度反馈信号,通过比较速度反馈与给定速度来判断是否需要加速或减速,稳定后的驱动电机以匀速运动,速度信号在仪表盘实时显示。

根据新能源汽车中速度控制原理可知,速度传感器的作用如下。

(1)为驱动电机控制器提供位置信号,并解算出速度信号,与给定信号合成后控制驱动电机系统。

(2)将解算出的速度信号输送给仪表盘,为驾驶者提供速度信号。

新能源汽车驱动电机常用的速度传感器包括霍尔转速传感器、磁阻式转速传感器及旋转变压器。三种速度传感器各有优缺点,其中霍尔转速传感器和磁阻式转速传感器价格便宜,但控制精度不高且受温度变化影响较大,常用于价格较低的低速新能源汽车;旋转变压器控制精度较高且性能稳定可靠,但价格相对较贵,是目前新能源汽车车用的主流速度传感器。

2. 霍尔转速传感器

(1)霍尔转速传感器的原理。

霍尔转速传感器根据霍尔效应原理制成。半导体薄片被置于磁感应强度为 B 的磁场中,磁场方向垂直于薄片,当有电流 I 流过薄片时,在垂直于电流和磁场的方向上将产生电动势 E_H,这种现象称为霍尔效应。霍尔效应的示意图如图 3.40 所示。

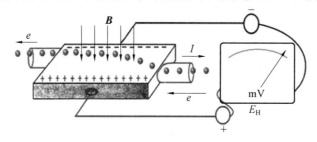

图 3.40 霍尔效应示意图

作用在半导体薄片上的磁场强度 B 越强,霍尔电动势也就越高。霍尔电动势 E_H 可用式(3.7)表示

$$E_H = K_H I B \tag{3.7}$$

式中 K_H——霍尔元件灵敏度。

根据式(3.7),当已知霍尔电动势和磁感应强度时,可以求出电流,这就是霍尔式电流传感器的工作原理。当已知霍尔电动势和电流时,就可以求出磁感应强度,折算出转子磁钢的位置,进而求解出转子的转速,这就是霍尔转速传感器的工作原理。简而言之,在一定时间内确定转子位置变化之后就可折算出转子速度。根据霍尔转速传感器输出特性,可分为线性霍尔转速传感器和开关型霍尔转速传感器。

①线性霍尔转速传感器。

线性霍尔转速传感器可检测磁场强度的大小,线性霍尔器件的输出特性曲线如3.41(a)所示,线性霍尔转速传感器可用于精确求解转子的位置和速度。

②开关型霍尔转速传感器。

开关型霍尔转速传感器可检测磁极的极性,输出的是开关型信号。为了增强抗干扰性,其一般具有一个回差,回差越大,抗振动干扰能力越强。开关型霍尔器件的输出特性曲线如图 3.41(b)所示。

(2)霍尔转速传感器的结构。

根据驱动电机转速传感器用途的不同,新能源汽车用驱动电机霍尔转速传感器分为两类。

一类只用于检测驱动电机速度,通常是一个霍尔转速传感器,结构如图 3.42 所示。霍尔转速传感器由霍尔元件和磁性转盘组成,将磁性转盘的输入轴与电机转轴相连,如图 3.42(a)所示,霍尔元件及输出接插件如图 3.42(b)所示。当被测转轴转动时,磁性转盘便随之转动,固定在磁性转盘附近的霍尔开关集成传感器便可在每一个小磁铁通过时产生一个相应的脉冲,检测出单位时间的脉冲数,便可知道电机的转速。磁性转盘上小磁铁数目的多少,将直接决定传感器的分辨率。

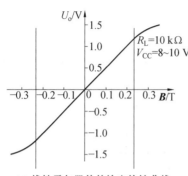 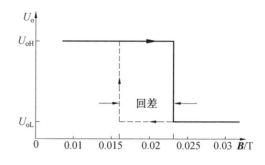

(a) 线性霍尔器件的输出特性曲线　　　　(b) 开关型霍尔器件的输出特性曲线

图 3.41　霍尔元件的输出特性曲线示意图

(a) 霍尔转速传感器　　　　(b) 霍尔元件及输出接插件

图 3.42　霍尔转速传感器结构实物图 1

另外一类霍尔转速传感器不仅能检测速度,同时也能提供转子的位置信号,作为换相控制的依据,通常这类传感器包含 3 个霍尔转速传感器,这 3 个霍尔转速传感器在空间中呈现 120°均匀分布,如图 3.43(a)所示。为了获得更好的控制效果,通常霍尔转速传感器的固定位置可进行调节,如图 3.43(b)所示,维修传感器需要注意该位置通常是固定的,拆卸时需要进行标记,若发生错位将造成过流或控制功能混乱。

(a) 霍尔转速传感器　　　　(b) 霍尔转速传感器固定位置

图 3.43　霍尔转速传感器结构实物图 2

只用于检测驱动电机速度的一个霍尔转速传感器输出信号呈现 180°周期分布,如图 3.44(a)所示。三相霍尔转速传感器结构的输出信号相差 120°,如图 3.44(b)所示。

(3)霍尔转速传感器的测试。

霍尔转速传感器的测试内容包括测试开关型霍尔转速传感器的特性及驱动电机霍尔

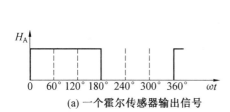
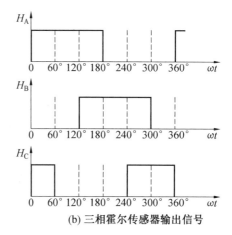

(a) 一个霍尔传感器输出信号　　　　　(b) 三相霍尔传感器输出信号

图 3.44　霍尔位置传感器输出信号示意图

转速传感器的输出特性。

①测试对象和测试设备。

测试所用设备包括被测霍尔转速传感器、驱动电机、万用表及示波器等,对测试对象和测试工具没有特定要求,只要满足功能即可。此处选用开关型霍尔转速传感器(UGN3144)如图 3.45(a)所示,驱动电机选用拆装用异步电机,示波器选用泰克 TBS1064 示波器,如图 3.45(b)所示,该示波器具有 4 个模拟通道,模拟带宽为 60 MHz,采样频率为 1 GS/s,可满足后续实训实验的所有要求。

(a) 霍尔转速传感器的测试对象　　　　(b) 测试工具实物图

图 3.45　霍尔转速传感器的测试对象和测试工具实物图

②开关型霍尔转速传感器测试。

选取任意开关型霍尔转速传感器为测试对象,此处以 UGN3144 型号为例进行说明,霍尔转速传感器的测试电路和线路连接示意图如图 3.46 所示。UGN3144 有 3 个引脚,引脚 1 接直流供电电源,为了扩大电源适应性,直流电源 DC3.5 V～DC24 V 都可以工作;引脚 2 接直流电源地;引脚 3 连接传感器的输出,引脚 3 与引脚 1 接电阻 R,引脚 3 与引脚 2 接电容 C,电阻 R 可选 10 K,电容 C 可选 100 pF,电容可以不接,但电阻必须接。

接通电源 DC5 V 或 DC12 V 电源,万用表表笔接引脚 2 和引脚 3,用来测试霍尔转速传感器输出电压。

将一块磁铁的 S 极靠近霍尔转速传感器正面,直尺测量磁铁与霍尔转速传感器的距离 d_1,在磁铁距离霍尔转速传感器不同位置处进行观察并记录万用表的输出电压。

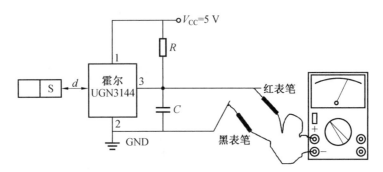

图 3.46 霍尔转速传感器的测试电路和线路连接示意图

换用磁铁的 N 极靠近霍尔转速传感器正面,直尺测量磁铁与霍尔转速传感器的距离 d_2,在磁铁距离霍尔转速传感器不同位置处进行观察并记录万用表的输出电压。磁极反转后,当磁极靠近霍尔转速传感器时,若输出电压出现跳变,则霍尔转速传感器正常。若供电电源不变,重复上述过程,若在磁铁移动过程中,所测电压仍不变,则说明霍尔转速传感器损坏。

③驱动电机霍尔转速传感器输出信号测试。

选取具有霍尔转速传感器的驱动电机或霍尔转速传感器测试试验台,位置霍尔转速传感器通常具有 5 个引脚,如图 3.47 所示,引脚 1 接直流供电电源;引脚 2 接直流电源地;引脚 3 连接霍尔转速传感器 A 的输出 HA;引脚 4 连接霍尔转速传感器 B 的输出 HB;引脚 5 连接霍尔转速传感器 C 的输出 HC,测试步骤如下。

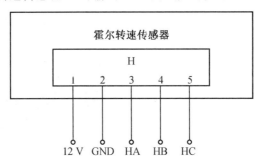

图 3.47 位置霍尔转速传感器引脚定义示意图

a.固定具有位置霍尔转速传感器的驱动电机,防止驱动电机转动后发生移动。将驱动电机转速传感器的引脚 1 接入 DC12 V 直流电源的正极端子,将引脚 2 接入直流电源的负极端子。

b.将位置霍尔转速传感器 A 相输出 HA 引脚和接地引脚分别接入示波器通道 1;位置霍尔转速传感器 B 相输出 HB 引脚和接地引脚分别接入示波器通道 2;位置霍尔转速传感器 C 相输出 HC 引脚和接地引脚分别接入示波器通道 3。

c.接通驱动电机的控制电源,调节驱动电机速度。

d.观察示波器的 3 个通道并记录输出电压波形的变化情况。

3. 磁阻式转速传感器

（1）磁阻式转速传感器的原理。

磁阻式转速传感器根据磁阻效应原理制成。磁阻效应指的是当外加的磁场变化时，磁阻元件的阻值也会随之变化的现象。磁阻式转速传感器的结构示意图如图 3.48 所示。磁阻式转速传感器由探头和磁阻元件两部分组成，磁阻元件安装在转子上，探头安装在定子机壳支架上，探头与转子之间有一定的间隙。转子齿轮采用磁导率较强的金属材料制成，一般为渐开线齿形。转子转动过程中会引起磁场变化，磁阻传感器探头可以探测到磁感应强度的变化情况，然后由引出线输出相应的电压信号。

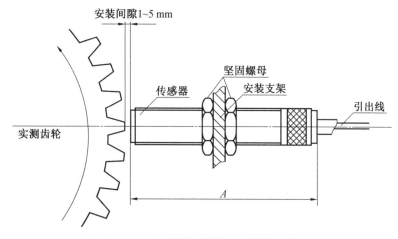

图 3.48 磁阻式转速传感器的结构示意图

（2）磁阻式转速传感器的结构。

磁阻式转速传感器一般情况下只用来检测驱动电机转子的速度,转子齿轮固定在转轴上,与驱动电机转子部件一起旋转,如图 3.49(a)所示。探头内部有检测磁场的传感器,如图 3.49(b)所示,采用螺栓固定在定子机壳上,转子齿轮和磁阻传感器探头安装示意图如图 3.49(c)所示。

(a) 转子齿轮　　　　　　(b) 探头　　　　　　(c) 转子齿轮和探头安装示意图

图 3.49 磁阻式转速传感器实物图

磁阻式转速传感器通常是两路输出,相位相差 90°,如图 3.50 所示,输出幅值由供电电源电压决定,输出频率与转子转速成正比。

（3）磁阻式转速传感器的测试。

选取具有磁阻式转速传感器的驱动电机或磁阻式转速传感器测试试验台,测试对象

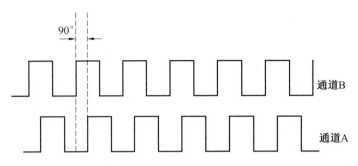

图 3.50　磁阻式转速传感器的输出电压波形示意图

可选用拆装用异步电机,磁阻式转速传感器通常具有 4 个引脚,如图 3.51 所示,引脚 1 接直流供电电源;引脚 2 接直流电源地;引脚 3 连接磁阻传感器 A 的输出 HA;引脚 4 连接磁阻传感器 B 的输出 HB,测试步骤如下。

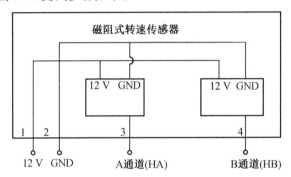

图 3.51　磁阻式转速传感器引脚定义示意图

磁阻式转速传感器连接的通常是 6 针接插件。2 路是直流电源,连接 12 V 铅酸电池;另外 2 路是检测磁场传感器探头输出的两路正交信号;其余 2 路则为温度传感器端子。

①将磁阻式转速传感器的端子 1,接入 5 V 直流电源的"＋"端子。将磁阻式转速传感器的端子 2,接入直流电源的"－"端子。

②将磁阻式转速传感器的 A 相输出端子 3 和接地端子 2 分别接入到示波器通道 1。将磁阻式转速传感器的 B 相输出端子 4 和接地端子 2 分别接入到示波器通道 2。

③均匀地转动磁阻式转速传感器的转子,用示波器观察并记录输出电压波形变化情况。

4. 旋转变压器传感器

旋转变压器是一种电磁式传感器,又称同步分解器。它是一种测量角度用的小型交流电机,电机控制中通常用来测量旋转物体的转子位置和转轴角位移,计算出的角速度用于驱动电机系统的速度反馈。

(1)旋转变压器的结构和原理。

旋转变压器的结构组成与驱动电机类似,也包括定子部件和转子部件。转子部件通常固定在驱动电机转轴端,与被测转子一同转动,转子实物如图 3.52(a)所示。旋转变压器定子包括定子铁心、励磁绕组、余弦绕组及正弦绕组等。定子铁心由导磁性能良好的硅钢片叠压而成,定子硅钢片内圆处冲有一定数量的规定槽形,其中按照一定的下线规范嵌放励磁绕组、余弦绕组及正弦绕组,并放置到定子铁心的槽中,余弦绕组和正弦绕组在空间上呈90°电角度,如图3.52(b)所示。

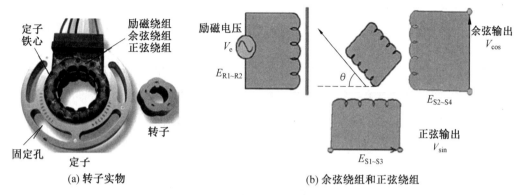

图 3.52 旋转变压器的结构

旋转变压器的励磁绕组是由单相正弦励磁电压供电,单相正弦励磁电压可表示为

$$U_1(t)=U_{1m}\sin \omega t \tag{3.8}$$

式中 U_{1m}——励磁电压的幅值;

ω——励磁电压的角频率。

励磁绕组的输入电压波形如图3.53(a),励磁绕组的励磁电流产生交变的磁通,在次级输出绕组中产生感应电动势。当转子转动时,磁阻发生变化,因而输出绕组的感应电动势也发生变化。输出的两相绕组在空间呈正交的90°电角度,因而转子正弦绕组的输出电压为

$$U_{2Fs}(t)=U_{2Fm}\sin(\omega t+\alpha_F)\sin \theta \tag{3.9}$$

式中 U_{2Fs}——正弦相的输出电压;

U_{2Fm}——输出电压的幅值;

α_F——励磁侧和次级输出侧电压之间的相位角;

θ——转子的转角,经过调理电路整形输出包络线,其为正弦波形,如图3.53(b)所示。

转子余弦绕组的输出电压为

$$U_{2Fc}(t)=U_{2Fm}\sin(\omega t+\alpha_F)\cos \theta \tag{3.10}$$

式中 U_{2Fc}——余弦相的输出电压,经过调理电路整形输出包络线,为余弦波形,如图3.53(c)所示。

(2)旋转变压器测试。

选取具有旋转变压器转速传感器的驱动电机或旋转变压器测试试验台,测试对象此处可选用拆装的用永磁同步电机。旋转变压器测试包括绝缘测试、电阻测试及动态测试等,测试设备为通用的绝缘测试计、万用表及示波器等。

图 3.54 中,R1 和 R3 为励磁绕组接线端,S1 和 S3 是余弦绕组接线端,S2 和 S4 是正

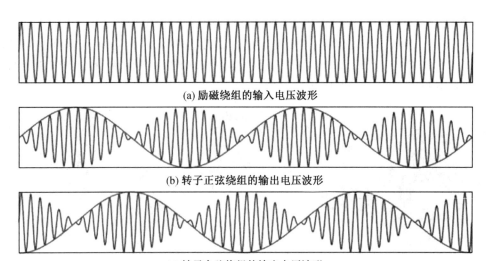

图 3.53 旋转变压器的输入/输出波形

弦绕组接线端,金属外壳是接地端子,K1 和 K2 是开关。RL1 和 RL2 均用采样电阻,V 表示励磁交流电压源。

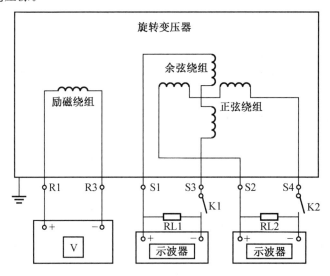

图 3.54 旋转变压器外接端子和测试电路

①旋转变压器绝缘测试。

旋转变压器绝缘测试主要测试两类绝缘电阻,具体如下。

a.绕组对壳体之间的绝缘电阻。绝缘电阻应大于 50 MΩ,被测绝缘电阻包括励磁绕组对壳体的绝缘电阻、正弦绕组对壳体的绝缘电阻以及余弦绕组对壳体的绝缘电阻。

b.绕组之间的绝缘电阻。绝缘电阻应大于 50 MΩ,被测绝缘电阻包括励磁绕组对正弦绕组和余弦绕组之间的绝缘电阻,正弦绕组对余弦绕组之间的绝缘电阻。

测试方法与驱动电机绝缘测试类似,在被测绝缘电阻的被测点通过绝缘计加试验电压,绝缘计可直接显示两个被测点之间的绝缘电阻。试验电压与机座号和励磁电压有关,见表 3.8。

表 3.8 旋转变压器绝缘测试的试验电压

机座号	绕组对壳体试验电压/V	励磁电压≤20 V时，绕组之间的试验电压/V	励磁电压>20 V时，绕组之间的试验电压/V
≤320	500	100	250
>320	符合产品专用技术条件的规定		

②旋转变压器电阻测试。

旋转变压器实质是一种交流电机，因此励磁绕组、正弦绕组及余弦绕组都与交流电机类似，可以等效为一个串联的电阻和电感，但电阻数量级不同，驱动电机的电阻通常是毫欧级别，旋转变压器绕组电阻通常是数十欧姆级别，如北汽 EU260 驱动电机旋转变压器的励磁绕组电阻是 33 Ω，正弦绕组电阻和余弦绕组电阻都是 60 Ω。旋转变压器电阻测试步骤如下。

a. 将励磁绕组接线端子、正弦绕组接线端子和余弦绕组接线端子开路，将万用表旋转至电阻档，正、负表笔直接测量励磁绕组接线端子，读取的电阻数值即为励磁绕组电阻，一般情况下，只要满足测试电阻数值在标称电阻误差 10% 以内，即可认为满足测试要求。

b. 将励磁绕组接线端子、正弦绕组接线端子和余弦绕组接线端子开路，万用表旋转至电阻档，正、负表笔直接测量正弦组接线端子，读取电阻数值即为正弦绕组电阻，一般情况下，只要满足测试电阻数值在标称电阻误差 10% 以内，即可认为满足测试要求。

c. 将励磁绕组接线端子、正弦绕组接线端子和余弦绕组接线端子开路，万用表旋转至电阻档，正、负表笔直接测量余弦组接线端子，读取电阻数值即为余弦绕组电阻，一般情况下，只要满足测试电阻数值在标称电阻误差 10% 以内，即可认为满足测试要求。

③旋转变压器动态测试。

旋转变压器动态测试的步骤如下。

a. 可选取具有旋转变压器转速传感器的驱动电机或旋转变压器转速传感器测试试验台，此处以旋转变压器转速传感器测试试验台为例进行说明，采用拖动电机带动旋转变压器转子，旋转速度由拖动电机控制器调节。旋转变压器测试结构示意图如图 3.55 所示。

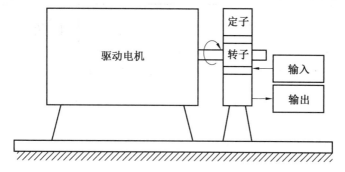

图 3.55 旋转变压器测试结构示意图

b. 按照图 3.54 所示的旋转变压器测试电路图连接电路，连接电路时，开关 K1 和 K2 断开。

c.闭合开关 K1 和 K2,按照旋转变压器铭牌上的励磁电压接入励磁绕组接线端,励磁电压的幅值和频率保持不变,调节拖动电机控制器控制旋转变压器转子速度,采用示波器测量励磁电压、正弦绕组输出采样电阻电压及余弦绕组输出采样电阻电压,记录三个电压波形。

二、故障信息分析

由驱动电机速度传感器引发的故障信息包括故障码、冻结帧数据和数据流,这些故障信息是分析驱动电机速度传感器引发故障的基础。

1. 故障码

由驱动电机速度传感器引发上报故障码的状态包含以下两种。

(1)第一种是利用驱动电机或驱动电机控制器内的传感器检测并诊断出由于驱动电机速度传感器故障引起的系统功能性故障或性能故障,如超速故障、相电流过流故障及三相绕组电流不均衡故障等,与驱动电机速度传感器故障相关传感器位置示意图如图3.56所示。

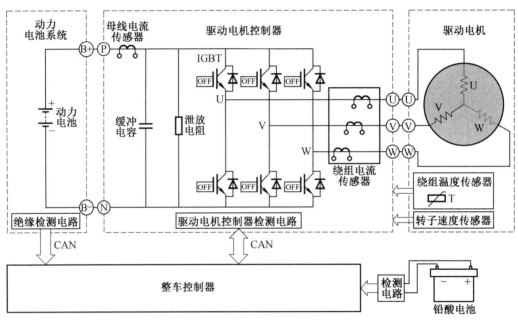

图 3.56 与驱动电机速度传感器故障相关传感器位置示意图

(2)第二种是利用驱动电机或驱动电机控制器内的传感器精确确定为驱动电机速度传感器故障。

新能源汽车售后维修人员采用故障解码仪对故障新能源汽车进行故障信息提取,上报故障码是驱动电机速度传感器故障。

驱动电机速度传感器与前文中论述的故障有显著不同,驾驶员可以从仪表盘上看到驱动电机速度传感器反馈的转速信号,北汽新能源汽车仪表盘如图3.57所示。

图 3.57　北汽新能源汽车仪表盘

①速度控制失效。

与速度控制相关的驱动电机控制器内部结构示意图如图 3.58 所示,旋转变压器信号经低压接插件输入驱动电机控制器,经过解算电路整形、标定及处理后分成两路:一路作为速度反馈信号,输入整车控制器,并在新能源汽车仪表盘上显示;另外一路作为位置控制信号,输入电机控制器内部驱动电路控制 IGBT 的导通和关断。

当速度传感器信号作为速度反馈信号时,若驱动电机速度传感器发生输出故障,速度传感器输出的速度反馈信号输入解算电路,通常解算电路会出现两种极端情况,一是速度反馈超出驱动电机报警速度,二是输出极低的速度,极限情况时速度等于零。

当速度反馈超出驱动电机报警速度时,驱动电机控制器将超速报警信号传送给整车控制器,新能源汽车上报驱动电机超速故障,如图 3.58(a)所示,但速度传感器故障并不是造成驱动电机超速故障的唯一原因,如冰面打滑造成新能源汽车负载突然降低也会造成驱动电机超速故障。发生驱动电机超速故障后,驱动电机处于不可控状态,通常驱动电机控制器有两种处理方式:驱动电机控制器停止输出,驱动电机进入零转矩模式;驱动电机控制器进入跛形状态,以很低速度行驶。

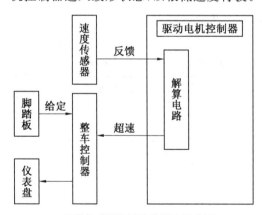

(a)速度传感器故障引发超速示意图

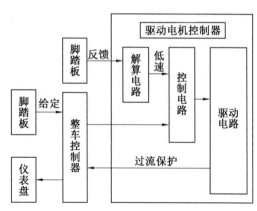

(b)速度传感器故障引发过流示意图

图 3.58　速度传感器故障引发超速和过流故障示意图

以北汽 EX 系列新能源汽车为例,速度传感器故障引发速度失控上报相关故障码列表见表 3.9。

表 3.9 速度传感器故障引发速度失控上报相关故障码列表

序号	故障码	故障名称	可能导致原因
1	P0A4400	电机超速故障	(1)负载突然降低(如冰面打滑) (2)电机控制失效 (3)速度传感器故障
2	P0A3F00	MCU 位置信号检测回路故障	(1)速度传感器线束损坏 (2)速度传感器解算电路硬件电路损坏

②过流故障和转矩控制失控。

当速度传感器输出极低的速度时,经驱动电机控制器与速度给定信号比较,发现远没有达到预定速度,驱动控制器输出最大电流,直至达到电流上限,但反馈速度始终没有上升,驱动电机控制器迅速进入过流保护,这种工况下驱动电机系统会发生振动,如图3.58(b)所示。

当速度传感器信号作为位置控制信号时,速度传感器完成转子位置检测,完成机械换向器功能,若驱动电机速度传感器发生输出故障时,会引发电子换向混乱。例如,正常状态下,绕组通电电流方向如图 3.59(a)所示;若为换向错误极限状态,则表现为绕组通电电流与正常电流方向完全相反,如图 3.59(b)所示,此时会发生新能源汽车挂前进档位时汽车后退,新能源汽车挂倒档档位时汽车前进的情况。这通常由于速度传感器发生比较小的位置信号错误时,可能引发驱动电机绕组过流故障及绕组电流不均衡故障。

图 3.59 速度传感器故障引起控制混乱示意图

以北汽 EX 系列新能源汽车为例进行说明,速度传感器故障引发电流过流和转矩失控上报相关故障码列表见表 3.10。

表 3.10 速度传感器故障引发电流过流和转矩失控上报相关故障码列表

序号	故障码	故障名称	可能导致原因
1	P113519	MCU 相电流过流故障	(1)电机短路 (2)转子位置信号异常 (3)相电流信号异常 (4)负载突然变化 (5)线束短路
2	P113064	MCU 反馈转矩与转矩命令校验错误故障	(1)MCU 动态响应速度慢 (2)电机转矩标定精度不高 (3)MCU 软件失控 (4)电机电磁特性一致性较差 (5)MCU 软件版本与硬件版本及电机零件号不匹配 (6)位置传感器信号异常

2. 冻结帧数据

涉及驱动电机速度传感器故障的冻结帧数据物理量主要包括铅酸电池电压、驱动电机系统状态、车速、电机转速、绕组电流、档位状态、加速踏板开度及制动状态等，不同工况下冻结帧数据物理量显示的数据都有差别，此处分析主要冻结帧数据物理量的意义，具体内容如下。

铅酸电池电压：用于分析铅酸电池是否亏电和 DC/DC 是否正在充电，若铅酸电池电压过低，可能造成传感器数据信息误报。

驱动电机系统状态：分析发生驱动电机速度传感器故障时的驱动电机系统状态，包括驱动电机控制器是否完成初始化、驱动电机处于电动状态还是发电状态、驱动电机系统处于转矩模式还是转速模式、驱动电机的旋转方向以及预充电是否完成等，这些信息判断速度传感器故障时的驱动电机状态。

电机转速：分析发生驱动电机速度传感器故障时的驱动电机转速状态，该转速可能不是驱动电机的真实转速。

绕组电流：分析发生驱动电机速度传感器时的绕组电流状态，当驱动电机速度传感器同时完成转子位置检测时，三相绕组的各相电流超过限值可能与传感器错位有关。

档位状态：发生驱动电机速度传感器故障时，分析驱动电机处于前进状态还是倒车状态，但传感器错位可能造成控制混乱，导致前进档和后退档位功能互换。

加速踏板开度：发生驱动电机速度传感器故障时，通过加速踏板开度，分析驾驶员对驱动电机系统的速度给定及判断电机是否处在电动状态，并与档位状态和电机状态进行相互认证。

制动状态：发生驱动电机速度传感器故障时，通过制动踏板开度判断电机是否处在发电状态，并与档位状态和电机状态进行相互认证。

3. 数据流

新能源汽车重新上电，维修人员想获知新能源汽车驱动电机速度传感器故障维修前、后的状态信息，可点击故障解码仪读取数据流，获取车辆的特定状态信息，各个物理量代表的意义与冻结帧数据类似。

三、驱动电机速度传感器测试

根据驱动电机速度传感器故障信息分析，确定故障诊断方案，对驱动电机速度传感器进行测试。驱动电机速度传感器的测试操作步骤和操作动作见表3.11。

1. 断电操作

新能源汽车系统断电操作步骤与学习情境三的学习任务1（驱动电机绕组通断测试）中的断电操作一致，以此保证维修人员操作安全。

2. 断开接插件和线束操作

在新能源汽车系统中，断开驱动电机系统高压接插件、低压接插件及线束，与学习情境三的学习任务1（驱动电机绕组通断测试）中的操作一致。

表 3.11 驱动电机速度传感器的测试操作步骤和操作动作

序号	操作步骤	操作动作
1	断电操作	(1)断开钥匙开关
		(2)断开铅酸电池负极
		(3)断开新能源汽车维修开关
2	断开接插件和线束操作	(1)断开驱动电机输入高压线束
		(2)摆放高压系统断开警示牌
3	速度传感器测试	(1)确认励磁、正弦和余弦绕组端子
		(2)选用万用表电阻档,记录绕组阻值
		(3)测试三次取平均值,判断旋变好坏

3. 速度传感器测试

驱动电机速度传感器测试方法需要根据传感器种类确定,此处以旋转变压器为例进行说明。

①对照维修手册中驱动电机低压接插件引脚的定义,找出励磁绕组两个接线端、正弦绕组两个接线端及余弦绕组两个接线端。

②选择合适的万用表,检测万用表的适配线,切换到合适的电阻量程挡,两个表笔分别接触励磁绕组两个接线端、正弦绕组两个接线端及余弦绕组两个接线端,读取示数并填写电阻参数测试记录表,见图 3.60。为了减小测量误差,建议测试三次取平均值,若测量误差超过 10%,说明旋转变压器出现故障。

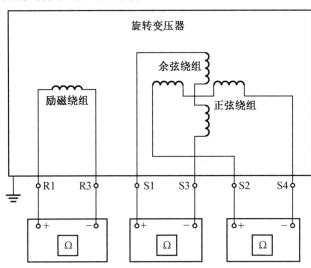

图 3.60 旋转变压器 3 个绕组电阻测试线路示意图

驱动电机速度传感器的安装位置通常已经从驱动电机内部转移到外部,即允许对速度传感器进行单独拆装处理。按照速度传感器的功能,故障修复有以下两种方式。

①仅完成速度检测功能：这类传感器的安装位置要求不严，可以采用更换驱动电机或更换速度传感器两种方式，新能源汽车售后维修人员经培训后即能胜任。

②兼顾位置传感器功能：这类传感器的安装位置要求很严，新能源汽车售后维修机构通常采用更换驱动电机的方式，而新能源汽车零部件厂维修人员通常采用更换速度传感器方式。

四、故障修复

以整体更换驱动电机为例进行说明，驱动电机故障修复的流程与学习任务1相同。驱动电机更换步骤如下。

1. 拆卸故障驱动电机

拆卸故障驱动电机的步骤与学习情境三的学习任务1拆卸故障驱动电机中的操作一致。

2. 安装驱动电机

安装驱动电机的步骤与学习情境三的学习任务1安装驱动电机中的操作一致。

3. 上电激活评估

(1)新能源汽车维修监护人员进行检查。

新能源汽车维修监护人员进行检查的操作与学习情境三的学习任务1中的新能源汽车维修监护人员进行检查的操作一致。

(2)恢复维修开关。

恢复维修开关操作与学习情境三的学习任务1中的恢复维修开关的操作一致。

(3)驱动电机系统激活。

驱动电机系统激活操作与学习情境三的学习任务1中的驱动电机系统激活的操作一致。

(4)运行评估。

驱动电机检修并激活后，需清除驱动电机速度传感器故障码，再进行运行评估，观察是否还存在故障。

根据驱动电机故障检修方式，运行评估方式分为以下两种。

①若采用整体更换驱动电机方式，需要对新能源汽车系统或驱动电机系统试验台进行上电运行测试，观察运行现象和数据是否正常。

②若采用更换驱动电机速度传感器的方式，需要对驱动电机进行出厂测试。

(5)摆放高压系统激活警示牌。

摆放高压系统激活警示牌的操作与学习情境三的学习任务1中的摆放高压系统激活警示牌的操作一致，以此保证维修人员操作安全。

学习任务3　驱动电机过温故障检测与维修

【任务情境描述】

新能源汽车行驶过程中,仪表盘上驱动电机过温故障图标和新能源汽车系统故障灯同时点亮,驾驶员感觉新能源汽车的输出转矩减小,于是将新能源汽车行驶至应急车道,与新能源汽车售后人员进行沟通,其建议停车并静止放置一段时间。当新能源汽车重新启动时,驱动电机过温故障图标依然点亮。驾驶者将新能源汽车缓慢开进指定的维修站,维修人员采用故障解码仪进行解析,按照高压操作规范对可能故障点进行测试并进行故障修复和评估。

【任务实施】

一、温度传感器认知

1. 检测温度的原因

驱动电机系统使用温度传感器检测绕组温度的目的如下。

(1)温度过高会造成驱动电机绕组绝缘损坏,使驱动电机机壳带电,并上报绝缘故障。图3.61(a)为驱动电机定子铁心,白色部分为绕组与定子硅钢片之间的绝缘槽;图3.61(b)为驱动电机内绝缘材料耐热能力示意图。

(a) 驱动电机定子铁心实物图

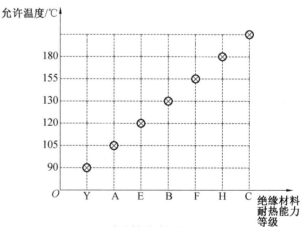
(b) 绝缘材料耐热能力示意图

图3.61　驱动电机定子铁心实物图和绝缘材料耐热能力示意图

(2)温度过高会造成永磁同步电机中永磁体退磁,使驱动电机性能下降。图3.62(a)为永磁同步电机永磁体,图3.62(b)为高温下永磁体材料退磁曲线。目前主流稀土永磁材料(钕铁硼)从150 ℃开始磁性能下降。

(3)控制器内电力电子器件对温度有要求,如在控制器内部逆变电路中的IGBT元件,实物图如图3.63(a)所示,随着温度的升高器件功耗会增加,示意图如图3.63(b)所示。

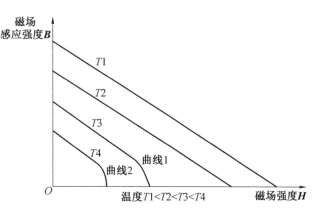

(a) 永磁同步电机永磁体　　　　(b) 高温下磁体材料退磁曲线

图 3.62　永磁同步电机永磁体和永磁材料退磁曲线

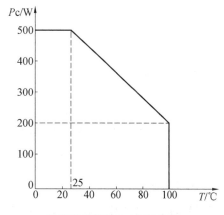

(a) IGBT实物图　　　　(b) 不同温度下的功耗示意图

图 3.63　IGBT实物图及其不同温度下的功耗示意图

应用在汽车上的温度传感器包括驱动电机温度传感器、驱动电机控制器温度传感器、冷却液温度传感器、蒸发器出口温度传感器和车内(外)温度传感器等。其作用是检测固体、气体和液体的温度，并把检测结果转换成电信号同时输入给相应的控制器。汽车上的冷却液、进气管、蒸发器出口、车内外等的温度检测，普遍采用热敏电阻。

2. 热敏电阻的特性

按照热敏电阻的外形结构，圆片形热敏电阻如图 3.64(a)所示，圆柱形热敏电阻如图 3.64(b)所示，球形热敏电阻如图 3.64(c)所示，厚膜形热敏电阻如图 3.64(d)所示。

按照电阻随温度变化的特性，新能源汽车中常用的热敏电阻包括以下两种类型。

(1) 正温度系数热敏电阻器(简称 PTC 电阻)。

该类热敏电阻器的输出曲线是随着温度升高，热敏电阻器的阻值增加，如图 3.65(a)所示，工作区域通常选取接近线性的区域。

(2) 负温度系数热敏电阻器(简称 NTC 电阻)。

该类热敏电阻器的输出曲线是随着温度升高，热敏电阻器的阻值减小，如图 3.65(b)

所示,工作区域通常选取接近线性的区域。

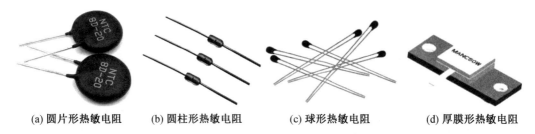

(a) 圆片形热敏电阻　　(b) 圆柱形热敏电阻　　(c) 球形热敏电阻　　(d) 厚膜形热敏电阻

图 3.64　热敏电阻的分类

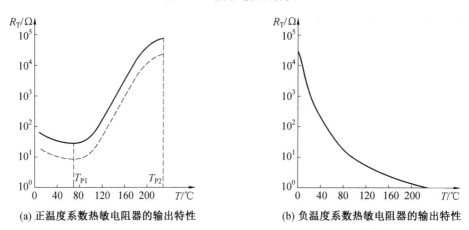

(a) 正温度系数热敏电阻器的输出特性　　　　(b) 负温度系数热敏电阻器的输出特性

图 3.65　热敏电阻器的输出特性

3. 热敏电阻测试

热敏电阻测试主要测试正温度系数热敏电阻器的输出特性和负温度系数热敏电阻器的输出特性。驱动电机温度传感器检测方法的具体步骤如下。

(1)选取一款万用表,将万用表调至电阻档,检查万用表的表笔和适配线,如有破损立即更换。

(2)选取一款非接触式测温仪,温度测量范围在 0~100 ℃。

(3)选取功率电源和功率电阻,其中功率电源电压为 DC24 V,输出电流不小于 10 A;功率电阻为 8~10 Ω,功率不小 100 W。

(4)选取正温度系数热敏电阻器和负温度系数热敏电阻器,电阻器说明书应包括其输出特性曲线。

(5)按照图 3.66 所示的测试线路示意图连接线路,正温度系数热敏电阻紧贴在功率电阻散热器上,闭合开关。采用非接触式测温仪测试热敏电阻温度,采用万用表测试热敏电阻的阻值,从 30 ℃ 开始记录,每升高 5 ℃ 记录一次热敏电阻的阻值,直至 60 ℃ 结束测试。

(6)采用测试温度和对应的热敏电阻的阻值绘制输出特性曲线,与说明书中的输出曲线对比并计算测试误差。

(7)按照同样的方法测试负温度系数热敏电阻器输出特性并绘制输出特性曲线,与说

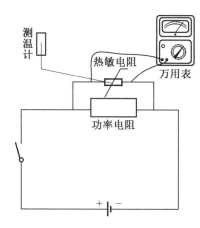

图 3.66 热敏电阻测试原理图

明书中的输出曲线对比并计算测试误差。

二、故障信息分析

驱动电机过温故障信息包括故障码、冻结帧数据及数据流,这些故障信息是分析驱动电机过温故障的基础。

1. 故障码

驱动电机过温故障的原因比较复杂,与负载、驱动电机系统及驱动电机冷却系统等因素都有关,需要逐一对所有可能产生故障的原因进行排查,因此驱动电机过温故障是一个综合性故障。

新能源汽车发生驱动电机过温故障时,仪表盘通常会有图标显示,北汽 M30 经济型仪表盘如图 3.67(a)所示,驱动电机故障图标如图 3.67(b)所示。驱动电机发生过温故障,该图标会点亮。

(a) 北汽M30经济型仪表盘

(b) 驱动电机故障图标

图 3.67 北汽 M30 经济型仪表盘实物图

驱动电机发生过温故障通常出现两个温度限值,一个是温度报警限值,另外一个是温度报故限值。不同厂家的两个温度限值和出现过温后的处理方式不完全一致,此处以温度报警限值 120 ℃,温度报故限值 140 ℃ 为例进行说明,具体如下。

按照比例降低功率。当驱动电机温度<120 ℃时,驱动电机的功率不受限制,可以达到最大数值;当 120 ℃≤驱动电机温度<140 ℃时,按照比例降低功率运行;当驱动电机

温度≥140 ℃时,驱动电机降低功率至 0,即停机。驱动电机过温保护功率输出如图 3.68(a)所示。

按照定值降低功率。驱动电机温度<120 ℃时,驱动电机的功率不受限制,可以达到最大数值;当 120 ℃≤驱动电机温度<140 ℃时,按照定值降低功率运行;当驱动电机温度≥140 ℃时,驱动电机降低功率至 0,即停机。驱动电机过温保护功率输出如图 3.68(b)所示。

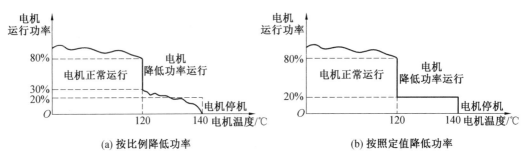

图 3.68 驱动电机过温保护功率输出示意图

同理驱动电机控制器也有温度保护功能,由于驱动电机控制器内部主要由电子产品构成,所以其温度保护的限值比驱动电机的要低。以北汽 EV200 为例,当控制器监测到散热基板板温度为:85 ℃≥温度≥75 ℃时,降低功率运行;当控制器监测到散热基板板温度≥85 ℃时,超温保护,即停机。

(1)驱动电机过温的判断条件和原因。

驱动电机过温故障分析示意图如图 3.69 所示。驱动电机过温的判断条件是驱动电机内部温度传感器检测数值高于驱动电机温度限值,驱动电机控制器将报警或将报故信息通过 CAN 总线传送给整车控制器,整车控制器记录故障码、冻结帧数据及数据流。

从图 3.69 可知,与驱动电机过温相关原因包含如下 4 种可能。

①负载过大:驱动电机长时间负载过大,使绕组电流长时间散发热量过大,造成驱动电机温升超过了驱动电机温度限值。

②冷却系统故障:为了减小驱动电机系统体积,主流新能源汽车都采用了水冷系统,若水冷系统出现故障同样也必然导致驱动电机过温报警。

③驱动电机系统故障:驱动电机出现匝间短路或传动系统出现故障,为了达到实际负载转矩,必须增加绕组电流,与负载过大类似,同样可造成驱动电机温升超过了驱动电机温度限值。

④检测系统和故障上报系统故障:驱动电机内部温度检测、驱动电机控制器温度解算、整车控制器内故障信息存储及故障上报子系统等出现故障时,系统会误报。

造成驱动电机过温故障的 4 种原因中,负载过大造成过温的概率最大,其次是驱动电机的冷却系统故障,再次是驱动电机故障,概率最小的是检测系统和故障上报系统故障。按照故障概率的大小选取检测故障点可以节约维修时间,驱动电机过温检测流程如图 3.70所示。

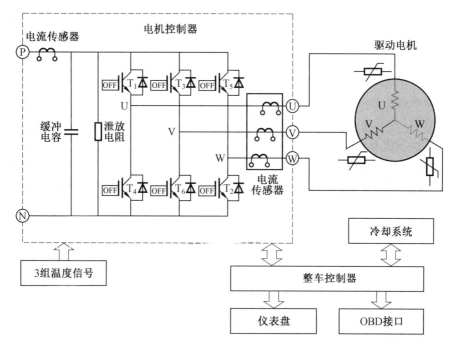

图 3.69 驱动电机过温故障分析示意图

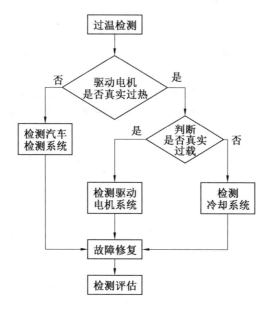

图 3.70 驱动电机过温检测流程图

(2)负载过大造成过温。

驱动电机过温检测首先需要判断驱动电机是否真实过温,通常真实过温判断条件有两个且应当同时具备。

①维修人员通过故障解码仪进行故障信息解读过程中,出现驱动电机过温故障记录。
②没有上报温度检测系统和通信故障。

同时具备两个上述条件,说明驱动电机真实过温。然后需要进一步确认驱动电机是否发生了真实过载,通常驱动电机真实过载的判断条件有三个且应当同时具备。

①维修人员通过故障解码仪进行故障信息解读过程中,出现驱动电机过温故障记录。

②没有上报温度检测系统和通信故障。

③驱动电机绕组电流长时间处于比较高的区间,也有可能同时上报驱动电机绕组过流故障。

驱动电机系统输出转矩与输出电流关系如图3.71(a)所示,新能源汽车处于长距离上坡或长时间加速时,需要增加输出转矩,因此绕组电流必定增加。在发热时间相同的前提下,驱动电机绕组电流与绕组发热关系如图3.71(b)所示,因此转矩增加意味着发热也会增加。

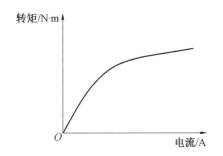
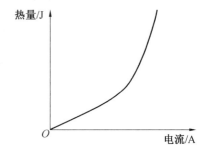

(a) 驱动电机系统输出转矩与输出电流关系　　(b) 驱动电机绕组电流与绕组发热关系

图3.71　绕组电流与输出转矩和发热之间关系示意图

由于温升需要一定时间的热积累,因此驱动电机内部短时间的电流冲击对温升影响不大,若发生了实际负载过大引起温升,必然是由长时间电流比较大导致的,这时也可能伴随上报驱动电机相电流故障。北汽EX系列新能源汽车相电流过流故障信息列表见表3.12。

表3.12　北汽EX系列新能源汽车相电流过流故障信息列表

序号	故障码	故障名称	可能导致原因
1	P113519	相电流过流故障	(1)电机短路 (2)转子位置信号异常 (3)相电流信号异常 (4)负载突然变化 (5)线束短路

(3)冷却系统故障造成过温。

确认了驱动电机真实过温后,再确认冷却系统故障造成了驱动电机没有真实过载情况下的过温,判断冷却系统故障应当具备以下条件。

①维修人员通过故障解码仪进行故障信息解读过程中,出现驱动电机过温故障记录。

②没有上报温度检测系统和通信故障。

③驱动电机绕组电流没有长时间处于比较高的区间,绕组电流较小。

④冷却系统上报了相关故障码,如故障零部件包括水泵电机和冷却风扇等。

驱动电机系统的冷却子系统如图3.72所示,核心零部件包括膨胀水箱、冷却管路、水泵、冷却风扇及散热片等。膨胀水箱如图3.72(a)所示,冷却管路出现密封问题会造成膨胀水箱水位下降,冷却液不足会引发冷却系统故障;电动水泵如图3.72(b)所示,它为冷却系统提供动力,若电动水泵本身或其驱动系统出现故障同样会造成冷却系统循环动力不足;冷却风扇如图3.72(a)所示,它的作用是将热量散发到新能源汽车外部空间,若冷却风扇本身或其驱动系统出现故障同样会造成冷却系统散热能力不足。以上这些原因都会导致驱动电机过温故障。

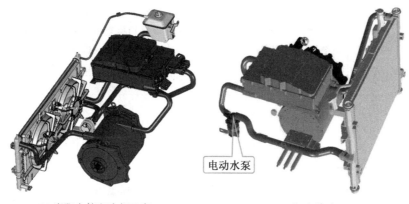

(a) 膨胀水箱和冷却风扇　　　　　(b) 电动水泵

图 3.72　冷却子系统

不同厂家的新能源汽车对冷却风扇和水泵的控制方式不完全一致,但规律趋势大体一致,只是保护的限值略有差别,以北汽EX系列新能源汽车为例进行说明,见表3.13。

表 3.13　北汽 EX 系列新能源汽车冷却系统控制策略相关温度数值

控制实施主体	控制内容	数值/℃
水泵控制	水泵开启的 IGBT 温度值	45
	水泵关闭的 IGBT 温度值	35
	水泵开启的电机温度值	60
	水泵关闭的电机温度值	50
风扇控制	低速风扇开启的 IGBT 温度值	55
	低速风扇停止的 IGBT 温度值	50
	高速风扇开启的 IGBT 温度值	65
	高速风扇停止的 IGBT 温度值	60
	低速风扇开启的电机温度值	75
	低速风扇停止的电机温度值	70
	高速风扇开启的电机温度值	80
	高速风扇停止的电机温度值	75
过温保护（零扭矩输出）	IGBT 温度值	90
	电机温度值	140

冷却系统故障导致驱动电机过温故障时,除了系统上报驱动电机过温故障码,通常也上报冷却系统的故障码。北汽 EX 系列新能源汽车冷却系统故障信息列表如表 3.14 所示。

表 3.14　北汽 EX 系列新能源汽车冷却系统故障信息列表

序号	故障码	故障名称	检查内容和措施
1	P100A13	低速风扇继电器驱动通道开路	(1)检查风扇插件和线束 (2)更换风扇继电器
2	P100A12	低速风扇继电器驱动通道对电源短路	(1)检查风扇插件和线束 (2)更换风扇继电器
3	P100A11	低速风扇继电器驱动通道对地短路	(1)检查风扇插件和线束 (2)更换 VCU
4	P100C13	水泵继电器驱动通道开路	(1)检查水泵插件和线束 (2)更换水泵继电器
5	P100C12	水泵继电器驱动通道对电源短路	(1)检查水泵插件和线束 (2)更换水泵继电器
6	P100C11	水泵继电器驱动通道对地短路	(1)检查水泵插件和线束 (2)更换 VCU
7	P100D13	高速风扇继电器驱动通道开路	(1)检查风扇插件和线束 (2)更换风扇继电器
8	P100D12	高速风扇继电器驱动通道对电源短路	(1)检查风扇插件和线束 (2)更换风扇继电器

新能源汽车针对冷却系统故障中如上报故障码,故障诊断相对容易。若没有上报故障码,可以参照图 3.73 所示冷却系统故障诊断流程进行操作。

(4)驱动电机及减速器故障造成过温。

驱动电机出现轻微匝间短路故障或减速器出现故障,在同等电流的条件下,新能源汽车得到的有效转矩变小,为了达到实际负载转矩,必须增加绕组电流。通常驱动电机出现轻微匝间短路故障或减速器出现故障,不能通过故障解码仪器提取故障信息。如类似减速器出现故障并持续恶化,驱动电机有可能上报过温故障。若 U 相绕组和 V 相绕组短路,如图 3.74(a)所示,为了达到实际负载转矩,绕组电流有效值必然增大且波动也将增加,如图 3.74(b)所示。该类故障发生时,除了系统上报驱动电机过温故障码,通常也同时上报电机控制器反馈转矩与转矩命令校验错误故障。北汽 EX 系列新能源汽车电机控制器反馈转矩与转矩命令校验错误故障信息列表见表 3.15。

表 3.15　北汽 EX 系列新能源汽车电机控制器反馈转矩与转矩命令校验错误故障信息列表

故障码	故障名称	可能导致原因
P113064	电机控制器反馈转矩与转矩命令校验错误故障	(1)驱动电机电气轻微故障 (2)驱动电机或减速器机械故障 (3)电机控制器的软件版本与硬件版本及电机零件号不匹配 (4)电机电磁特性一致性较差 (5)电机控制器软件失控

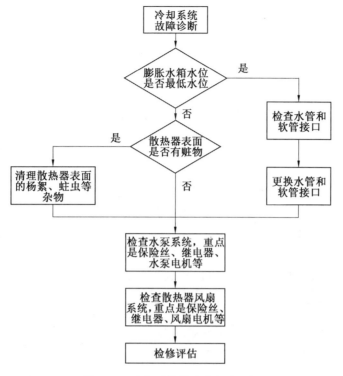

图3.73 冷却系统故障诊断流程图

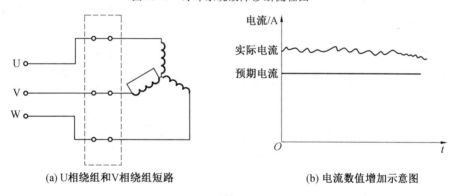

(a) U相绕组和V相绕组短路　　　　(b) 电流数值增加示意图

图3.74 驱动电机及减速器故障引发电流数值增加示意图

(5)检测系统和故障信息传输导致上报驱动电机过温故障。

驱动电机温度信号传输示意图如图3.75所示,3组驱动电机温度信号经驱动电机控制器解算后,数值经通信系统传送给整车控制器,整车控制器在线下载并记录,同时传送给仪表盘。故障解码仪通过OBD接口调用故障信息。

驱动电机温度传感器、驱动电机控制器内温度解算电路和标定、驱动电机控制器与整车控制器通信、整车控制器内故障信息存储以及整车控制器与仪表盘之间通信等这些环节同样可能发生故障导致驱动电机过温故障误报。除了驱动电机温度传感器外,无法采用外部接插件检测出故障点,此类故障属于黑箱问题,若无准确故障码上报,出现此类故障只能采取尝试更换驱动电机控制器或整车控制器加以解决。

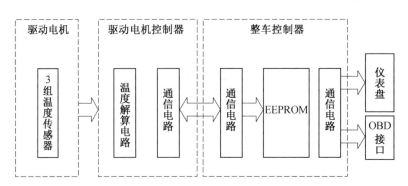

图 3.75 驱动电机温度信号传输示意图

有些新能源汽车具有内部自检系统,内部自检系统检查驱动电机控制器温度、检测回路故障和温度信号传输引发的故障并上报故障码,以北汽 EX 系列新能源汽车为例进行说明,其温度检测回路和温度传输过程中故障码见表 3.16。

表 3.16 北汽 EX 系列新能源汽车驱动电机温度信号检测和传输系统故障

序号	故障码	故障名称	可能导致原因
1	U300316	铅酸电池欠压故障	(1)铅酸电池亏电 (2)低压线路故障
2	P0A001C	电机温度检测回路故障	(1)驱动电机控制器内部硬件电路故障或线束损坏 (2)驱动电机控制器软件与硬件版本不匹配
3	P11841C	驱动电机控制器直流母线电压采样回路故障	(1)驱动电机控制器采样硬件故障 (2)线束或接插件故障 (3)软件版本不匹配
4	U010087	驱动电机控制器与整车控制器通信丢失故障	(1)通信发送 CAN 报文故障 (2)线束或接插件故障 (3)软件版本不匹配 (4)电磁干扰
5	P062F46	整车控制器 EEPROM 故障	(1)电磁干扰 (2)非正常掉电

2. 冻结帧数据

新能源汽车驱动电机过温故障诊断的核心冻结帧数据是驱动电机温度,驱动电机温度是判断该类故障的标准,其他冻结帧数据都是产生驱动电机过温的辅证。

铅酸电池电压:用于分析铅酸电池是否亏电和 DC/DC 是否正在为辅助电池充电,若铅酸电池电压过低,可能造成某个传感器数据信息误报。

绕组电流:驱动电机过温是热累加过程,因此绕组过流是判断驱动是否真实过温的依据,若上报驱动电机过温故障,但是绕组电流始终不大,这说明可能是冷却系统或温度检测系统出了故障。

驱动电机系统状态：分析发生驱动电机过温故障时的驱动电机系统状态，包括驱动电机控制器是否完成初始化、驱动电机处于电动状态还是发电状态、驱动电机系统处于转矩模式还是转速模式、驱动电机的旋转方向及预充电是否完成等，这些信息用来判断故障发生时驱动电机的工况。

加速踏板开度：在驱动电机过温故障状态下，通过加速踏板开度分析驾驶员对驱动电机系统的速度给定和电机是否处在电动状态，并与档位状态和电机状态进行相互认证。通常加速踏板会有两个输出。

制动状态：在驱动电机过温故障状态下，通过制动踏板开度分析电机是否处于发电状态，并与档位状态和电机状态进行相互认证。

档位状态：在驱动电机过温故障状态下，分析驱动电机处于前进状态还是倒车状态。

3. 数据流

新能源汽车重新上电，维修人员想获知新能源汽车驱动电机控制器维修前、后的状态信息，可点击故障解码仪读取数据流，获取车辆的特定状态信息，数据流显示分析方法与冻结帧数据类似。

通过驱动电机过温故障信息分析，可以确定可能发生故障点和原因，但确定的只是故障发生概率，还需要进一步测试，以便准确确定故障点。根据分析确定故障诊断方案见表3.17。

三、故障点检测

1. 负载过大导致驱动过温检测

故障新能源汽车放置一段时间后，驱动电机冷却，达到热平衡后重新上电，观察仪表盘的驱动电机过温图标是否点亮，若不点亮说明是负载过大造成的驱动电机过温，点亮说明不是负载过大导致的驱动电机过温，可能发生了冷却系统故障或温度检测系统故障。

2. 冷却系统故障点检测

新能源汽车在使用过程中，驱动电机损耗产生大量的热量，为了维持驱动电机的正常工作，需要将驱动电机温度控制在一定的范围之内，冷却系统完成温度控制，通常新能源汽车会把所有需要冷却的装置串联使用。常用冷却系统有以下两种结构。

①空调冷却结构：采用空调对驱动电机进行冷却，如图3.76(a)所示。优点是集成度高，缺点是消耗电能高。

②独立冷却结构：采用独立冷却系统对驱动电机在内的高压系统进行冷却，优点是耗电小，缺点是增加了一套系统，集成度差。北汽EX系列采用独立冷却结构，如图3.76(b)所示，也是目前主流结构，本书以独立冷却结构为例进行分析。

表 3.17　故障诊断方案

故障零部件	可能故障点	检测方法	概率分布
负载	负载过大	冷却一段时间后，重新上电检查是否过温故障重现	概率最高
冷却系统	冷却管路和软管接口冷却液泄漏	检查水箱液面	概率较高
	散热器表面是否有污渍	目测散热器表面	概率较高
	低速风扇保险故障	检查前舱电器盒低速风扇控制系统	概率较高
	低速风扇继电器故障	检查前舱电器盒低速风扇控制系统	概率较低
	低速风扇继电器驱动通道开路	检查前舱电器盒低速风扇控制系统	概率较低
	低速风扇继电器驱动通道对电源短路	检查前舱电器盒低速风扇控制系统	概率较低
	低速风扇继电器驱动通道对地短路	检查前舱电器盒低速风扇控制系统	概率较低
	低速风扇电机故障	检查低速风扇电机	概率较低
	水泵保险故障	检查前舱电器盒水泵控制系统	概率较高
	水泵继电器故障	检查前舱电器盒水泵控制系统	概率较低
	水泵继电器驱动通道开路	检查前舱电器盒水泵控制系统	概率较低
	水泵继电器驱动通道对电源短路	检查前舱电器盒水泵控制系统	概率较低
	水泵继电器驱动通道对地短路	检查前舱电器盒水泵控制系统	概率较低
	水泵电机故障	检查低速水泵扇电机	概率较低
	高速风扇保险故障	检查前舱电器盒高速风扇控制系统	概率较高
	高速风扇继电器故障	检查前舱电器盒高速风扇控制系统	概率较低
	高速风扇继电器驱动通道开路	检查前舱电器盒高速风扇控制系统	概率较低
	高速风扇继电器驱动通道对电源短路	检查前舱电器盒高速风扇控制系统	概率较低
	高速风扇继电器驱动通道对地短路	检查前舱电器盒高速风扇控制系统	概率较低
	高速风扇电机故障	检查高速风扇电机	概率较低
驱动电机	温度传感器故障	检测温度传感器	概率较低
	匝间短路	检测绕组直流电阻	概率较低
	相间短路	检测绕组直流电阻	概率较低
	对地短路	检测绕组对地绝缘	概率较低
驱动电机控制器	检测问题、通信故障或软件版本更替	属于黑箱问题，无法通过接插件检测，可能同时上报关联故障码	概率较低
整车控制器	通信故障或软件版本更替	属于黑箱问题，无法通过接插件检测，可能同时上报关联故障码	概率较低

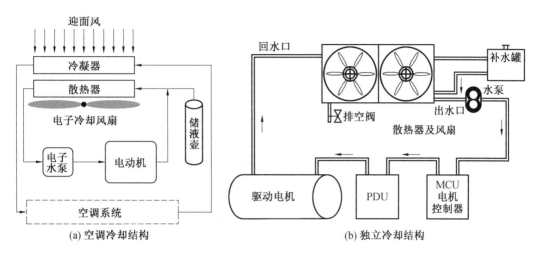

图 3.76 驱动电机冷却结构

冷却系统故障主要来源于冷却管路泄漏、水泵故障及风扇故障,此处逐一进行分析。

大部分的故障点集中在电源、保险、线路、开关(继电器)及接地等简单元件。应先检查这些简单元件,再查温度传感器和电机等电子元件,最后检查控制器和通信故障。

(1)冷却管路泄漏检查。

新能源汽车冷却系统管路示意图如图 3.77 所示,冷却管路密封的薄弱点在管路接头,判断冷却管路泄漏的依据是储液罐的水位,若低于最低液位线需要补充冷却液并逐一检查冷却管路是否有泄漏。

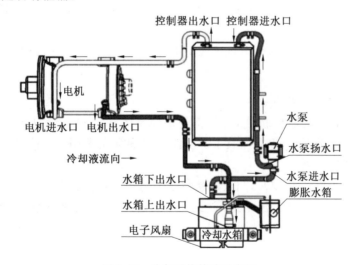

图 3.77 冷却系统管路示意图

(2)水泵系统故障检查。

冷却系统中水泵的作用是对冷却液加压,保证冷却液在冷却系统中循环流动,主流水泵是离心式电动水泵,水泵控制电路相对比较简单,以北汽 EX 系列冷却水泵控制为例进行说明,其水泵电机控制电路示意图如图 3.78 所示。

如图 3.78 所示,铅酸电池的电源正极连接主保险 MF02,电流到达前舱电器盒,在前

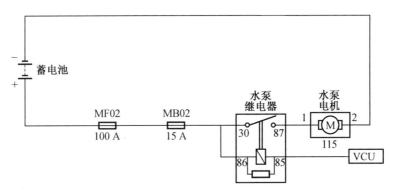

图 3.78 北汽 EX 系列水泵电机控制电路示意图

舱电器盒经过水泵电机保险 MB02 后连入水泵继电器,然后被分成了工作电路和控制电路两部分。水泵继电器的主电路连接到水泵的电机正极端,水泵的负极端通过车身搭铁与铅酸电池的负极相连。水泵继电器的控制线圈另外一端引脚连接整车控制器,整车控制器控制着这个端脚的通断,以此控制着水泵电机的运行。水泵故障检查的具体步骤如下。

1. 检查水泵电机系统控制功能

水泵电机控制系统信号来自整车控制器,整车控制器不太容易进行控制功能检查,可借助以下间接的手段。

①查询新能源汽车中关于水泵电机控制电路图、整车控制器引脚图和线束图。

②将整车控制器线束接插件拔下,找到引脚 115,从工具车内找到合适的短接线,使引脚 115 直接与车壳接地点连接。

③若水泵电机工作,则水泵电机系统正常。若水泵电机不工作,说明水泵电机系统出现了故障。

2. 检查水泵电机系统保险丝

每一个零部件或功能相近同类的零部件都会连接一个保险丝,以此保证系统处于短路时能够进行有效的保护,保险丝属于易损件,发生故障的概率相对较大。水泵电机系统保险丝的检查步骤如下。

①将钥匙开关旋转至 LOCK 档位,然后拔下钥匙开关使系统断电。

②对照维修手册在前舱电器盒中找到与水泵相关的低压电器主保险 MF02 和水泵电机保险 MB02,前舱电器盒示意图如图 3.79(a)所示,低压保险丝实物图如图 3.79(b)所示。

③拔下主保险 MF02 和水泵电机保险 MB02,采用具有短路测试的万用表进行保险丝通断测试,测试接线示意图如图 3.80 所示。测试前注意检查万用表的表笔和适配线。

若保险丝处于断开状态,说明保险丝已经熔断,必须更换。

3. 检查水泵电机系统继电器

每一个零部件或功能相近同类的零部件都会连接一个继电器,以此保证系统能够进行通断控制。水泵电机系统继电器的检查步骤如下。

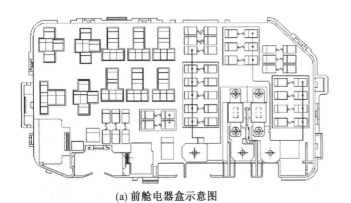
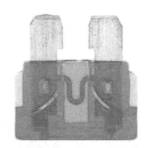

(a) 前舱电器盒示意图　　　　(b) 低压保险丝实物图

图 3.79　前舱电器盒示意图和低压保险丝实物图

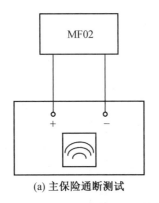
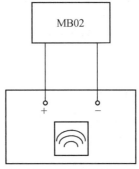

(a) 主保险通断测试　　　　(b) 水泵电机保险通断测试

图 3.80　保险丝测试接线示意图

①将钥匙开关旋转至 LOCK 档位,然后拔下钥匙使系统断电。

②对照维修手册在前舱电器盒中找到水泵继电器,汽车低压继电器如图 3.81(a) 所示。

③拔下水泵继电器,插入通用 5 孔汽车继电器插座,5 孔汽车继电器插座如图 3.81(b) 所示,按照图 3.81(c) 继电器测试接线示意图进行接线。

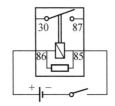

(a) 汽车低压继电器　　　(b) 5孔汽车继电器插座　　　(c) 继电器测试接线示意图

图 3.81　汽车继电器实物图及测试示意图

④给继电器线圈通电,检测触点是否闭合,若不能闭合说明继电器出现故障;当线圈测试电源断开后,检测触点是否能断开,若不能断开说明继电器出现故障。

4. 检查水泵电机

冷却系统中主流水泵电机为有刷直流电机,检查水泵电机主要是测试其运行功能,具体步骤如下。

①将钥匙开关旋转至 LOCK 档位,然后拔下钥匙开关使系统断电。

②对照维修手册找到水泵继电器,北汽 EX 系列水泵电机如图 3.82(a)所示,接线线束如图 3.82(b)所示。

(a) 北汽EX系列水泵电机

(b) 接线线束

图 3.82　水泵电机实物图

③拔下水泵电机的线束,按照图 3.83 接线示意图进行测试,用两根导线直接将蓄电池正负极与水泵正负极连接(水泵插件的 1 号针脚为正极,2 号针脚为负极),因为水泵有正负极性要求,在蓄电池端的两根导线要对调测试一次,对调后水泵的转向将改变,以免误判。注意:请勿长时间转动水泵,否则极易损坏水泵。

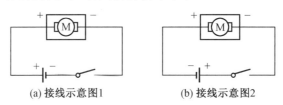

(a) 接线示意图1　　　　(b) 接线示意图2

图 3.83　水泵电机测试接线示意图

(3)散热器及风扇总成故障检查。

散热器及风扇总成的作用是将冷却液的热能散发到新能源汽车外部。散热器内有蜿蜒曲折的管道,以此增加冷却液在散热器内停留的时间,延长热交换的时间,另外在散热器的外部布满了散热片,以此来增大散热面积,提高热量交换的效率。散热风扇置于散热器的后面,当风扇旋转时,吸进空气使其通过散热器,以增强散热器的散热能力,加速冷却液的冷却,保证驱动电机控制器及驱动电机始终能在最适宜的温度下正常工作。目前主流新能源汽车采用的风扇电机为二速电机,一路控制风扇低速运转,一路控制风扇高速运转,系统会根据温度的状况来选择风扇的转速。以北汽 EX 系列散热器及风扇总成为例进行说明,风扇控制电路示意图如图 3.84 所示,冷却风扇共有 2 个,每个冷却风扇都具有低速控制和高速控制两个档位。散热器主要由机械部件构成,以维护为主。

如图 3.84 所示,蓄电池的电源正极经过主保险 MF02 后进入前舱电器盒,在前舱电器盒内电路分为两路,分别经过 2 个保险后进入 2 个风扇继电器。在风扇继电器中,电路继续被分成两路,一路为工作电路,工作电路经继电器后,进入风扇电机,然后经车身搭铁

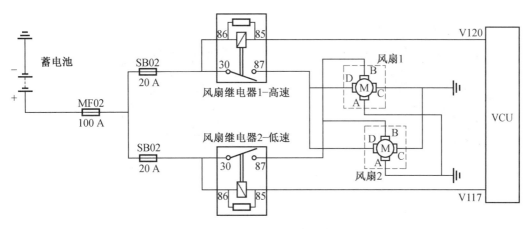

图 3.84　风扇控制电路示意图

后与蓄电池的负极形成回路;另一路为控制电路,控制电路经继电器线圈后进入整车控制器控制,整车控制器将根据温度的情况控制其通断。北汽 EX 系列散热器及风扇总成实物图如图 3.85 所示。

图 3.85　北汽 EX 系列散热器及风扇总成实物图

风扇控制电路检查具体方法与水泵电机控制电路检查方法基本一致,同样包括检查风扇电机系统控制功能、检查风扇电机系统保险丝、检查风扇电机系统继电器以及检查风扇电机,两者差异在于水泵电机系统电路都是单路系统,而风扇控制电路都是双路系统。

3. 驱动电机系统故障检查

驱动电机系统传动装置通常为一级或二级的减速器,如图 3.86 所示,出现故障概率最大的就是齿轮故障,一般情况下不进行传感器检测,但可以通过运行过程中的噪声辨别传感器的运行情况。

驱动电机可以运行但出现输出转矩下降的情况,最可能发生驱动电机绕组短路,但短路程度较小,没有出现绕组电流不均衡报故(因运行时间较长造成的过温,通常采用测量绕组电阻方法判断绕组是否均衡),绕组测量方法与学习情境三的学习任务 1 中的驱动电机绕组故障中绕组测量的操作一致。

4. 驱动电机温度传感器故障检查

驱动电机温度传感器用于检测电机定子绕组的温度,并提供散热风扇启动的信号之一,如北汽 EX 系列新能源汽车中散热风扇的控制方式如下。

①散热风扇启动温度值:45 ℃≤温度<50 ℃时,冷却风扇低速启动。

(a) 实物图1　　　　　　　　　(b) 实物图2

图 3.86　驱动电机系统传动装置减速器实物图

②温度≥50 ℃时,冷却风扇高速启动;温度降至 40 ℃时,冷却风扇停止工作。

北汽 EX 系列新能源汽车中采用 PT1000 型热敏电阻,如图 3.87(a)所示。PT1000 型热敏电阻和温度之间的关系如图 3.87(b)所示,非线性误差可以忽略,温度每增加 1 ℃,阻值增加 3.8 Ω,温度为 0 ℃时,PT1000 型热敏电阻阻值为 1 000 Ω。

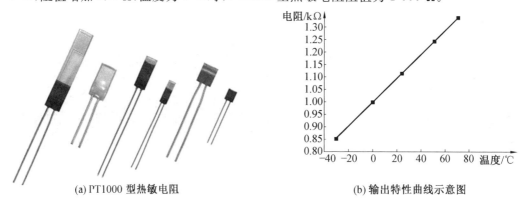

(a) PT1000 型热敏电阻　　　　　　(b) 输出特性曲线示意图

图 3.87　PT1000 型热敏电阻实物图及其输出特性曲线示意图

因此,可以先检测维修场地温度和输出电阻,然后测试电阻阻值,并与 PT1000 型热敏电阻输出特性计算值进行比对,判断电阻是否出现故障。驱动电机温度传感器电阻的具体测试步骤如下。

1. 断电操作

新能源汽车系统断电操作步骤与学习情境三的学习任务 1 中的驱动电机绕组故障中断电操作一致,以此保证维修人员操作安全。

2. 断开接插件和线束操作

断开驱动电机系统高压接插件、低压接插件及线束与学习情境三的学习任务 1 中的驱动电机绕组故障中的操作一致。

3. 驱动电机温度传感器电阻测试

驱动电机温度传感器电阻测试的具体操作步骤如下。

①对照维修手册中驱动电机低压接插件引脚定义,找出驱动电机温度传感器两个接线引脚。若是三个绕组都有温度传感器,需要对每个绕组温度传感器进行测试。

②选择合适的万用表，检测万用表的适配线，切换到合适的电阻量程。

③按照图 3.88 所示的温度传感器测试线路测试，读取示数并记录，为了减小测量误差，建议测试三次取平均值，若测量误差超过 10%，说明出现了故障。

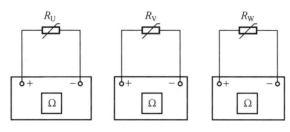

图 3.88　温度传感器测试线路示意图

针对驱动电机过温故障检测的结果确定故障修复方案，见表 3.18。其中，新能源汽车售后服务机构主要应用处理方式 1 进行故障修复，新能源汽车零部件厂主要应用处理方式 2 进行故障修复。但随着新能源汽车售后人员技能水平的提升，有些处理方式已经在新能源汽车售后机构应用，如刷新软件等处理方式。

表 3.18　故障修复方案

序号	故障种类	处理方式 1	处理方式 2
1	负载过大	冷却到热平衡	冷却到热平衡
2	冷却管路和软管接口冷却液泄露	更换冷却管路或接口锁紧装置	更换冷却管路或接口锁紧装置
3	散热器表面是否有污渍	清理散热器	清理散热器
4	低速风扇保险故障	更换低速风扇保险	更换低速风扇保险
5	低速风扇继电器故障	更换低速风扇继电器	更换低速风扇继电器
6	低速风扇继电器驱动通道开路	更换整车控制器	更换控制板
7	低速风扇继电器驱动通道对电源短路	更换整车控制器	更换控制板
8	低速风扇继电器驱动通道对地短路	更换整车控制器	更换控制板
9	低速风扇电机故障	更换风扇电机	更换风扇电机
10	水泵保险故障	更换水泵保险	更换水泵保险
11	水泵继电器故障	更换水泵继电器	更换水泵继电器
12	水泵继电器驱动通道开路	更换整车控制器	更换控制板
13	水泵继电器驱动通道对电源短路	更换整车控制器	更换控制板
14	水泵继电器驱动通道对地短路	更换整车控制器	更换控制板
15	水泵电机故障	更换水泵电机	更换水泵电机

续表3.18

序号	故障种类	处理方式1	处理方式2
16	高速风扇保险故障	更换高速风扇保险	更换高速风扇保险
17	高速风扇继电器故障	更换高速风扇继电器	更换高速风扇继电器
18	高速风扇继电器驱动通道开路	更换整车控制器	更换控制板
19	高速风扇继电器驱动通道对电源短路	更换整车控制器	更换控制板
20	高速风扇继电器驱动通道对地短路	更换整车控制器	更换控制板
21	高速风扇电机故障	更换高速风扇电机	更换高速风扇电机
22	温度传感器故障	更换驱动电机	更换驱动电机定子部件
23	匝间短路	更换驱动电机	更换驱动电机定子部件
24	相间短路	更换驱动电机	更换驱动电机定子部件
25	对地短路	更换驱动电机	更换驱动电机定子部件
26	驱动电机控制器检测系统故障	更换驱动电机控制器	更换控制板
27	驱动电机控制器通信故障	更换驱动电机控制器	更换控制板
28	驱动电机控制器软件故障	更换驱动电机控制器	刷新软件
29	整车控制器通信故障	更换整车控制器	更换控制板
30	整车控制器软件故障	更换整车控制器	刷新软件

四、故障修复

根据故障诊断方案可知，驱动电机过温故障的处理方式主要包括更换故障驱动电机、更换水箱、更换水泵、更换散热器和冷却风扇总成以及更换整车控制器等，更换驱动电机步骤在前文已经叙述，更换整车控制器将在后面叙述。其中，更换水箱、更换水泵以及更换散热器和冷却风扇总成的方法类似，与更换其他高压零部件的主要区别体现在以下方面。

①更换水箱、更换水泵以及更换散热器和冷却风扇总成都涉及冷却液的处理技能。
②水箱、水泵及散热器和冷却风扇总成都属于低压电器零部件。

由于更换水箱、更换水泵以及更换散热器和冷却风扇总成的方法类似，此处以更换水泵操作为例进行说明。

新能源汽车冷却系统用水泵实物图如图3.89所示，通常冷却水泵有三个接口需要处理，三个接口位置为进水口和出水口、控制接插件及固定螺栓。不同车型水泵更换步骤有所区别，下面以北汽EX系列新能源汽车为例进行说明。

(a) 实物图1

(b) 实物图2

图 3.89 新能源汽车冷却系统用水泵实物图

1. 断电操作

新能源汽车系统断电操作步骤与学习情境三的学习任务 1 中的驱动电机绕组故障中断电操作类似,以此保证维修人员操作安全。

2. 排空冷却液

查阅新能源汽车维修手册,找到冷却液排空塞位置,将合适的冷却液收集容器置于排空阀下方,如位置有限,可采用软管进行引流,排空塞如图 3.90 所示。为了快速将冷却液排空,先将水箱盖打开,再按照维修手册排放方式和要求松开散热器排空塞,排空冷却散热器和管道内的冷却液,最后拧紧排空塞。

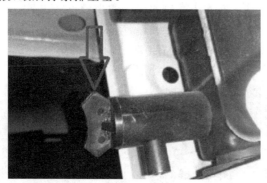

图 3.90 冷却系统排空塞实物图

3. 拆卸故障水泵操作

拆卸故障水泵操作的步骤如下。

①断开接插件。查阅新能源汽车维修手册,找到水泵位置,如图 3.91 所示。根据接插件形式对锁紧结构解锁,然后用力往外拔,直到接插件完全分离。

②断开连接管道。从工具车上找到进水软管和出水软管的拆卸工具鲤鱼钳,如图 3.92(a)所示,用鲤鱼钳夹住进水管和出水管的弹性软管夹箍后,将弹性软管夹箍移到软管的其他部位,然后用力将软管拔开,如果不易拔开,可用一字螺丝刀撬动软管后再拔。进水软管和出水软管位置连接方式如图 3.92(b)所示。

图 3.91　水泵电机及接插件实物图

(a) 鲤鱼钳

(b) 进水软管和出水软管位置连接方式

图 3.92　进、出水管连接方式及拆卸工具实物图

③拆卸固定螺栓。从工具车上找到水泵固定螺栓拆卸工具,拆卸水泵固定螺栓,通常有 2 颗螺栓,水泵固定连接方式如图 3.93(a) 所示。从工具车上找水泵支架的固定螺栓拆卸工具,拆卸水泵支架固定螺栓,通常有 2 颗螺栓,水泵支架固定连接方式如图 3.93(b) 所示。最后将水泵总成取下并放置于故障零部件区。

(a) 水泵固定连接方式

(b) 水泵支架固定连接方式

图 3.93　水泵及其支架固定连接方式实物图

4. 安装水泵操作

安装水泵的操作步骤如下。

①查阅新能源汽车维修手册,找到与故障水泵为同一规格型号的水泵,从工具车上找到水泵固定螺栓安装工具,安装水泵支架和水泵固定螺栓。

②连接进水软管和出水软管。采用鲤鱼钳安装进水软管和出水软管,安装软管时,在接头抹上洗洁剂作为润滑,以便顺利将软管插进。注意严禁在未加注冷却液前上电使水泵运转,否则将造成水泵的空转损坏。

③连接接插件。根据接插件形式进行锁紧结构解锁,然后用力插入,直到接插件紧密接触,最后松开锁紧结构。注意插头分正负极,在安装前必须先确认其正负极。

5. 添加冷却液

添加冷却液的操作步骤如下。

①打开水箱盖,添加冷却液至冷却水箱中满刻度线和低刻度线之间,如图3.94所示。

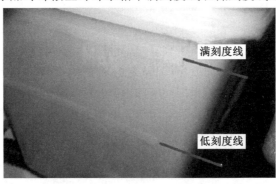

图3.94 冷却水箱实物图

②加注冷却液时注意,不同整车厂对冷却液品质的要求有所不同,因此最好选用原厂的冷却液;更换水泵后,不再重新使用已经用过的冷却液,同理更换散热器、驱动电机、驱动电机控制器及散热器和冷却风扇总成等也必须加注新冷却液。

6. 修复评估

(1)新能源汽车维修监护人员进行检查。

水泵故障修复后,需要新能源汽车维修监护人员进行检查,具体检查包括如下项目。

①检查管路连接处是否出现液体泄漏及渗出,如出现液体渗漏须立即进行维修,这是带有液体装置更换时的特有操作。

②检查水泵低压控制线束。

③检查水泵固定螺栓和支架固定螺栓。

(2)恢复维修开关。

恢复维修开关操作与学习情境三的学习任务1中的驱动电机绕组故障中恢复维修开关的操作一致,以此保证维修人员操作安全。

(3)低压电器系统激活。

水泵控制系统属于低压电器,因此只要激活控制电源即可。

(4)运行评估。

运行评估需要进一步验证水泵系统控制功能,每个车型的控制方式略有不同,此处以北汽EX系列为例进行说明。

①整车控制器接插件中引脚115接地,观察冷却水泵是否运行,如没有运行,需要进一步检查水泵系统,若正常运行,说明故障已经修复。

②控制电源断电,恢复整车控制器线束。

③启动新能源汽车,高压电运行,观察仪表是否存在故障码。

(5)摆放高压系统激活警示牌。

摆放高压系统激活警示牌操作与学习情境三的学习任务1中的驱动电机绕组故障中摆放高压系统激活警示牌的操作一致,以此保证维修人员操作安全。

学习任务4　驱动电机轴承故障检测与维修

【任务情境描述】

新能源汽车行驶过程中,驾驶员听到异响,并感觉新能源汽车输出转矩减小,没有达到预期行驶效果,观察了一段时间后,发现异响越来越大,驾驶者将新能源汽车缓慢开进指定的维修站。维修人员试驾后,根据异响的来源和特征,初步判断是驱动电机轴承发生了故障,售后维修人员按照高压操作规范更换了驱动电机,试车后故障现象消失。故障驱动电机返回电机厂后,电机厂维修人员对驱动电机进行拆解,更换同类型的轴承,经测试和评估后驱动电机故障现象消失。

【任务实施】

一、轴承认知

1. 轴承的作用

轴承是工业机械设备中一种重要的零部件,它的主要功能是支撑机械旋转体,降低其运动过程中的摩擦阻力,并保证其回转精度,几乎全部的旋转执行机构(如电机等)或传动机构(如减速器或变速器等)都采用轴承作为轴支撑的零部件。新能源汽车驱动电机系统中驱动电机如图3.95(a)所示,减速器如图3.95(b)所示,均采用了轴承作为支撑部件。目前新能源汽车使用的所有种类驱动电机都采用轴承支撑,并确保定子和转子之间留有均匀的气隙。

(a) 驱动电机　　　　　　　　　　　(b) 减速器

图 3.95　驱动电机和减速器实物图

2. 轴承结构

驱动电机用轴承都是滚动轴承，滚动轴承通常由内圈、外圈、滚动体、保持架等组成，滚动轴承结构示意图如图 3.96 所示。深沟球轴承如图 3.96(a)所示，中小功率驱动电机多采用深沟球轴承。圆柱滚子轴承如图 3.96(b)所示，为了增强荷载能力，大功率驱动电机轴伸端也采用圆柱滚子轴承。

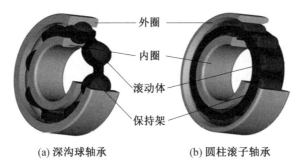

图 3.96　滚动轴承结构示意图

保持架多采用有色金属(如黄铜)或塑料材料，保持架结构示意图如图 3.97 所示，保持架是轴承故障率较高的组件。

图 3.97　保持架结构示意图

滚动体与内、外圈的材料要求有高的硬度和接触疲劳强度、良好的耐磨性和冲击韧性。常见滚动体结构如图 3.98 所示，新能源汽车驱动电机通常使用球形滚动体和圆柱形滚动体，结构示意图分别如图 3.98(a)和图 3.98(b)所示。

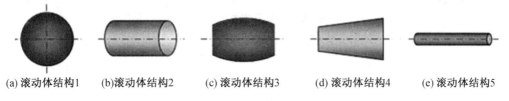

图 3.98　常见滚动体结构示意图

3. 轴承代号

轴承代号代表滚动轴承的结构、尺寸、类型、精度等。按照国家标准《滚动轴承 代号方法》(GB/T 272—2017)规定，轴承代号的构成包括三部分：前置代号表示成套轴承分部件；基本代号表示轴承的类型与尺寸等主要特征；后置代号表示轴承的精度与材料等特征。轴承代号见表 3.19，此处只考虑轴承本身，暂且不考虑前置代号。

表3.19 轴承代号

前置代号	基本代号				后置代号							
	5	4	3	2	1	1	2	3	4	5	6	7	8
成套轴承分部件	类型代号	尺寸系列代号		内径代号	内部结构	密封防尘套圈变形	保持架及其材料	轴承材料	公差等级	游隙	配置	其他
		宽度系列	直径系列									
6204-2RZP53	6	02	04		2RZ				P5	C3		

(1)基本代号。

①轴承类型代号。

轴承类型代号用数字或字母标示,具体见表3.20,新能源汽车常用的类型是深沟球轴承和圆柱滚子轴承。

表3.20 轴承类型代号

类型代号	轴承类型	类型代号	轴承类型
0	双列角接触轴承	6	深沟球轴承
1	调心球轴承	7	角接触球轴承
2	调心滚子轴承和推力调心滚子轴承	8	推力圆柱滚子轴承
3	圆锥滚子轴承	N	圆柱滚子轴承
4	双列深沟球轴承	U	外球面球轴承
5	推力球轴承	QJ	四点接触球轴承

②尺寸系列代号。

尺寸系列代号用于表示内径相同但外径和宽度不同的轴承,以内径为10 mm、宽度不同的深沟球轴承为例说明进行,见表3.21。

表3.21 轴承宽度代号示例

序号	轴承型号	宽度系列代号	类型	用途
1	6010	0	特轻型系列	轻载高速
2	6110	1		
3	6210	2	轻型系列	轻型转速负荷
4	6310	3	中重型系列	中重型转速负荷
5	6410	4	重系列	重载低速

轻型系列是应用最广的类型,新能源汽车驱动电机绝大多数使用的就是该类型轴承,如北汽EC180新能源汽车使用的就是6208轻型轴承,如图3.99所示。

(a) 实物图1　　　　　　　(b) 实物图2

图 3.99　北汽 EC180 车用 6208 轻型轴承实物图

③内径代号。

一般情况下,轴承内径用轴承内径代号表示:基本代号的后两位数×5＝内径(mm),例如,轴承 6204 的内径是 04×5＝20(mm),其他情况见表 3.22。

表 3.22　轴承内径代号示例

序号	轴承内径尺寸范围		基本代号后两位示例内径	备注
1	$d<10$ mm		直接用基本代号最后一位表示轴承内径尺寸:如轴承 608,内径 $d=8$ mm	特殊情况
2	10 mm≤d<20 mm		00:10 mm;01:12 mm;02:15 mm;03:17 mm	特殊情况
3	20 mm≤d<500 mm	是 5 的倍数	d＝基本代号的后两位数×5 如轴承 6204,内径 $d=04×5=20$(mm)	一般情况
	20 mm≤d≤500 mm	不是 5 的倍数	内径代号用斜杠"/"隔开 如轴承 62/22,内径 $d=22$ mm; 轴承 3 519/1 120,内径 $d=1$ 120 mm	特殊情况
4	$d>500$ mm			特殊情况

(2)后置代号。

后置代号共有 8 组,其中第 1、5、6、7 组分别代表内部结构、公差等级、游隙与配置。

①内部结构。

用字母表示。如 C、AC、B 分别代表公称接触角 $α=15°、25°$ 和 $40°$。新能源汽车驱动电机主流采用的深沟球轴承公称接触角 $α=0°$,本书忽略该项讨论。

②密封和防尘。

早期的轴承没有侧面密封,都是开放式轴承,如图 3.100(a)所示,开放式轴承存在防尘和防水等问题。工业轴承通常采用具有密封功能系列的轴承(图 3.100(b)),包括橡胶密封圈(接触式 RS、非接触式 RZ)、防尘盖(Z)和毡圈密封(FS);轴承外圈有止动挡边(R)、止动槽(N)和止动槽并带止动环(RN)。其中,新能源汽车驱动电机常用防尘盖(Z)型轴承,如图 3.100(c)所示。

③公差等级。

按照国家标准《滚动轴承 代号方法》(GB/T 272—2017)规定,滚动轴承按其内、外圈

 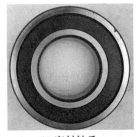 

(a) 开放式轴承　　　　　(b) 密封轴承　　　　　(c) (Z)型轴承

图 3.100　轴承密封形式

基本尺寸的公差和旋转精度分为五级,每级代号和精度见表 3.23,其中普通级(P0)级代号可以省略。

表 3.23　滚动轴承等级　基本直径单位:mm　偏差单位:μm

精度等级		普通级 (P0)		高级 (P6、P6x)		精密级 (P5)		超精密级 (P4)		最精密级 (P2)	
基本直径		极限偏差									
大于	到	上偏差	下偏差	上偏差	下偏差	上偏差	下偏差	上偏差	下偏差	上偏差	下偏差
内圈	18	30	0	−10	0	−8	0	−6	0	−5	0	−2.5
内圈	30	50	0	−12	0	−10	0	−8	0	−6	0	−2.5
外圈	50	80	0	−13	0	−11	0	−9	0	−7	0	−4
外圈	80	120	0	−15	0	−13	0	−10	0	−8	0	−5

④游隙。

游隙指一个套圈相对于另一个套圈,沿径向或沿轴向,从一个极限位置到另一个极限位置的移动量,游隙结构示意如图 3.101 所示。

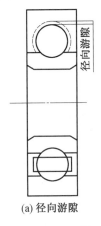 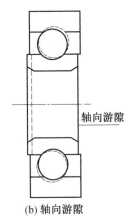

(a) 径向游隙　　　　　　(b) 轴向游隙

图 3.101　游隙结构示意图

轴承的游隙代号常用级别包括 C2、CN、C3、C4 及 C5 等,各个游隙等级的径向游隙规定见表 3.24。

表 3.24 深沟球滚动轴承径向游隙

公称内径单位:mm　径向游隙单位:μm

游隙等级		C2		CN		C3		C4		C5	
公称内径		径向游隙									
大于	到	最小	最大	最小	最大	最小	最大	最小	最大	最小	最大
	10	0	7	2	13	8	23	14	29	20	37
10	18	0	9	3	18	11	25	18	33	25	45
18	24	0	10	5	20	13	28	20	36	28	48
24	30	1	11	5	20	13	28	23	41	30	53
30	40	1	11	6	20	15	33	28	46	40	64
40	50	1	11	6	23	18	36	30	51	45	73
50	65	1	15	8	28	23	43	38	61	55	90
65	80	1	15	10	30	25	51	46	71	65	105
80	100	1	18	12	36	30	58	53	84	75	120

⑤配置。

3类与7类[①]轴承需成对安装。轴承有3种安装形式:背对背安装(/DB)、面对面安装(/DF)与串联安装(/DT)。新能源汽车驱动电机主流采用的深沟球轴承与此项无关,本书忽略该项讨论。

4. 轴承配合

轴承配合主要涉及2个配合:轴承内圈与轴相互配合、轴承外圈与轴承座孔配合。轴承结构外形如图3.102(a)所示,轴承与轴和轴承座结构示意图如图3.102(b)所示。

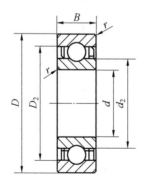
(a) 轴承结构外形

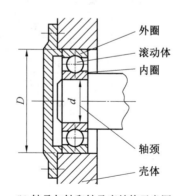
(b) 轴承与轴和轴承座结构示意图

图 3.102 轴承配合结构外形示意图

---

① 注:具体类型代号参见国家标准《滚动轴承 代号方法》(GB/T 272—2017)。

轴承内圈内径与轴的配合是指轴的过盈量和间隙量的公差,采用基孔制。轴的公差带多采用js5(j5)、k5以及m5,轴在各个档公差带的最大和最小过盈量见表3.25。

表3.25 轴在各个档公差带的最大和最小过盈量

公称内径单位:mm 过盈量和间隙量单位:μm

公差带代号	最大间隙量、最大过盈量及最小过盈量							
	js5		j5		k5		m5	
公称内径	间隙	过盈量	间隙	过盈量	过盈量		过盈量	
大于	到	最大	最大	最大	最大	最小	最大	最小	最大
6	10	3	11	2	12	—	—	—	—
10	18	4	12	3	13	—	—	—	—
18	30	4.5	14.5	4	15	2	21	—	—
30	50	5.5	17.5	5	18	2	25	9	32
50	65	6.5	21.5	7	21	2	30	11	39

轴承外圈外径与轴承座孔的配合是指轴承孔座的过盈量和间隙量的公差,采用基轴制。与内圈通常采用过盈配合相反,外圈通常采用间隙配合或过渡配合,如H7等。轴承座孔在各个档公差带的间隙最大量和最小量见表3.26。

表3.26 轴承座孔公差带的间隙最大量和最小量

公称内径单位:mm 过盈量和间隙量单位:μm

公差带代号	最大间隙量、最小间隙量及最大过盈量							
	H6		H7		H8		J6	
公称内径	间隙		间隙		间隙		间隙	过盈量
大于	到	最大	最小	最大	最小	最大	最小	最大	最大
6	10	17	0	23	0	30	0	13	4
10	18	19	0	26	0	35	0	14	5
18	30	22	0	30	0	42	0	17	5
30	50	27	0	36	0	50	0	21	6
50	80	32	0	43	0	59	0	26	6
80	120	37	0	50	0	69	0	31	6

5. 轴承拆装

故障轴承和重载轴承的维护都需要进行拆装操作,轴承拆装技能是新能源汽车维护人员必备的操作技能之一。

(1)安装轴承前检查。

安装轴承前应对轴和轴承座进行检查。

①轴的检查要求如下。

a.检查轴的尺寸。

采用千分尺测量轴承安装部位的尺寸,确认是否在标识的加工公差范围内。测量轴的示意图如图3.103(a)所示,千分尺实物图如图3.103(b)所示。

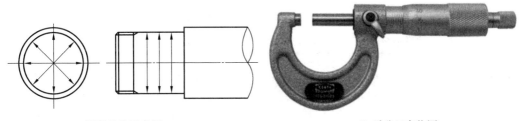

(a) 测量轴的示意图　　　　　　　　(b) 千分尺实物图

图3.103　测量轴的示意图和千分尺实物图

b.检查轴的外观。

检查轴安装部位的表面有无刮伤、压痕、锈蚀等现象,如有,需要采用油石或砂纸进行打磨处理。

②轴承座的检查要求如下。

a.检查轴承座的尺寸。

采用千分尺测量轴承座安装部位的尺寸,确认是否在标识的加工公差范围内,测量轴承座的示意图如图3.104(a)所示,千分尺实物图如图3.104(b)所示。

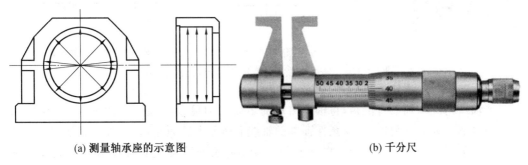

(a) 测量轴承座的示意图　　　　　　　　(b) 千分尺

图3.104　测量轴承座的示意图和千分尺实物图

b.检查轴承座的外观。

检查轴承座安装部位的表面有无刮伤、压痕、锈蚀等现象,如有,需要采用油石或砂纸进行打磨处理。

(2)安装轴承。

轴承的安装方法有四种,包括榔头敲击法、压力机压入法、热装法及感应加热法,四种轴承的安装方法见表3.27,新能源汽车驱动电机轴承安装通常采用压力机压入法。

表 3.27 轴承的安装方法

序号	安装方法	过盈量	安装工具
1	榔头敲击法	过盈量较小且无法使用压力机的轴承	榔头
2	压力机压入法	过盈量较大的中小型轴承	压力机
3	热装法	过盈量较大的大型轴承	加热箱
4	感应加热法	过盈量较大的大型轴承	感应加热器

压力机压入法的工具是压力机,如图 3.105(a)所示,压力机通常直接对轴承施加压力,往往需要采用工装。根据工装安装方式,压入法有两种形式:一种是通过工装对轴承内圈施加压力,如图 3.105(b)所示;另一种是在工装下方添加垫块,对轴承内圈和外圈整体施加压力,如图 3.105(c)所示。

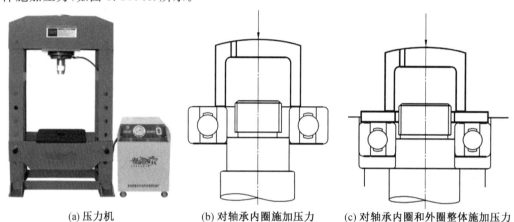

(a) 压力机　　(b) 对轴承内圈施加压力　　(c) 对轴承内圈和外圈整体施加压力

图 3.105 轴承安装工具实物图和压入法示意图

轴承的安装步骤如下。

①轴承内圈和轴都有倒角,将轴承沿着倒角放入轴顶端,为避免产生碰伤,安装前可以涂润滑油。为了顺利进入,注意保证轴的轴线和轴承平面垂直,以便安装轴承工装。轴承安装工装有套装产品,一般不需要单独定制,轴承安装套装产品实物图如图 3.106所示。

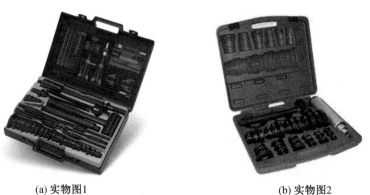

(a) 实物图1　　(b) 实物图2

图 3.106 轴承安装套装产品实物图

②将轴承和轴放入压力机内部,调整压力机有效行程,施加压力缓缓压至轴承内圈端面紧贴轴的轴肩。

(3)拆卸轴承。

轴承的拆卸方法有五种,包括榔头敲击法、压力机压出法、拉拔器拉出法、注油法及感应加热法,五种轴承的拆卸方法见表3.28。

表3.28 轴承的拆卸方法

序号	拆卸方法	过盈量	拆卸工具
1	榔头敲击法	过盈量较小且无法使用压力机的轴承	榔头
2	压力机压出法	过盈量较大的中小型轴承	压力机
3	拉拔器拉出法	过盈量较大的中小型轴承	拉拔器
4	注油法	过盈量较大的大型轴承	注油器和拉拔器
5	感应加热法	过盈量较大的大型轴承	感应加热器

拆卸新能源汽车驱动电机轴承通常采用压力机压出法或拉拔器拉出法。压力机压出法如图3.107(a)所示,拉拔器拉出法如图3.107(b)和图3.107(c)所示。

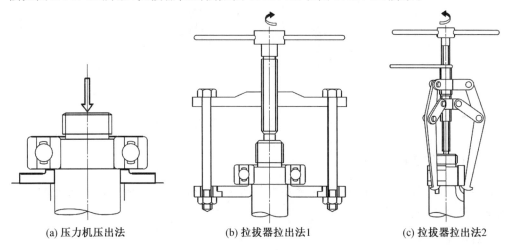

图3.107 轴承拆卸方法示意图

轴承拉拔器又称为拉马,是机械维修中经常使用的工具,用于将损坏的轴承从轴上沿轴向拆卸下来。轴承拉拔器主要由旋柄、螺旋杆和拉爪构成,有两爪和三爪等多种类型,图3.108(a)所示为二爪轴承拉拔器,图3.108(b)所示为三爪轴承拉拔器。

轴承的拆卸步骤如下。

①使用拉拔器拆卸轴承时,使螺旋杆对准轴的中心孔,不得歪斜,应注意将拉拔器的拉爪钩住轴承的内圈,而不应钩在外圈上,以免轴承过度松动或造成损坏。错误的操作如图3.109(a)所示,正确的操作如图3.109(b)所示。

②旋转轴承拉拔器的旋柄,缓慢地将轴承沿着轴拉出。

③检查轴承和轴是否有破损,如有破损,需要更换。轴如长时间不作操作处理,需要涂防锈剂进行防锈处理。

(a) 二爪轴承拉拔器

(b) 三爪轴承拉拔器

图 3.108 轴承拉拔器实物图

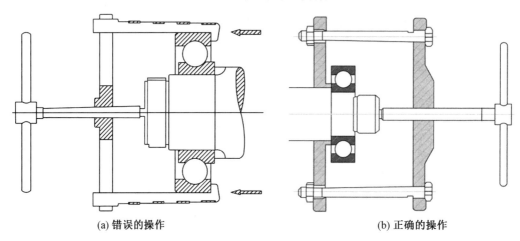

(a) 错误的操作　　　　　　　　　　(b) 正确的操作

图 3.109 轴承拆卸的错误与正确方法示意图

二、异响故障修复

新能源汽车驱动电机异响故障修复步骤包括驱动电机拆解、轴承拆装、驱动电机安装及轴承失效分析,具体过程如下。

1. 拆解驱动电机

拆解故障驱动电机的步骤与学习情境三的学习任务 1 中的拆解故障驱动电机的操作一致。

2. 拆装轴承

轴承故障通常都是由安装不当和使用不规范造成,因此,采用正确的安装与使用方法能提高轴承的使用寿命。轴承的安装、拆卸方法应根据轴承的结构、尺寸大小和与轴承部件的配合特点而定,驱动电机轴承的配合特点如下。

轴承内圈与轴为紧配合,外圈与壳体为较松配合,可用压力机将轴承先压装在轴上,然后将轴连同轴承一起装入端盖轴承室。

实训用驱动电机轴承拆卸准备工具包括轴承拉拔器、套筒扳手、轴承拆装工装及钢板尺。轴承拉拔器、套筒扳手和轴承拆装工装如图 3.110 所示。轴承拆装需要准备的步骤如下。

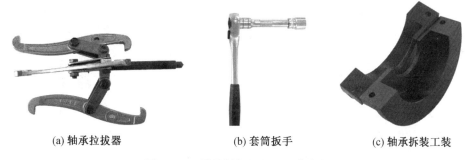

(a) 轴承拉拔器　　　　(b) 套筒扳手　　　　(c) 轴承拆装工装

图 3.110　轴承拆卸工具和工装实物图

(1) 安装非轴伸端的轴承拆装工装。

由于轴承盖与轴承之间距离很小,如图 3.111(a) 所示,只有几毫米,拉爪无法直接接触到轴承内圈,因此需要准备轴承拆卸工装,如图 3.111(b) 所示,该工装是分体结构,将两部分放入轴承盖和传感器中间,采用轴承拉拔器将轴承盖和轴承一同拆卸,采用两颗螺栓将分体工装固定。

(a) 非轴伸端的轴承　　　　(b) 轴承拆卸工装

图 3.111　安装轴承拆卸工装实物图

(2) 验证轴承拉拔器的有效拉拔长度。

将螺旋杆顶尖定位于轴端顶尖孔,调整拉爪位置,如图 3.112(a) 所示,拉爪挂钩于工装外沿,采用合适的套筒扳手旋转螺旋杆使拉爪完全拉紧,采用钢板尺测量螺旋杆剩余的有效行程,若大于轴承宽度距离,则可以直接进行拉拔操作,若小于轴承宽度距离,需要向下调整拉爪固定位置。

(3) 拉拔非轴伸端的轴承。

使用拉拔器拆卸轴承时,需要两名维修人员配合操作,如图 3.112(b) 所示。

① 一个人采用套筒扳平旋转旋柄使拉爪带动工装、轴承和轴承盖沿轴缓慢向外移动。

② 另外一个人扶住动子铁心,防止转动。

拆卸的故障轴承如图 3.113(a) 所示,型号是 6206Z,拆卸后的转子部件依然放置于固定架上,如图 3.113(b) 所示。

拆卸的部件还包括轴承盖,如图 3.114 所示。

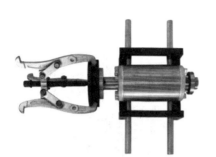

(a) 定位螺旋杆顶尖　　　　　　　　(b) 拉拔轴承

图 3.112　拉拔轴承实物图

(a) 拆卸的故障轴承　　　　　　　　(b) 转子部件实物图

图 3.113　拆卸的故障轴承和转子部件实物图

(a) 实物图1　　　　　　　　　　　(b) 实物图2

图 3.114　轴承盖实物图

(4) 安装轴伸端的轴承拆装工装。

轴伸端的轴承与转子位置之间距离也很小,如图 3.115(a)所示,通常需要借助于轴承拆卸工装,安装后的轴承拆卸工装如图 3.115(b)所示。

(5) 拉拔轴伸端的轴承。

将螺旋杆顶尖定位于轴端顶尖孔,调整拉爪位置,如图 3.116(a)所示,拉爪挂钩于工装外沿,采用合适的套筒扳手旋转螺旋杆使拉爪完全拉紧,采用钢板尺测量螺旋杆剩余的有效行程,应小于轴承宽度距离,调整拉爪固定位置,如图 3.116(a)所示。两名维修人员相互配合固定转子部件,并旋转旋柄使拉爪带动工装、轴承和轴承盖沿轴缓慢向外移动直至轴承完全脱离。拆卸的故障轴承如图 3.116(b)所示,型号是 6208Z,拆卸后的转子部件依然放置于固定架上,如图 3.116(c)所示。轴伸端轴承承受的荷载比非轴伸端大,因

(a) 轴伸端的轴承　　　　　　(b) 安装后的轴承拆卸工装

图 3.115　安装轴承拆卸工装实物图

此轴伸端轴承外径大于非轴伸端轴承外径。

(a) 定位螺旋杆顶尖　　　(b) 拆卸的故障轴承　　　(c) 转子部件

图 3.116　拆卸的故障轴承和转子部件实物图

(6)安装轴伸端的轴承。

轴承和轴通常采用过盈配合,应根据安装过盈量大小选择不同的安装方式。

①对于过盈量较大的中、大型轴承常用热装装配方式。热装前把轴承或可分离的轴承套圈放入油箱或专用加热器中均匀加热至 80～100 ℃(不应超过 100 ℃),热装轴承需要维修人员具备熟练的操作技能,当轴承从加热油箱中或加热器上取出后,应立即用干净的布(不能用棉纱)擦去轴承表面的油迹和附着物,然后放在配合表面的前方,在一次操作中将轴承推到顶住轴肩的位置。

②对于过盈量较小的中、小型轴承常用压装装配方式。采用装配工装和压力机,对轴承内套圈端面的圆环施加压力,缓慢地将轴承完全压入轴。安装轴承所需要的压力与轴承尺寸和配合过盈量的大小有关。

根据轴伸端的轴承安装形式,采用压装装配方式,选取的压力机如图 3.117(a)所示,具体过程如下。

a.从备用库房提取型号为 6208Z 的轴承,如图 3.117(b)所示,采用橡皮锤轻轻敲打轴承内圈,使轴承沿着轴向进入,只要保证轴承不从轴端掉下来即可,橡皮锤如图 3.117(c)所示。注意保证轴承与轴垂直,以防安装倾斜或卡死。

b.将驱动电机转子部件放置于工装,使轴运动方向通过工装孔,如图 3.117(d)所示。按动液压手柄,使动子部件缓慢压入轴承,直至将轴承推到顶住轴肩的位置。

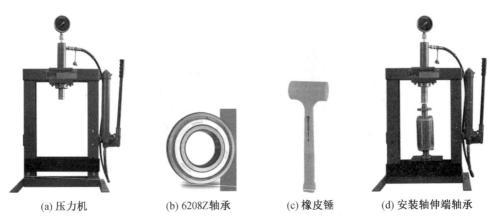

(a) 压力机　　(b) 6208Z 轴承　　(c) 橡皮锤　　(d) 安装轴伸端轴承

图 3.117　安装轴伸端的轴承实物图

(7)安装非轴伸端的轴承。

据非轴伸端的轴承安装形式,选取压装装配方式,具体过程如下。

①从备用库房提取型号为 6206Z 的轴承,采用橡皮锤轻敲轴承内圈,使轴承沿着轴向进入,只要保证轴承不从轴端掉下来即可。注意保证轴承与轴垂直,以防安装倾斜或卡死。

②将驱动电机转子部件放置于工装,使轴运动方向通过工装孔,如图 3.118(a)和 3.118(b)所示。按动液压手柄,使动子部件缓慢压入轴承,直至将轴承推到顶住轴肩的位置,如图 3.118(c)所示。

(a) 驱动电机转子部件放置于工装　　(b) 工装孔　　(c) 安装非轴伸端轴承

图 3.118　安装非轴伸端的轴承实物图

3. 安装驱动电机

安装驱动电机的步骤与学习情境三的学习任务 1 中的安装驱动电机的操作一致。

4. 轴承失效分析

滚动轴承是驱动电机这一类运转机械不可缺少的基础部件之一,滚动轴承失效给驱动电机系统乃至新能源汽车带来巨大影响,轻则产生异响,重则造成驱动电机停止输出。从轴承的失效形式着手,分析滚动轴承的失效原因,才能找出解决失效的具体措施。确定产生故障原因是设计过程验证和维修工艺验证的依据,驱动电机轴承典型故障模式如下。

(1)剥离。

轴承剥离故障是滚道或滚动体表面产生剥离并呈凹凸状的现象,剥离发生在轴承工作表面,往往伴随着疲劳裂纹。

轴承剥离故障产生机理是接触疲劳,首先从接触表面以下最大交变切应力处产生,然后扩展到表面,形成不同的剥落形状,称为点蚀或麻点剥落,剥落成小片状的称浅层剥落。由于剥落面的逐渐扩大,会慢慢向深层扩展,形成深层剥落。发生轴承剥离故障概率较高部位是轴承外圈内侧、内圈外侧及滚动体,轴承剥离故障样品实物图如图3.119所示。

(a) 样品实物图1

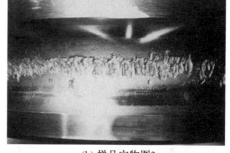
(b) 样品实物图2

图3.119 轴承剥离故障样品实物图

(2)断裂。

轴承断裂故障是加载荷载超过材料强度极限而造成的零件断裂,轴承断裂与裂纹的区别在于是否存在部分脱离。

轴承断裂故障由材料缺陷与过载两大因素造成。缺陷断裂是指轴承零件存在微裂纹、缩孔、气泡、大块外来杂物、过热组织及局部烧伤等缺陷;过载断裂主要与主机突发故障或安装不当有关。驱动电机轴承断裂大多数为过载断裂,此处不暂考虑材料缺陷。发生轴承断裂故障概率较高的部位是保持架,轴承断裂故障样品实物图如图3.120所示。

(a) 样品实物图1

(b) 样品实物图2

图3.120 轴承断裂故障样品实物图

(3)磨损。

轴承磨损是指表面之间的相对滑动摩擦导致其工作表面金属不断磨损而产生的失效。

轴承磨损由润滑剂失效或缺乏润滑剂造成。由于摩擦表面的微凸起或异物使摩擦面受力不均,在润滑条件严重恶化时,因局部摩擦生热,易造成摩擦面局部变形和摩擦焊合现象,严重时表面金属可能局部熔化,接触面上作用力将局部摩擦焊接点从基体上撕裂而增大塑性变形。发生轴承磨损故障概率较高的部位是轴承外圈内侧、内圈外侧及滚动体，轴承磨损故障样品实物图如图 3.121 所示。

(a) 样品实物图1　　　　　　　　　　　(b) 样品实物图2

图 3.121　轴承磨损故障样品实物图

（4）电蚀。

电蚀是指电流在旋转的轴承套圈和滚动体之间流动时，使滚道产生凹坑，并进一步发展呈波纹形的现象。

轴承电蚀故障产生机理是电火花腐蚀，轴承套圈和滚动体的接触部分发生相对运动时，通过薄薄的润滑油膜发出火花，其表面出现局部的熔化和凹凸现象。引起电蚀的主要原因是外圈与内圈间存在电位差及静电的作用。发生轴承电蚀故障概率较高的部位是轴承外圈内侧、内圈外侧及滚动体，轴承电蚀故障样品实物图如图 3.122 所示。

(a) 样品实物图1　　　　　　　　　　　(b) 样品实物图2

图 3.122　轴承电蚀故障样品实物图

（5）烧伤。

轴承烧伤是指滚道、滚动体及保持架在旋转中急剧发热直至变色、软化、熔敷和破损的现象。

轴承烧伤故障产生的原因是轴承润滑失效，在荷载或预压力过大、转速过大、游隙过小、水和其他异物的侵入及装配精度不良等情况下，滚动接触面温度迅速升高，导致轴承破损。发生轴承烧伤故障概率较高的部位是轴承外圈内侧、内圈外侧及滚动体，轴承烧伤故障样品实物图如图 3.123 所示。

轴承出现的各种故障模式、故障产生机理、产生原因及采取措施汇总见表 3.29。

(a) 样品实物图1　　　　　　　　(b) 样品实物图2

图 3.123　轴承烧伤故障样品实物图

表 3.29　轴承故障产生机理、原因及采取措施

序号	故障模式	产生机理	产生原因	采取措施
1	剥离	接触疲劳	(1) 负荷过大,使用不良 (2) 安装不良 (3) 轴或轴承箱精度不良 (4) 游隙不够 (5) 尘埃进入 (6) 生锈 (7) 润滑不当 (8) 在高温升的情况下,硬度降低	重新选择轴承; 重新考虑游隙; 检查轴和轴承箱加工精度; 重新研究使用条件; 检查安装方法; 检查润滑剂及润滑方法
2	断裂	过载	(1) 力矩负荷过大 (2) 高速旋转或转速变动频繁 (3) 润滑不良 (4) 卡入异物 (5) 振动大 (6) 安装不良(中心线倾斜)	检查润滑条件; 重新选择保持架; 检查使用条件; 改善安装方法
3	磨损	润滑失效	(1) 过盈不足 (2) 轴承摆角不足 (3) 润滑不足(或处于无润滑状态) (4) 不定负荷 (5) 非稳定性振动	检查过盈及润滑剂分布状态; 运输时内、外圈分开包装; 重新选择润滑剂; 重新选择轴承
4	电蚀	电火花腐蚀	滚动体通电	增加电流旁通回路; 采取绝缘措施,避免电流通过轴承内部
5	烧伤	润滑失效	(1) 游隙过小(包括变形部分游隙过小) (2) 润滑不足或润滑剂选择不当 (3) 负荷过大(预压过大) (4) 滚子倾斜 (5) 在高温升的情况下,硬度降低	检查润滑剂种类并确保填入量; 设定适当游隙(增大游隙); 检查使用条件; 防止轴承中心线倾斜; 检查轴承周围设计包括轴承受热情况; 检查安装方法及使用方法

学习情境四

新能源汽车驱动电机控制器检测与维修

【学习目标】

(1) 接受新能源汽车维修学习任务后,能明确任务目标并进行小组成员分工和维修场地检查。

(2) 能通过互联网、维修手册及产品说明书等各种信息渠道,获取电力电子器件、缓冲电容、电流传感器、熔断器、直流接触器以及连接电路等资料信息。

(3) 在监护人员指导下,能按照新能源汽车操作安全规范对驱动电机控制器电力电子器件及缓冲电容故障等简单类型故障进行故障诊断和故障修复,能够对自己的学习任务进行正确评价并对自身工作负责。

(4) 能根据驱动电机控制器的故障信息和现象对驱动电机控制器母线过流故障、母线电压故障、预充电故障等复杂故障进行故障诊断和故障修复,能够对自己的学习任务进行正确评价并对自身工作负责,能够提出改进建议并指导他人工作。

(5) 能根据驱动电机控制器的故障信息和现象对熔断器断路故障等可能延伸故障进行故障诊断和故障修复,能够对自己的学习任务进行正确评价并对自身工作负责,能够提出改进建议并指导他人工作。

(6) 能按照维修场地管理要求进行正确处理废弃物及维修现场整理。

(7) 主动获取有效信息,展示工作成果,对学习任务进行总结和反思。

(8) 能与小组成员进行深入交流合作并进行有效沟通。

(9) 能对故障检测与维修过程作记录并进行完整的存档。

【任务导入】

新能源汽车驱动电机不能单独使用,必须与驱动电机控制器配套使用,目前驱动电机控制器设计、制造及维修等方面都比较成熟,与工业变频器相比只是应用领域有所不同。驱动电机控制器的核心零部件是电子设备,比以机械零部件为主的驱动电机故障概率要高,不同车型驱动电机控制器故障有所不同,总体上看,驱动电机控制器故障占新能源汽车故障的3.6%左右,如图4.1所示。驱动电机控制器的故障点主要集中在电力电子器件、缓冲电容及传感器。

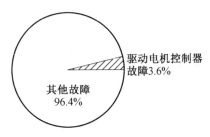

图4.1 新能源汽车故障概率

学习任务1　电力电子器件故障检测与维修

【任务情境描述】

新能源汽车在行驶过程中瞬间停车,新能源汽车仪表盘显示出现系统故障。驾驶员与新能源汽车维修站进行沟通,新能源汽车维修站派拖车将新能源汽车拖回至维修工位。维修人员采用故障解码仪对新能源汽车进行故障诊断,按照正确的高压操作规范对可能故障点进行了检测,最终确认为驱动电机控制器内电力电子器件发生了故障,然后拆卸故障驱动电机控制器,安装备用驱动电机控制器,最后对维修进行了检测评估。

【任务实施】

一、电力电子器件认知

驱动电机控制器内部主回路结构示意图如图 4.2 所示,由缓冲(滤波)电容器、电力电子器件、母线电流传感器、低感母排、绕组电流传感器及泄放电阻等组成,如图 4.2 所示。各个零部件结构在驱动电机控制器拆装学习任务中已经学习过,此处重点介绍电力电子器件,目前主流的电力电子器件是 IGBT 模块,此后都以 IGBT 模块为例进行讲解。图 4.2 所示主回路包括 3 组桥臂,如标号 T_1 和 T_4 组成一个桥臂。

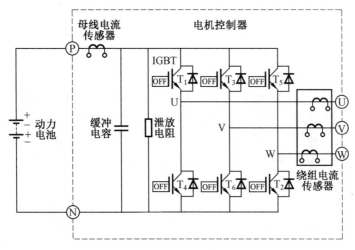

图 4.2　驱动电机控制器内部主回路结构示意图

1. IGBT 模块类型

为了减小驱动电机控制器体积,通常把 2 个或多个 IGBT 封装成一个模块,因为驱动电机是感性负载,所以在每个 IGBT 的基电机和发射机之间并联续流二极管,如图4.3(a)所示。通常模块侧面印有引脚定义,简化电路模型如图 4.3(b)所示,驱动电路如图4.3(c)所示,此结构是通用型。随着新能源汽车保有量井喷式增加,IGBT 生产厂家推出了新能源汽车专用的 IGBT 模块和驱动电路,并将两者集成为一体,如图 4.3(d)所示。

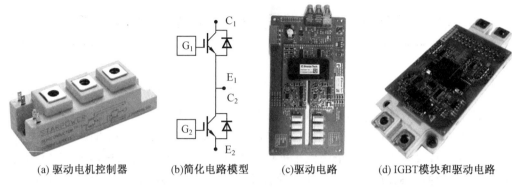

(a)驱动电机控制器　　(b)简化电路模型　　(c)驱动电路　　(d)IGBT模块和驱动电路

图 4.3　1 个桥臂 IGBT 模块实物图

为了更进一步减小驱动电机控制器的体积,目前主流的主回路用 6 个 IGBT 封装成一个模块,如图 4.4(a)所示,驱动电路如图 4.4(b)所示,北汽 EU260 新能源汽车主回路采用了 6 个 IGBT 集成模块。

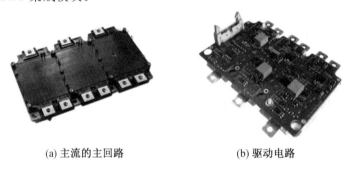

(a)主流的主回路　　　　(b)驱动电路

图 4.4　IGBT 集成模块实物图

2. IGBT 测试

IGBT 测试可分为简化测试和动态测试,简化测试采用万用表即可,动态测试需要借助示波器等设备进行测试。无论采用简化测试还是动态测试,都必须先确定 IGBT 引脚定义。6 个 IGBT 封装模块如图 4.5(a)和图 4.5(b)所示,从外形看无法确定引脚定义,因此需要通过 IGBT 模块说明书确定 IGBT 引脚定义,并做出简化单个 IGBT 电路模型对应的引脚示意图,如图 4.5(c)所示。

(1)简化测试。

IGBT 的简化测试可以采用二极管测试法或电阻测试法。电阻测试法是对发射极与集电极之间快速恢复二极管的正向导通电阻进行测试,该电阻阻值分散性较大,下面以 2 个IGBT 封装模块为例进行说明,具体测试步骤如下。

①查阅 IGBT 模块说明书,确定 IGBT 模块引脚定义。

②选取一款具有二极管测试功能的万用表,将万用表调至二极管档,然后检查万用表的表笔和适配线,如有破损,立即更换。

③按照图 4.6(a)所示,分别采用黑表笔接模块上桥臂 IGBT 和下桥臂 IGBT 的集电极 C,红表笔接 IGBT 的发射极 E,测试集电极与发射极之间快速恢复二极管的正向导通

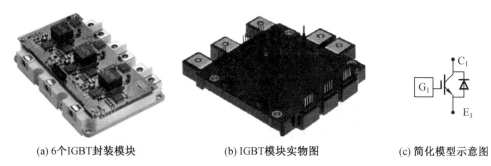

(a) 6个IGBT封装模块　　　　(b) IGBT模块实物图　　　　(c) 简化模型示意图

图 4.5　IGBT 模块实物图和简化模型示意图

电压。该导通电压不是一个固定值,一般在 0.3~0.5 V 之间变化,若所测值近似 0 V,说明二极管被击穿或 IGBT 损坏。

④按照图 4.6(b)所示,红表笔接模块上桥臂 IGBT 和下桥臂 IGBT 的集电极 C,黑表笔接 IGBT 的发射极 E,测试集电极与发射极之间快速恢复二极管的反向截止电压。正常状态下,反向截止电压应为无穷大,如果测得电压为 0 V,说明二极管被击穿或 IGBT 损坏。

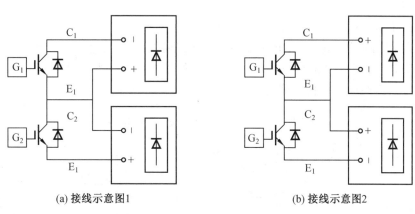

(a) 接线示意图1　　　　　　　　(b) 接线示意图2

图 4.6　IGBT 简化测试接线示意图

(2)动态测试。

IGBT 的动态测试需要采用示波器测试 IGBT 的导通特性,同样以 2 个 IGBT 封装模块为例进行说明,具体测试步骤如下。

①查阅 IGBT 模块说明书,确定 IGBT 模块引脚定义。

②按照图 4.7(a)IGBT 动态测试线路示意图连接电路,在 IGBT 的栅极 G 和发射极 E 外加测试驱动控制电压,电压波形是方波。IGBT 的集电极 C 加直流电源 VDD,注意直流电源电压在安全电压范围内。其中,对方波信号源和示波器没有特殊要求,驱动电阻可选择 100 Ω,直流电源 VDD 选用 24 V 可调直流电源。

③接入方波测试驱动控制电压时,采用示波器观察取样电阻的波形,如图 4.7(b)所示。可以通过改变测试驱动控制电压的频率和电源 VDD 电压幅值观察输入、输出波形的变化。

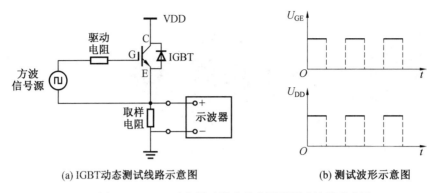

(a) IGBT动态测试线路示意图　　(b) 测试波形示意图

图 4.7　IGBT 动态测试线路示意图及测试波形示意图

二、故障信息分析

由电力电子器件(IGBT)引发的故障信息包括故障码、冻结帧数据及数据流,这些故障信息是分析 IGBT 引发故障的基础。

1. 故障码

由 IGBT 故障引发上报故障码的状态包含以下两种。

一种是利用动力电池、驱动电机或驱动电机控制器内的传感器,检测并诊断出由于 IGBT 故障引起的系统功能性故障或性能故障,如相电流过流故障、相绕组电流不均衡故障等。与 IGBT 故障相关传感器的位置示意图如图 4.8 所示。

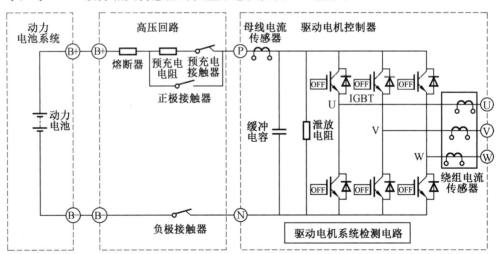

图 4.8　与 IGBT 故障相关传感器的位置示意图

另一种是利用驱动电机或驱动电机控制器内的传感器精确确定 IGBT 故障及种类,如上报 IGBT 短路故障就属于这种典型案例。

新能源汽车售后维修人员采用故障解码仪对故障新能源汽车进行故障信息提取,上报故障码是 IGBT 短路故障。IGBT 短路故障属于严重故障,通常是受到了比较严重的电流冲击或电压冲击,如不能进行及时控制可能会引发 IGBT 断路故障等。

(1)IGBT 短路故障。

新能源汽车运行过程中,以代号为 T_4 的 IGBT 短路故障为例进行说明,如图 4.9 所示,当代号为 T_1 的 IGBT 导通时,发生了 1 个桥臂"直通"现象,驱动电机绕组等发生短路,母线电流迅速增加并超过母线电流限值,引起母线过流功能性故障上报。

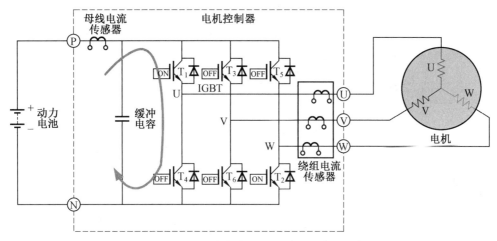

图 4.9　1 个 IGBT 短路故障引发的母线过电流故障示意图

若 1 个桥臂的模块内有 2 个 IGBT 同时发生短路的分析情况与 1 个 IGBT 短路的类似,也会引起母线过流功能性故障上报。

IGBT 是驱动电机控制器中最核心的零部件,通常驱动电机控制器会利用 IGBT 的驱动电路对其进行实时监控,运行过程中如有故障会及时上报,伴随的 IGBT 短路故障也可能上报为 IGBT 驱动电路过流故障,若 IGBT 长时间通过大电流也可能上报为 IGBT 过温故障或驱动电机控制器过温故障。以北汽 EX 系列新能源汽车为例进行说明,IGBT 短路故障引发相关故障码列表见表 4.1。

表 4.1　IGBT 短路故障引发上报相关故障码列表

序号	故障码	故障名称	可能导致原因
1	P116016	U 相 IGBT 驱动电路过流故障	(1)电机控制器硬件故障 (2)电机控制器软件和硬件版本不兼容
2	P116116	V 相 IGBT 驱动电路过流故障	(1)电机控制器硬件故障 (2)电机控制器软件和硬件版本不兼容
3	P116216	W 相 IGBT 驱动电路过流故障	(1)电机控制器硬件故障 (2)电机控制器软件和硬件版本不兼容
4	P117098	U 相电机控制器 IGBT 过温故障	(1)电机控制器长期大负荷运行 (2)冷却系统故障
5	P117198	V 相电机控制器 IGBT 过温故障	(1)电机控制器长期大负荷运行 (2)冷却系统故障
6	P117298	W 相电机控制器 IGBT 过温故障	(1)电机控制器长期大负荷运行 (2)冷却系统故障
7	P117F98	电机控制器过温故障	(1)电机长期大负荷运行 (2)冷却系统故障

(2)IGBT断路故障。

IGBT短路故障的有效保护时间很短,如不能及时进行保护,短路电流发热可能烧毁IGBT并导致断路。IGBT断路故障分析比较复杂,以代号为T_1的IGBT断路故障为例进行说明,如图4.10所示,正常的三相绕组电流是对称的三相交流电流,如图4.11(a)所示。若代号为T_1的IGBT发生断路故障会引发电流畸变,U相绕组正半周期电流会被削掉,为了达到转矩平衡负半周期电流幅值会增加,其他两相电流幅值也会增加,如图4.11(b)所示,该状态下必然会上报绕组电流不均衡故障。

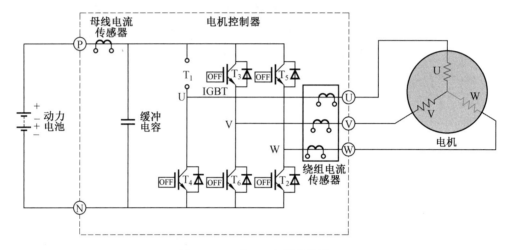

图4.10　1个IGBT断路故障

引发IGBT断路故障的原因有以下两类可能。

①IGBT本身断路,绝大多数是由于IGBT短路没有得到有效的保护,引发的过热造成断路。

②IGBT驱动电路没有有效的输出,造成IGBT无法触发导通。绝大多数IGBT断路是属于此类情况。

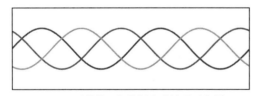 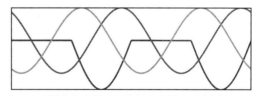

(a) 正常的三相绕组电流波形示意图　　　(b) 断路故障状态下绕组电流波形示意图

图4.11　IGBT断路故障状态下绕组电流波形示意图

(3)能量回馈引发的IGBT短路故障。

以上分析的IGBT短路和IGBT断路均发生于驱动电机工作处于电动状态时。当新能源汽车处于不可控能量回馈状态时,6个二极管对电机发电进行整流,然后通过充电回路为动力电池充电,充电回路如图4.12所示。若发电电压过高或充电回路发生故障将引发过流故障,严重时会造成二极管烧损短路和IGBT短路。

IGBT过流限值有两个,一个是IGBT的正向额定导通电流;另一个是IGBT反并联二极管额定电流,通常反并联二极管额定电流要小于IGBT的正向额定导通电流。

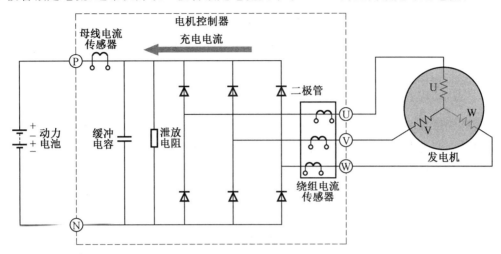

图 4.12　新能源汽车处于能量回馈时的充电回路示意图

(4)IGBT短路引发的预充电故障。

从图 4.2 可以观察到 1 个桥臂的 IGBT 与缓冲电容并联,若 1 个桥臂的 2 个 IGBT 同时发生短路还会引发预充电故障,这部分内容将在后面进行论述。

2. 冻结帧数据

涉及驱动电机控制器 IGBT 故障的冻结帧数据物理量,主要包括铅酸电池电压、驱动电机系统状态、绝缘电阻、母线电流、绕组电流、电机控制器温度、档位状态、加速踏板开度及制动状态等。驱动电机控制器 IGBT 故障下的冻结数据代表的意义如下。

铅酸电池电压:用于分析铅酸电池是否亏电和 DC/DC 是否正在为铅酸电池充电,若铅酸电池电压过低,可能造成驱动电机控制器内传感器数据信息误报。

驱动电机系统状态:分析驱动电机控制器 IGBT 发生故障时的驱动电机系统状态,包括驱动电机控制器是否完成初始化、驱动电机处于电动状态还是发电状态、驱动电机系统处于转矩模式还是转速模式、驱动电机的旋转方向以及预充电是否完成等,这些信息用于判断发生故障时驱动电机的工况。

母线电流:用于分析驱动电机控制器 IGBT 发生故障时的母线电流数值,若超过限值,再与三相绕组电流相互认证是否发生了驱动电机控制器 IGBT 故障。如 IGBT 发生短路,则母线电流一定会超出限值,通常也会上报母线过流故障。

档位状态:在驱动电机控制器 IGBT 故障状态下,分析驱动电机处于前进状态还是倒车状态。

加速踏板开度:在驱动电机控制器 IGBT 故障状态下,通过油门加速踏板开度分析驾驶员对驱动电机系统的速度给定和电机是否处在电动状态,并与档位状态和电机状态进行相互认证。

制动状态:在驱动电机控制器 IGBT 故障状态下,通过制动踏板开度分析电机是否处在发电状态,并与档位状态和电机状态进行相互认证。

3. 数据流

新能源汽车重新上电,维修人员想获知新能源汽车驱动电机控制器维修前、后的状态信息,可点击故障解码仪读取数据流,获取车辆的特定状态信息,数据流显示的分析方法与冻结帧数据类似。

三、驱动电机控制器 IGBT 测试

按照国家标准《电动汽车用驱动电机系统 第 1 部分:技术条件》(GB/T 18488.1—2015)要求,驱动电机控制器的高压输入和输出端子应有明显的标识,如图 4.13(a)所示,驱动电机控制器内部 IGBT 连接示意图如图 4.13(b)所示。"+"代表直流高压输入端正极,有标识端子 P。"−"代表直流高压输入端负极,有标识端子 N。而 U、V、W 三个标识是驱动电机控制器的三个输出,6 个 IGBT 的集电极 C 和发射极 E 的连接示意图如图 4.13(b)所示,高压三相输出端 U、V、W 连接每个桥臂的中点,正极 P 连接了 T_1、T_3 和 T_5 的集电极,负极 N 连接了 T_2、T_4 和 T_6 的发射极。因此可以通过驱动电机控制器的输入端子和输出端子检测 IGBT,IGBT 检测的操作步骤和操作动作见表 4.2。

(a) 输入端子和输出端子实物图

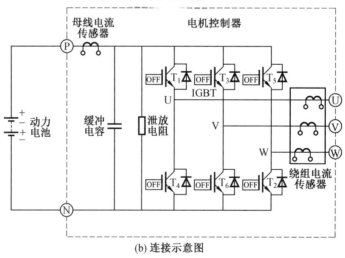

(b) 连接示意图

图 4.13 驱动电机控制器的高压输入端子与输出端子实物图和连接示意图

表 4.2 IGBT 检测的操作步骤和操作动作

序号	操作步骤	操作动作
1	断电操作	断开钥匙开关
		断开铅酸电池负极
		断开动力电池维修开关
2	断开接插件和线束操作	断开驱动电机控制器输入高压线束
		断开驱动电机控制器输出高压线束
		摆放高压系统断开警示牌
3	IGBT 测试	选用具有二极管测试功能的万用表
		测试 IGBT 内部二极管的正向导通电压和反向截止电压
		按测试方法及判断依据,测试其他 5 个 IGBT
		根据测试结果和评价依据,确定准确的 IGBT 故障点

1. 断电操作

新能源汽车系统断电操作步骤与学习情境三的学习任务 1 中的驱动电机绕组故障中断电操作一致,以此保证维修人员操作安全。

2. 断开接插件和线束操作

(1)断开驱动电机控制器输入高压线束。

驱动电机控制器高压输入来自动力电池,接插件分别对应直流高压输入端正负极,通常驱动电机控制器高压输入来自高压配电盒。驱动电机控制器输入高压线束拆卸前状态如图 4.14(a)所示,拆卸后状态如图 4.14(b)所示。

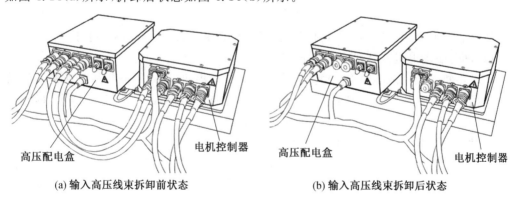

(a)输入高压线束拆卸前状态   (b)输入高压线束拆卸后状态

图 4.14 拆卸驱动电机控制器输入高压线束示意图

驱动电机控制器输入高压线束的拆卸步骤如下。

①拆卸驱动电机控制器输入高压线束之前无法确定驱动电机控制器是否带高压电,因此需要按照高压安全操作规范要求,戴好绝缘手套,按照维修手册或说明书的工艺要求拆卸 4 个接插件,拆卸的 2 根高压线束放置于工具车上。

②拆卸高压线束后,放置 5 min,采用万用表进行断电验证检测。驱动电机控制器高

压输入内部连接缓冲电容,断电验证就是检测缓冲电容上残电是否通过泄放电阻放电至安全电压(DC60 V)以下,测试方法是检测每个高压接插件端子对地电压和两个高压接插件端子之间的电压,测试连接示意图如图 4.15 所示。

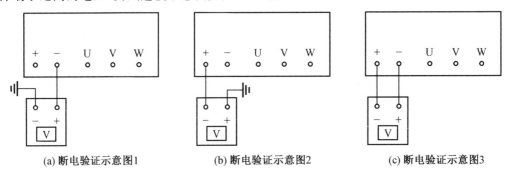

图 4.15　驱动电机控制器高压输入接插件断电验证示意图

③所有的断电测试检测结果都低于直流安全电压后,可以确认驱动电机控制器是本质安全设备,后续操作不用再穿戴高压防护装备,如绝缘手套等;若断电测试检测结果高于直流安全电压,则应进行缓冲电容残电放电,同时说明内部泄放电阻发生故障。如维修过程中没有专用的放电工装,则可以用功率电阻直接短接放电。缓冲电容残电放电示意图如图 4.16 所示。

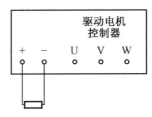

图 4.16　缓冲电容残电放电示意图

④若长时间不进行后续操作,对高压接插件和高压线束应采取遮盖防护措施。

(2)断开驱动电机控制器输出高压线束。

驱动电机控制器高压输出 3 根高压线束连接驱动电机,这 3 根高压线束通常与驱动电机连接在一起。驱动电机控制器输出高压线束拆卸前状态如图 4.17(a)所示,拆卸后状态如图 4.17(b)所示。

驱动电机控制器输出高压线束拆卸步骤如下。

①由于已经确认驱动电机控制器已经是本质安全,因此不需要穿戴绝缘手套等防护设备,按照维修手册或说明书工艺要求拆卸驱动电机控制器输出高压线束 3 个接插件即可。

②3 根高压线束与驱动电机连接在一起,因为是对驱动电机控制器进行测试,所以需要对 3 根高压线束的接插件进行遮盖防护。

(3)摆放高压系统断开警示牌。

在断开高压线束后,应摆放高压系统断开警示牌,如图 4.18 所示,提示维修操作者注意不能进行误上电。

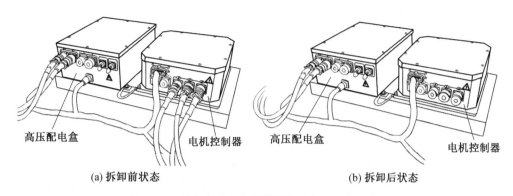

(a) 拆卸前状态　　　　　　　　　　　(b) 拆卸后状态

图 4.17　拆卸驱动电机控制器输出高压线束示意图

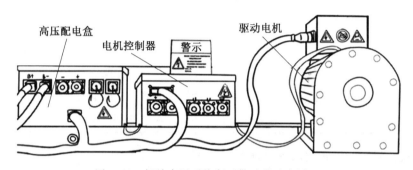

图 4.18　摆放高压系统断开警示牌示意图

3. IGBT 测试

驱动电机控制器故障码是 IGBT 故障,不排除 IGBT 检测系统误报,因此需要作进一步确认,测试步骤如下。

(1)选用具有二极管测试功能的万用表,检测适配线和表笔,如有破损,需要更换,注意表笔不能选用鳄鱼夹表笔。

(2)以测试标号为 T_1 的 IGBT 为例进行说明,按照图 4.19 所示连接示意图测试 IGBT 内部二极管的正向导通电压和反向截止电压。正向导通电压应在 0.3~0.5 V 之间,反向截止电压为无穷大,若测试电压为 0 V,说明 IGBT 损坏。

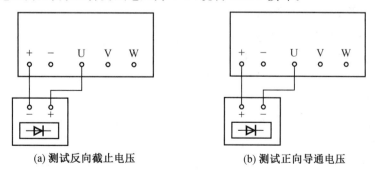

(a) 测试反向截止电压　　　　　　　　(b) 测试正向导通电压

图 4.19　标号为 T_1 的 IGBT 测试连接示意图

(3)按照表 4.3 所示的测试端子、测试方法及判断依据,测试其他 5 个 IGBT。

表 4.3 驱动电机控制器内 IGBT 的测试方法和判断依据

IGBT 标号	测试端子	测试方法	判断依据
T_1	输入正极端子和 U 相端子	检测 T_1 内部二极管正向导通电压	0.3~0.5 V
		检测 T_1 内部二极管反向截止电压	无穷大
T_2	输入负极端子和 W 相端子	检测 T_2 内部二极管正向导通电压	0.3~0.5 V
		检测 T_2 内部二极管反向截止电压	无穷大
T_3	输入正极端子和 V 相端子	检测 T_3 内部二极管正向导通电压	0.3~0.5 V
		检测 T_3 内部二极管反向截止电压	无穷大
T_4	输入负极端子和 U 相端子	检测 T_4 内部二极管正向导通电压	0.3~0.5 V
		检测 T_4 内部二极管反向截止电压	无穷大
T_5	输入正极端子和 W 相端子	检测 T_5 内部二极管正向导通电压	0.3~0.5 V
		检测 T_5 内部二极管反向截止电压	无穷大
T_6	输入负极端子和 V 相端子	检测 T_6 内部二极管正向导通电压	0.3~0.5 V
		检测 T_6 内部二极管反向截止电压	无穷大

(4)根据测试结果和判断依据,确定准确的 IGBT 故障点。

四、故障修复

IGBT 属于驱动电机控制器内的核心零部件,发生故障后,有以下两种处理方法。

方法一:更换驱动电机控制器,限于对产品的熟悉程度和测试条件等因素影响,新能源汽车售后服务机构通常采用整体更换驱动电机控制器的方法,更换下来的故障驱动电机控制器返厂维修。

方法二:更换 IGBT 模块,返厂后的驱动电机控制器需要进行解体维修,更换 IGBT 模块,维修后的驱动电机控制器需要进行出厂测试。

以整体更换驱动电机控制器为例进行说明,驱动电机控制器更换的步骤如下。

1. 拆卸故障驱动电机控制器

(1)拆卸驱动电机控制器的控制线束。

驱动电机控制器的控制线束拆卸前示意图如图 4.20(a)所示,主流控制器的控制线束的接插件都是 35PIN,接插件有卡扣锁紧,按下抬起卡扣,同时拔下接插件,不能直接用力拔线束,以免造成插针脱落。控制线束拆卸后示意图如图 4.20(b)。

(2)拆卸驱动电机控制器的安装螺栓。

查阅维修手册或说明书中驱动电机控制器安装螺栓的类型和规格,在工具车内找到合适的拆卸工具,拆卸驱动电机控制器的安装螺栓,拆卸时注意按对角线位置进行拆卸,如图 4.21(a)所示,拆卸后螺栓放置于工具盒内,以免丢失,如图 4.21(b)所示。

(3)拆卸接地平衡线与接地片。

接地平衡线与接地片拆卸前示意图如图 4.22(a)所示。查阅维修手册或说明书中驱

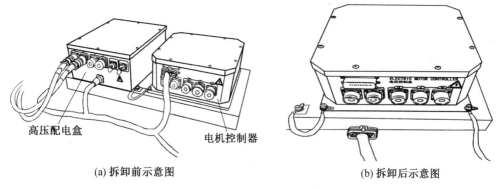

(a) 拆卸前示意图   (b) 拆卸后示意图

图 4.20 拆卸控制线束示意图

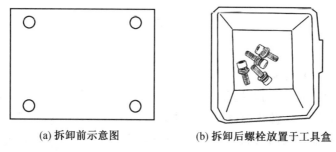

(a) 拆卸前示意图   (b) 拆卸后螺栓放置于工具盒

图 4.21 拆卸驱动电机控制器安装螺栓示意图

动电机控制器接地平衡线固定螺栓的类型和规格,在工具车内找到合适的拆卸工具,拆卸接地平衡线固定螺栓,拆卸后示意图如图 4.22(b)所示,拆卸后固定螺栓和接地片放置于工具盒内,以免丢失。

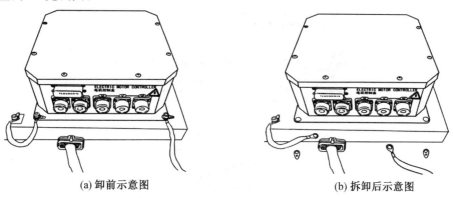

(a) 卸前示意图   (b) 拆卸后示意图

图 4.22 拆下接地平衡线与接地片示意图

(4)放置故障驱动电机控制器。

取下故障驱动电机控制器,并将故障驱动电机控制器放置于故障件摆放区,如图 4.23 所示,避免与备用控制器混淆。

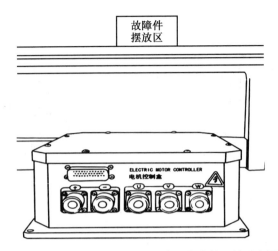

图 4.23　故障驱动电机控制器及放置故障件区域示意图

2. 安装驱动电机控制器

(1)安装驱动电机控制器。

从备件区将备用的驱动电机控制器取出,并安装在原驱动电机控制器的位置。售后服务机构应具有备件区,防止与故障零部件混淆,如图 4.24 所示,备件区应当具有溯源功能,如驱动电机控制器使用的版本号等,以免造成由于软件更新导致的后续问题。

查阅维修手册或说明书中驱动电机控制器安装螺栓的类型和规格,确定控制器安装螺栓的推荐扭矩,在工具车内找到合适的安装工具,采用专用扭力扳手安装固定驱动电机控制器螺栓。观察工具盒内拆卸下来的安装螺栓和车身安装螺母,若螺纹有破损,需要重新更换。与拆卸时操作步骤类似,按照对角线位置交替安装。

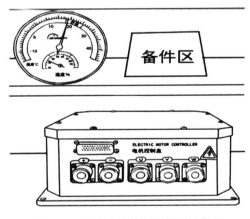

图 4.24　驱动电机控制器安装示意图

(2)恢复接地线。

查阅维修手册或说明书中接地平衡线固定螺栓的类型和规格,确定接地平衡线固定螺栓的推荐扭矩,在工具车内找到合适的安装工具,采用专用扭力扳手安装接地平衡线固定螺栓。观察工具盒内拆卸下来的安装螺栓和接地片,若有破损,需要更换安装螺栓或接地片。

(3)恢复接线束。

恢复驱动电机控制器线束,包括恢复驱动电机控制器的控制线束和输入、输出高压线束,具体步骤如下。

①恢复驱动电机控制器的控制线束。

按下驱动电机控制器的控制线束接插件卡扣,同时将线束接插件对准控制器接插件插入并松开卡扣,使接插件卡扣锁紧。

②恢复驱动电机控制器输出高压线束。

将电机控制器与驱动电机之间的高压导线插头按原位置插接至相应母端,并旋紧弹性环箍,3根高压导线分别连接驱动电机与电机控制器的U、V、W相。若是3根分立的高压线束,安装时需要注意相序,否则会造成电机正反向互换;使用快插接插件时,需要对准互锁接插件,并确认卡扣是否锁紧。

③恢复驱动电机控制器输入高压线束。

从工具车上取下连接高压配电盒和驱动电机控制器之间的高压线束,并取下防护遮盖装置,将两根高压线束插头按原位置插接至相应母端,并旋紧弹性环箍。安装时应注意,线束接插件可能不通用,需要按照拆装时所做的标记进行装配。

3. 上电激活和评估

新能源汽车电力电子器件发生故障后,需要进行上电激活和性能评估,具体步骤与更换驱动电机后的操作步骤类似,包括新能源汽车维修监护人员进行检查、恢复维修开关、驱动电机系统激活、运行评估以及摆放高压系统激活警示牌。

(1)新能源汽车维修监护人员进行检查。

由维修监护人负责再次进行检查,确认驱动电机控制器的低压线束、输入高压线束、输出高压线束、接地电位平衡线及各个安装螺栓等的安装情况,如问题需要进一步处理。

(2)恢复维修开关。

恢复维修开关的操作与学习情境三的学习任务1中的驱动电机绕组故障中恢复维修开关的操作一致,以此保证维修人员操作安全。

(3)驱动电机系统激活。

驱动电机系统激活操作与学习情境三的学习任务1中的驱动电机绕组故障中驱动电机系统激活的操作一致。

(4)运行评估。

完成驱动电机控制器检修并激活后,先清除驱动电机控制器IGBT故障码,然后进行运行评估,观察是否还存在故障。

由于驱动电机控制器故障检修方式的不同,因此运行评估方式也有所差别,具体如下。

①整体更换驱动电机控制器方式。需要对新能源汽车系统或驱动电机系统试验台进行上电运行测试,观察运行现象和数据是否正常。

②更换IGBT模块的驱动电机控制器方式。需要对驱动电机控制器进行出厂测试。

(5)摆放高压系统激活警示牌。

摆放高压系统激活警示牌的操作与学习情境三的学习任务1中的驱动电机绕组故障

中摆放高压系统激活警示牌的操作一致,以此保证维修人员操作安全。

学习任务 2　驱动电机控制器缓冲电容故障检测与维修

【任务情境描述】

某品牌新能源汽车启动过程中,驾驶员发现不能进行正常上电启动,经与 4S 店沟通后,将车拖至维修站。售后维修人员发现新能源汽车驱动电机控制器出现缓冲电容故障,按照正确高压操作规范对驱动电机控制器缓冲电容进行了检测,最终确认为驱动电机控制器缓冲电容故障,然后拆卸故障驱动电机控制器,安装备用驱动电机控制器,最后对维修进行了检测评估。

【任务实施】

一、缓冲电容认知

1. 缓冲电容的作用

缓冲电容放置于驱动电机控制器主回路的最前端,驱动电机处于电动状态和发电状态时需要的缓冲电压来源不同。

（1）驱动电机处于电动状态。

新能源汽车处于电动状态时,驱动电机控制器接受来自高压配电盒的动力电池电压,缓冲电容的作用是减缓动力电池电压变化引起的驱动电机控制器电压突变,如图 4.25(a)所示。

（2）新能源汽车处于再生制动状态（发电状态）。

驱动电机处于再生制动状态时,其产生的电能通过驱动电机控制器转化为直流电能为动力电池充电,缓冲电容的作用是减缓发电机转换的直流电压突变,如图 4.25(b)所示。

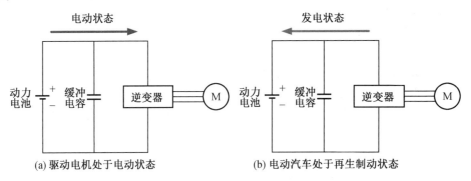

图 4.25　缓冲电容器的作用示意图

新能源汽车驱动电机控制器中的缓冲电容早期采用的是电解电容,目前主流采用薄膜电容,能够抑制电容两端的电压突变,起到缓冲作用。采用电解电容的驱动电机控制器如图 4.26(a)所示,电解电容如图 4.26(b)所示。采用薄膜电容的驱动电机控制器如图 4.27(a)所示,薄膜电容如图 4.27(b)所示。缓冲电容放置于驱动电机控制器的高压直流输入端口,与高压控制盒输入到驱动电机控制器的正负电压接插件并联,其有时称为滤波电容。

(a) 采用电解电容的驱动电机控制器

(b) 电解电容

图 4.26　采用电解电容的驱动电机控制器实物图

(a) 采用薄膜电容的驱动电机控制器

(b) 薄膜电容

图 4.27　采用薄膜电容的驱动电机控制器实物图

常见的铝电解电容以铝圆筒作负极,里面装有液体电解质,插入一片弯曲的铝带作正极,正极片上有一层氧化膜作介质。它的特点是容量大,有正负极性,但漏电大,稳定性差,适用于电源滤波或者低频电路中。需要注意的是,使用时,正负极不能接反。为了保持电解质溶液不泄漏、不干涸,在电解电容封装铝外壳的口部用橡胶塞进行密封,其内部结构如图 4.28 所示。由于电解电容内部存在电解液,因此发生故障的概率较高,随着薄膜电容的产生,电解电容已经逐渐被取代。

薄膜电容器又称为塑料薄膜电容,以塑料薄膜为电介质,以金属箔为电极,将其与聚乙酯、聚丙烯、聚苯乙烯或聚碳酸酯等塑料薄膜从两端重叠后,卷绕成圆筒状,如图 4.29(a)所示。薄膜电容器也可以采用金属化薄膜,在塑料薄膜上真空蒸镀上一层很薄的金属作为电极,从而省去电极箔的厚度,缩小电容器单位容量的体积,较易做成小型、大容量的电容器,如图 4.29(b)所示。例如,常见的 MKP 电容是金属化聚丙烯膜电容器的代称,而 MKT 则是金属化聚酯膜电容器的代称。

为了便于安装其他零部件,目前很多驱动电机控制器生产厂家会定制薄膜电容器,如北汽 EU260 驱动电机控制器如图 4.30 所示,该薄膜电容器顶部放置了 3 个熔断器。

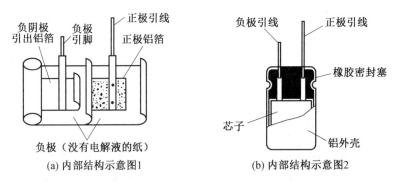

图 4.28　电解电容内部结构示意图

图 4.29　薄膜电容器结构示意图

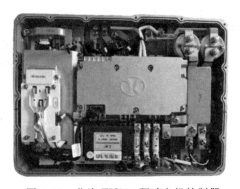

图 4.30　北汽 EU260 驱动电机控制器

2. 缓冲电容的参数

电容器的主要参数包括标称电容量、额定电压、允许偏差、绝缘电阻和损耗等,通常电容器的铭牌上会标识电容的标称电容量、额定电压及允许偏差,这 3 个参数也是电容器的核心参数。

(1)标称电容量。

标称电容量表征电容器储存电荷的能力,是电容器最重要的参数之一,如图 4.31(a)所示电解电容标称容量是 420 μF,如图 4.31(b)所示薄膜电容标称容量是 580 μF。

(2)额定电压。

额定电压是在规定的温度范围内可连续加在电容器上的最高直流电压,是电容器最重要的参数之一。电容器的额定电压指的是直流电压,如果工作电压超过电容器的额定电压,电容器可能被击穿,造成不可修复的永久性损坏。如图 4.31(a)所示电解电容的额定电压是 1 100 V DC,如图 4.31(b)所示薄膜电容的额定电压是 450 V DC。

(3)允许偏差。

允许偏差指实际电容量和标称电容量允许的最大偏差范围。如图 4.31(a)所示电解电容允许偏差是±10%,如图 4.31(b)所示薄膜电容允许偏差也是±10%。

(a) 电解电容标称容量和允许偏差

(b) 薄膜电容标称容量和允许偏差

图 4.31　电容器铭牌参数实物图

(4)绝缘电阻。

直流电压加在电容上,并产生漏电电流,两者之比称为绝缘电阻。绝缘电阻越大越好。为了恰当地评价大容量电容的绝缘情况而引入了电容的时间常数,它等于电容的绝缘电阻与容量的乘积。

(5)损耗。

电容在电场作用下,单位时间内因发热所消耗的能量称为损耗。各类电容都规定了其在某频率范围内的损耗允许值。电容器的介质材料不是绝对绝缘体,在一定的工作温度及电压条件下,会有漏电电流通过,从而产生损耗,此漏电电流与纯电容的充电电流之比就是电容损耗角正切值。

3. 缓冲电容测试

缓冲电容测试主要是测试缓冲电容容值,通过与标称的电容容值比较,判断电容是否存在容值超差、短路或是断路等情况,不同种类的缓冲电容测试方法类似,测试步骤如下。

(1)电解电容器引脚极性的判别。

由于电解电容具有极性,所以采用仪表测试时,必须先知道电解引脚代表的极性是正极还是负极,电解电容极性的判别依据如下。

①根据电解电容引脚长度判别。未剪脚的电解电容器引脚长短明显不一样,如图 4.32(a)所示,长引脚为正极,短引脚为负极。

②根据电解电容侧表面标识判别。若电解电容侧表面标识具有明显负极标识,如图 4.32(b)所示,标识符号"—"侧引脚是负极,另外一个引脚是正极,这类电解电容中侧面的"—"标识符号通常有多个。

③根据电解电容引脚螺栓标识判别。若电解电容引脚螺栓具有明显标识,如图 4.32(c)和 4.32(d)所示,标识符号"—"侧引脚是负极,标识符号"+"侧引脚是正极。

(2)多引脚电容器引脚定义的判别。

薄膜电容没有极性,若为 2 个引脚,则不需要作极性判断,如图 4.33(a)所示。为了

(a) 引脚长度　　　(b) 侧表面标识　　　(c) 引脚螺栓标识主视图　　　(d) 引脚螺栓标识俯视图

图 4.32　电解电容极性判别实物图

更适合驱动电机控制内部布局,很多厂家都采用定制薄膜缓冲电容器,如图 4.33(b)所示,若需要测试薄膜电容容值,必须知道多引脚电容器的引脚定义,多引脚共分为两类,由于没有极性,所以知道引脚的类别就可满足测试条件了。由以下两种方法确认引脚定义。

①采用万用表蜂鸣器测试档位,首先确定一个引脚,然后测试与这个引脚短路的引脚,将其归为同一类引脚。

②查阅维修手册或产品说明书,直接获取多引脚电容器的引脚定义,如图 4.33(c)所示。

  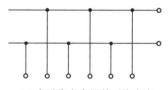

(a) 薄膜电容没有极性　　　(b) 定制薄膜缓冲电容器　　　(c) 多引脚电容器的引脚定义

图 4.33　多引脚电容器的引脚定义的判别实物图

(3)缓冲电容容值测试。

缓冲电容容值测试仪器的种类较多,如专用电容表、具有电容测试功能的万用表及 LCR 表等,相应实物图如图 4.34 所示。

(a) 电容表　　　(b) 具有电容测试功能的万用表　　　(c) LCR 表

图 4.34　电容测试仪器实物图

每种设备的测试方式均有所不同,此处以最常用的万用表为例进行说明,测试步骤如下。

①根据电容的容量,选择合适量程的万用表。

②检测适配线和表笔,如有破损,立即更换。

③电解电容测试需要确定被测电容的极性,用表笔的正极接电容正极,表笔的负极接电容负极,如图4.35(a),得出需要测量的数值,即为电容容值。

④多引脚电容器测试不需要考虑极性,同一类引脚中的任意一个连接一个表笔,另一类引脚中的任意一个接另外一个表笔,如图4.35(b),得出需要测量的数值,即为电容容值。

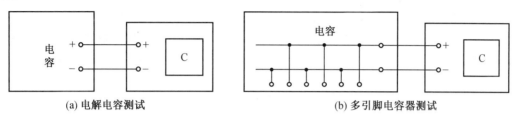

(a) 电解电容测试　　　　　　　　　(b) 多引脚电容器测试

图 4.35　电容测试示意图

二、故障信息分析

由驱动电机控制器内缓冲电容引发的故障信息包括故障码、冻结帧数据及数据流,这些故障信息是分析缓冲电容引发故障的基础。

1. 故障码

由缓冲电容故障引发上报故障码的状态包含以下两种。

第一种是利用动力电池、驱动电机或驱动电机控制器内的传感器,检测并诊断出由于缓冲电容故障引起的系统功能性故障或性能故障,如相电流过流故障和预充电故障等,与缓冲电容故障相关传感器位置示意图如图4.36所示。

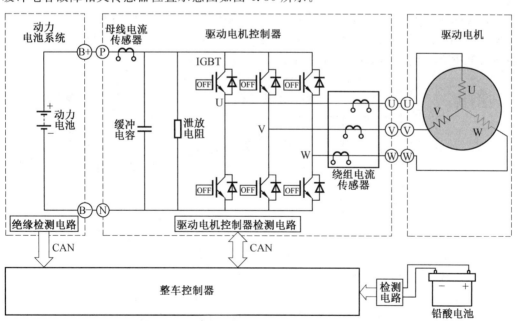

图 4.36　与缓冲电容故障相关传感器位置示意图

第二种是利用驱动电机或驱动电机控制器内的传感器精确确定缓冲电容故障及类型,如上报缓冲电容短路故障就属于这种典型案例。

新能源汽车售后维修人员采用故障解码仪对故障新能源汽车进行故障信息提取,上报故障码为缓冲电容短路故障。缓冲电容短路故障通常是由比较严重的电流冲击或电压冲击造成的。

(1)缓冲电容短路故障。

新能源汽车运行过程中,驱动电机控制器内缓冲电容发生短路故障,绕组电流迅速下降,母线电流迅速增加并超过母线电流限值,引起母线过流功能性故障上报,如图4.37所示。如东南新能源汽车上报 P172009 故障码,该故障码表示驱动电机控制器直流过流故障。

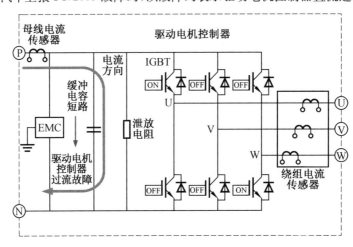

图 4.37　缓冲电容短路故障造成母线过流故障示意图

新能源汽车处于停车或减速状态时,系统进入再生制动状态,驱动电机处于发电机工作模式,产生电能为动力电池充电。若此时发生缓冲电容短路故障,会造成绕组电流过流故障和 IGBT 过流故障,如图 4.38 所示。

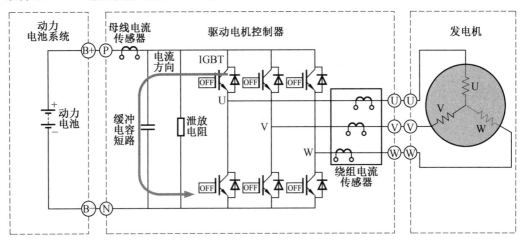

图 4.38　缓冲电容故障造成绕组过流故障示意图

(2)缓冲电容短路引发的预充电故障。

缓冲电容短路还会引发新能源汽车启动过程上报预充电故障,这部分内容将在后面进行论述。

本学习任务以上报电容短路故障为例进行说明。

2. 冻结帧数据

涉及驱动电机控制器缓冲电容故障的冻结帧数据物理量主要包括铅酸电池电压、驱动电机系统状态、绝缘电阻、母线电流、绕组电流、电机控制器温度、档位状态、加速踏板开度及制动状态等,不同工况下冻结帧数据物理量显示的数据都有差别,此处主要分析每种冻结帧数据物理量的意义,具体如下。

铅酸电池电压:用于分析铅酸电池是否亏电和DC/DC是否正在为铅酸电池充电,若铅酸电池电压过低,可能造成某个传感器数据信息误报。

驱动电机系统状态:分析缓冲电容短路发生故障时的驱动电机系统状态,包括驱动电机控制器是否完成初始化、驱动电机处于电动状态还是发电状态、驱动电机系统处于转矩模式还是转速模式、驱动电机的旋转方向及预充电是否完成等,这些信息用于判断发生故障时驱动电机的工况。

母线电流:在缓冲电容短路故障状态下,若母线电流超过限值且三绕组电流相没过流,则可确定发生缓冲电容短路故障或IGBT短路故障。

档位状态:在绕组故障状态下,分析驱动电机处于前进状态还是倒车状态。

加速踏板开度:在缓冲电容短路故障状态下,通过油门加速踏板开度分析驾驶员对驱动电机系统的速度给定和电机是否处在电动状态,并与档位状态和电机状态下的进行相互认证。通常加速踏板会有两个输出。

制动状态:在缓冲电容短路故障状态下,通过制动踏板开度分析电机是否处在发电状态,并与档位状态和电机状态下的进行相互认证。

电机转速:在缓冲电容短路故障状态下,分析驱动电机的转速状态。

3. 数据流

新能源汽车重新上电,维修人员想获知新能源汽车驱动电机控制器维修前、后的状态信息,可点击故障解码仪读取数据流,获取车辆的特定状态信息,数据流显示分析方法与冻结帧数据类似。

三、驱动电机控制器缓冲电容测试

由于缓冲电容器位于直流一侧,其两端分别与驱动电机控制器的高压直流正负输入端相连,因此,可以通过直流正负极端子测量缓冲电容。当检测到缓冲电容发生故障时,可以更换同型号完好的电容器或整体更换驱动电机控制器,一般维修时,多采用直接更换驱动电机控制器的方法。

驱动电机控制器缓冲电容器测试的具体步骤如下。

1. 断电操作

断电操作步骤与学习情境三的学习任务1中的驱动电机绕组故障中断电操作一致,

以此保证维修人员操作安全。

2. 断开接插件和线束操作

断开接插件和线束操作步骤与学习情境四的学习任务1中的电力电子器件故障中断开接插件和线束的操作一致。

3. 缓冲电容器测试

(1)查阅维修手册或驱动电机控制器说明书,确定缓冲电容是电解电容还是薄膜电容器、缓冲电容器容值大小及允许偏差范围。

(2)选用电容测量仪器,此处以最常用的万用表为例。选取具有电容测试功能的万用表,检测适配线和表笔,如有破损需要更换,注意不能选用鳄鱼夹表笔。

(3)根据缓冲电容器种类确定测试仪表与被测驱动电机控制器的测试接线,电解电容测试必须采用图4.39(a)接线示意图进行接线,薄膜电容器由于没有极性,采用图4.39(a)和图4.39(b)接线示意图进行接线均可。

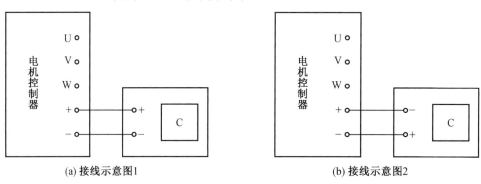

图4.39 缓冲电容器测试接线示意图

(4)根据被测缓冲电容器容值和允许偏差范围,计算缓冲电容器容值的上限数值和下限数值,根据被测实际容值的大小,给出缓冲电容器测试的结论。

四、故障修复

缓冲电容器属于驱动电机控制器内的核心零部件,发生故障后,有以下两种处理方法。

方法一:更换驱动电机控制器。限于对产品的熟悉程度和测试条件等因素的影响,新能源汽车售后服务机构通常采用整体更换驱动电机控制器,更换下来的故障驱动电机控制器返厂维修。

方法二:更换缓冲电容器。返厂后的驱动电机控制器需要进行解体维修,更换缓冲电容器,维修后的驱动电机控制器需要进行出厂测试。

以整体更换驱动电机控制器为例进行说明,具体更换步骤如下。

1. 拆卸故障驱动电机控制器

拆卸故障驱动电机控制器的操作步骤与学习情境四的学习任务1中的电力电子器件故障中拆卸故障驱动电机控制器的操作一致。

2. 安装驱动电机控制器

安装驱动电机控制器的操作步骤与学习情境四的学习任务1中的电力电子器件故障中安装驱动电机控制器的操作一致。

3. 上电激活和评估

更换驱动电机控制器后需要进行上电激活和性能评估，具体步骤与更换驱动电机后的操作步骤类似，包括新能源汽车维修监护人员进行检查、恢复维修开关、驱动电机系统激活、运行评估以及摆放高压系统激活警示牌。

（1）新能源汽车维修监护人员进行检查。

新能源汽车维修监护人员进行检查的操作步骤与学习情境四的学习任务1中的电力电子器件障中新能源汽车维修监护人员进行检查的操作一致。

（2）恢复维修开关。

恢复维修开关的操作与学习情境三的学习任务1中的驱动电机绕组故障中恢复维修开关的操作一致，以此保证维修人员操作安全。

（3）驱动电机系统激活。

驱动电机系统激活的操作与学习情境三的学习任务1中的驱动电机绕组故障中驱动电机系统激活操作一致。

（4）运行评估。

驱动电机控制器检修并激活后，清除驱动电机控制器电容故障码，然后进行运行评估，观察是否还存在故障。

驱动电机控制器检修后还要进行运行评估，由于驱动电机控制器故障检修方式不同，因此运行评估方式也有所差别，具体如下。

①整体更换驱动电机控制器方式。需要对新能源汽车系统或驱动电机系统试验台进行上电运行测试，观察运行现象和数据是否正常。

②更换缓冲电容器的驱动电机控制器方式。需要对驱动电机控制器进行出厂测试。

（5）摆放高压系统激活警示牌。

摆放高压系统激活警示牌操作与学习情境三的学习任务1中的驱动电机绕组故障中摆放高压系统激活警示牌的操作一致，以此保证维修人员操作安全。

学习任务3　驱动电机控制器母线过流故障检测与维修

【任务情境描述】

新能源汽车行驶过程中，驾驶员发现仪表盘系统故障灯点亮，即刻将新能源汽车缓慢制动，汽车行驶至应急车道。与新能源汽车售后服务机构联系后，售后服务机构派拖车将汽车拖至就近维修机构，维修人员采用故障解码仪对新能源汽车进行故障诊断，故障解码仪上报了驱动电机控制器母线过流故障信息，维修人员按照正确的高压操作规范对故障点进行了检测和修复。

【任务实施】

一、电流传感器认知

1. 电流检测的必要性

从学习情境一中的驱动电机控制器拆装学习任务可知,该系统至少有 4 个电流传感器,即 1 个母线电流传感器和 3 个相绕组电流传感器,由此可见驱动电机系统对电流控制是极其重要的。北汽 EV200 新能源汽车驱动电机控制器如图 4.40(a)所示,母线电流传感器如图 4.40(b)所示。

(a) 驱动电机控制器

(b) 电流传感器

图 4.40 驱动电机控制器及其电流传感器实物图

新能源汽车驱动电机系统必须严格控制电流上限的原因包括以下两个。

(1)驱动电机控制器内部的高压零部件具有电流限制,如某款额定电流 200 A 的 IGBT 在 1 ms 内电流上限如图 4.41(a)所示,超过上限电流 IGBT 将损坏。

(2)电流产生的热量会使温度升高,零部件寿命与温升有关,如图 4.41(b)所示,驱动电机寿命与温升之间的关系。

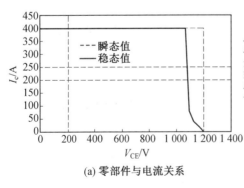
(a) 零部件与电流关系

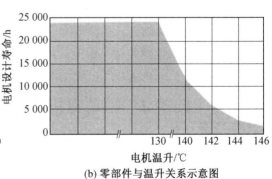
(b) 零部件与温升关系示意图

图 4.41 驱动电机系统零部件与电流和温升关系

2. 电流霍尔传感器

测量电流的传感器有很多种,新能源汽车驱动电机系统通常使用电流霍尔传感器,与速度霍尔传感器类似都是利用霍尔效应原理,额定输出电压或电流与被测原边电流成正比,电流霍尔传感器内部结构原理示意图如图 4.42 所示。

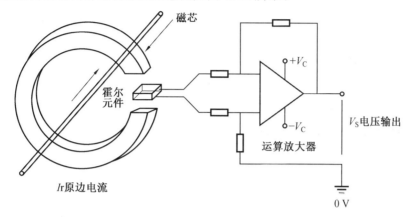

图 4.42　电流霍尔传感器内部结构原理示意图

电流霍尔传感器实物图如图 4.43 所示,可测量直流、交流、脉冲电流及其他任意波形电流,具有安装简便、性价比高、耗电小、体积小、响应快及精度高等优点,有的还具有可拆卸对开式结构,如图 4.43(b)所示。电流霍尔传感器的主要特性参数包括额定输入电流和额定输出、电源电压及适用温度范围等,具体意义如下。

(a) 电流霍尔传感器实物图1　　(b) 电流霍尔传感器实物图2　　(c) 电流霍尔传感器实物图3

图 4.43　电流霍尔传感器实物图

(1)额定输入电流和额定输出。

电流霍尔传感器的额定输出可能是电压或电流,它与额定输入电流存在线性对应关系,如图 4.44 所示。

(2)电源电压。

电源电压为电流霍尔传感器的额定电源电压,使用时注意电源的极性。

(3)适用温度范围。

通常传感器对温度比较敏感,不同级别的电子产品温度等级要求差别很大,商业级、工业级、汽车级及军品级电子产品温度上限要求如图 4.45(a)所示,下限要求如图 4.45(b)所示。新能源汽车中,电流霍尔传感器应选用汽车级的。

3. 电流霍尔传感器测试

电流霍尔传感器测试内容包括分析输入电流与输出之间的关系,深入了解电流霍尔

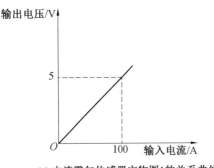
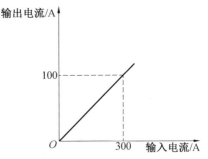

(a) 电流霍尔传感器实物图1的关系曲线　　(b) 电流霍尔传感器实物3的关系曲线

图4.44　电流霍尔传感器的额定输入电流和额定输出关系示意图

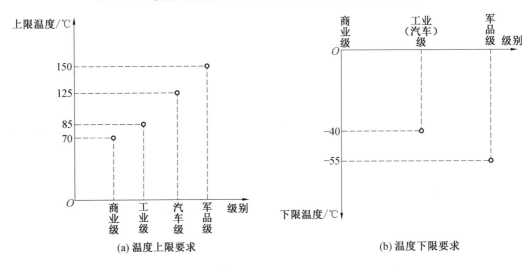

(a) 温度上限要求　　(b) 温度下限要求

图4.45　不同级别的电子产品的温度上限和下限要求

传感器的结构和原理。选取可拆卸对开式结构电流霍尔传感器,测试步骤如下。

(1)选取直流电源和负载电阻,使负载输出电流为电流霍尔传感器额定输入电流的 1/30～1/20,若负载电阻产生热量较大,需要考虑添加散热措施。

(2)选取合适的万用表并检查表笔和适配线,如有破损,立即更换。

(3)确定标准输入电流,按照标准输入电流测试线路图进行线路连接,如图4.46(a)所示,注意连接线路时应当断开开关并将可调直流电源调至最小输出电压,万用表测试档位调整至直流电压测试区域。调节可调直流电源并观察万用表示数,使输出电流为电流霍尔传感器额定输入电流的 1/30～1/20。

(4)打开电流霍尔传感器可拆卸对开式结构,缠绕5匝圈,然后按照电流霍尔传感器测试线路图进行连接线路,如图4.46(b)所示,测试电阻按照电流霍尔传感器要求进行选取,检查电路后通电并记录输出数据。

(5)断开可调电源开关,然后缠绕10匝圈,检查电路后通电并记录输出数据。

(6)根据两次测试结果,总结输出与原边输入电流的关系。

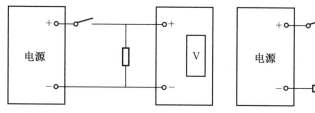 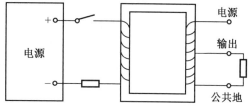

(a) 标准输入电流测试线路图　　　(b) 电流霍尔传感器测试线路图

图 4.46　电流霍尔传感器测试接线示意图

二、故障信息分析

驱动电机控制器母线过流故障信息包括故障码、冻结帧数据及数据流,这些故障信息是分析驱动电机控制器母线过流故障的依据。

1. 故障码

驱动电机控制器母线过流故障属于典型的综合性故障,与其关联的零部件较多,需要进行综合分析。

(1)驱动电机控制器母线过流的判断条件和原因。

驱动电机控制器母线过流故障分析示意图和相关传感器如图 4.47 所示。驱动电机控制器母线过流的判断条件是检测母线电流高于上限限值,驱动电机控制器将报警或将故障信息通过 CAN 总线传送给整车控制器,整车控制器记录故障码、冻结帧数据及数据流。

从图 4.47 可知,产生驱动电机控制器母线过流的故障原因主要包含三类,具体如下。

①驱动电机绕组短路故障:驱动电机是驱动电机控制器的负载,负载短路会造成母线电流过流故障。

②驱动电机控制器内部短路故障:控制器内部的缓冲电容、泄放电阻及 IGBT 短路都会造成母线电流过流故障。

③母线电流检测系统和故障上报系统故障:母线电流检测回路、整车控制器内故障信息存储及故障上报子系统出现故障,会造成母线电流过流故障系统误报。

造成驱动电机过流故障的三类原因中,驱动电机绕组短路故障造成过流的概率最大,其次是驱动电机控制器内部短路故障,概率最小的是母线电流检测系统和故障上报系统故障。按照故障概率的大小选取检测故障点可以节约维修时间,驱动电机控制器母线过流故障检测流程如图 4.48 所示。

对于驱动电机控制器母线过流故障检测,首先需要判断是否真实过流。通常真实过流的判断条件有以下两个,且应当同时具备。

①维修人员通过故障解码仪进行故障信息解读过程中,新能源汽车系统应具有驱动电机控制器母线过流故障记录。

②没有上报母线电流检测系统故障和通信故障。

同时具备了上述两个条件,说明驱动电机控制器母线过流。然后需要进一步确认是否发生了负载短路,通常负载短路判断条件有以下三个,且应当同时具备。

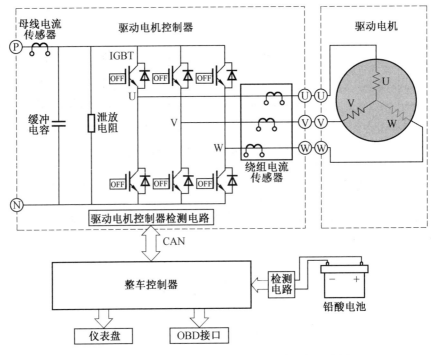

图 4.47　驱动电机控制器母线过流故障分析示意图

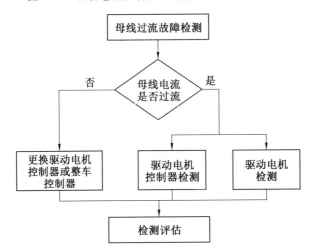

图 4.48　驱动电机控制器母线过流故障检测流程

①维修人员通过故障解码仪进行故障信息解读,发现具有驱动电机控制器母线过流故障记录。

②没有上报母线电流检测系统故障和通信故障。

③存在驱动电机绕组电流过流。

若驱动电机控制器母线过流但驱动电机绕组电流没有过流,说明驱动电机控制器内部发生了短路,具体是电容短路、泄放电阻短路还是 IGBT 短路需要进一步检测确认。

(2)驱动电机绕组短路导致母线过流故障。

驱动电机绕组短路必然引发母线过流和相关绕组过流故障。以 V 相绕组和 W 相绕组完全短路故障为例进行说明,如图 4.49 所示,V 相绕组电流传感器、W 相绕组电流传感器及母线电流传感器检测电流都会超过预定的上限值并引发系统上报故障。

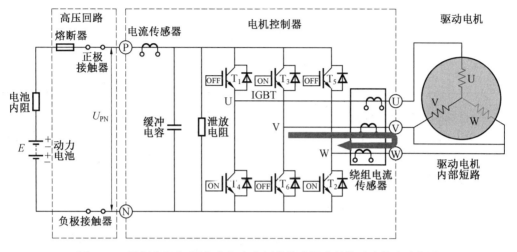

图 4.49　V 相绕组和 W 相绕组完全短路故障导致母线过流故障示意图

(3)新能源汽车驱动控制器内部短路故障。

新能源汽车驱动控制器内部短路导致母线电流的故障信息特征是:母线过流但绕组电流没有过流。新能源汽车驱动控制器内部短路故障有三类:缓冲电容短路故障、泄放电阻短路故障及 IGBT 短路故障,其中 IGBT 短路故障概率远远高于另外两种。以标号为 T_6 的 IGBT 短路为例进行说明,上报母线电流故障的同时,也有可能上报 V 相 IGBT 驱动电路过流故障。以北汽 EX 系列新能源汽车为例,IGBT 短路导致母线电流故障可能出现故障信息列表见表 4.4。

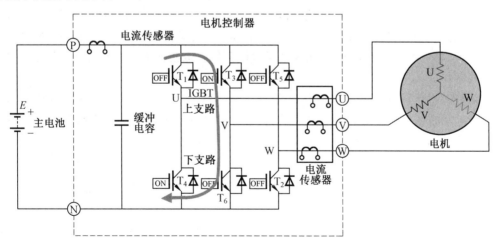

图 4.50　IGBT 短路故障引发的母线过电流故障示意图

表 4.4　IGBT 短路导致母线电流故障可能出现故障信息列表

序号	故障码	故障名称	可能导致原因
1	P116016	U 相 IGBT 驱动电路过流故障	(1)电机控制器硬件故障 (2)电机控制器软和硬件版本不兼容
2	P116116	V 相 IGBT 驱动电路过流故障	(1)电机控制器硬件故障 (2)电机控制器软和硬件版本不兼容
3	P116216	W 相 IGBT 驱动电路过流故障	(1)电机控制器硬件故障 (2)电机控制器软和硬件版本不兼容

(4)检测系统故障和故障信息传输导致上报驱动电机控制器母线过流。

驱动电机控制器母线电流信号传输示意图如图 4.51 所示,母线电流检测系统检测电路的数值经通信系统由驱动电机控制器传送给整车控制器,整车控制器在线下载并记录,同时传送给仪表盘。故障解码仪通过 OBD 接口调用故障信息。

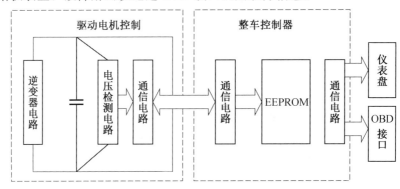

图 4.51　驱动电机控制器母线电流信号传输示意图

驱动电机控制器内母线电流检测和信息标定、驱动电机控制器与整车控制器通信、整车控制器内故障信息存储及整车控制器与仪表盘之间通信等环节也可能会发生故障,造成驱动电机控制器母线电流故障误报,此类故障属于黑箱问题,无法采用外部接插件检测出故障点,若无准确故障码上报,出现此类故障只能采取尝试更换驱动电机控制器或整车控制器解决。

新能源汽车具有内部自检系统,用于检查驱动电机控制器内相关电流信号传输引发的故障并上报故障码,以北汽 EX 系列新能源汽车为例进行说明,驱动电机控制器母线电压信号传输系统故障见表 4.5。

2. 冻结帧数据

涉及驱动电机控制器母线过流故障冻结帧数据中最重要的物理量是母线电流,是判断上报母线过流故障码的直接依据。

涉及驱动电机控制器母线过流故障的其他物理量主要包括铅酸电池电压、驱动电机系统状态、绕组电流、电机本体温度、扭矩、电机转速、档位状态、加速踏板开度及制动状态等。冻结帧数据具体分析如下。

铅酸电池电压:用于分析铅酸电池是否亏电和 DC/DC 是否正在为辅助电池充电,若铅酸电池电压过低,可能造成传感器数据信息误报。

表 4.5　驱动电机控制器母线电压信号传输系统故障

序号	故障码	故障名称	可能导致原因
1	U300316	铅酸电池欠压故障	(1)铅酸电池亏电 (2)低压线路故障
2	U010087	驱动电机控制器与整车控制器通信丢失故障	(1)通信发送 CAN 报文故障 (2)线束或接插件故障 (3)软件版本不匹配 (4)电磁干扰
3	P062F46	整车控制器 EEPROM 故障	(1)电磁干扰 (2)非正常掉电
4	P112164	电机三相电流校验故障	(1)电流传感器零漂严重 (2)电流反馈信号异常
5	P118A12	电机控制器 U 相电流采样回路故障	(1)相电流传感器损坏 (2)电机控制器内部硬件电路或线束损坏 (3)电机控制器软件与硬件版本不匹配
6	P118B12	电机控制器 V 相电流采样回路故障	(1)相电流传感器损坏 (2)电机控制器内部硬件电路或线束损坏 (3)电机控制器软件与硬件版本不匹配
7	P118C12	电机控制器 W 相电流采样回路故障	(1)相电流传感器损坏 (2)电机控制器内部硬件电路或线束损坏 (3)电机控制器软件与硬件版本不匹配
8	P0A5101	电机控制器直流母线电流采样回路故障	(1)电机控制器内部硬件电路故障或线束损坏 (2)电机控制器软件与硬件版本不匹配
9	P118A28	电机控制器 U 相电流传感器零漂故障	(1)电机控制器内部硬件电路或线束损坏 (2)电机控制器软件与硬件版本不匹配
10	P118B28	电机控制器 V 相电流传感器零漂故障	(1)电机控制器内部硬件电路或线束损坏 (2)电机控制器软件与硬件版本不匹配
11	P118C28	电机控制器 W 相电流传感器零漂故障	(1)电机控制器内部硬件电路或线束损坏 (2)电机控制器软件与硬件版本不匹配
12	P118D28	电机控制器直流母线电流传感器零漂故障	(1)电机控制器内部硬件电路或线束损坏 (2)电机控制器软件与硬件版本不匹配

驱动电机系统状态：分析驱动电机控制器母线过流故障时的驱动电机系统状态，包括驱动电机控制器是否完成初始化、驱动电机处于电动状态还是发电状态、驱动电机系统处于转矩模式还是转速模式、驱动电机的旋转方向及预充电是否完成等，这些信息用于判断发生故障时驱动电机的工况。

绕组电流：在驱动电机控制器母线过流故障状态下，绕组电流是判断驱动电机控制器内部短路还是驱动电机短路的依据。将三相绕组的各相电流与驱动电机输出转矩进行相互印证，同时可以分析三相电流是否发生了不均衡。

电机本体温度：在驱动电机控制器母线过流故障状态下，分析三相绕组的各相绕组温度，判断其是否超过限值，同时可以判断电机的负载情况。

扭矩：分析驱动电机控制器母线过流故障状态下的驱动电机输出转矩，可与绕组短路进行相互认证。

档位状态：在驱动电机控制器母线过流故障状态下，分析驱动电机处于前进状态还是倒车状态。

加速踏板开度：在驱动电机控制器母线过流故障状态下，通过油门加速踏板开度分析驾驶员对驱动电机系统的速度给定和电机是否处于电动状态，可与档位状态和电机状态下的进行相互认证。通常加速踏板会有两个输出。

制动状态：在驱动电机控制器母线过流故障状态下，通过制动踏板开度分析电机是否处于发电状态，可与档位状态和电机状态下的进行相互认证。

3. 数据流

新能源汽车重新上电，可点击故障解码仪读取数据流，获取车辆的特定状态信息，数据流物理量与冻结帧数据物理量表达的意义一致，区别在于冻结帧数据表示的是发生故障状态瞬间量值，此处数据流表示的是维修前、后时刻量值。

通过驱动电机控制器母线过流故障信息分析，可以确定可能发生的故障点和原因，但确定的只是故障的发生概率，若要准确确定故障点，还需要进一步测试。根据分析确定故障诊断方案见表4.6。

三、故障点检测

驱动电机控制器母线过流故障的故障点集中在驱动电机、驱动电机控制器及整车控制器三个零部件。按照表4.6制定故障诊断方案，其中IGBT短路检测与缓冲电容短路检测已经在前文中详细讲述，此处不再重复。整车控制器内部故障在没有专用工装的情况下，很难判断内部的具体故障点，售后服务机构通常采取更换零部件测试方法进行测试。此处以绕组短路为例进行说明，驱动电机绕组短路检测方法实质是测试绕组直流电阻，具体步骤如下。

1. 断电操作

断电操作步骤与学习情境三的学习任务1中的驱动电机绕组故障中断电操作一致，以此保证维修人员操作安全。

2. 断开接插件和线束操作

断开接插件和线束操作步骤与学习情境三的学习任务1中的驱动电机绕组故障中断开接插件和线束的操作一致，以此保证维修人员操作安全。

表 4.6 故障诊断方案

故障零部件	可能故障点	检测方法	概率分布
驱动电机	绕组匝间短路	检测绕组直流电阻	概率较高
	绕组相间短路	检测绕组直流电阻	概率较高
驱动电机控制器	IGBT 短路	检测 IGBT 反并联二极管导通电压	概率较高
	电容短路	检测电容容值	概率较低
	泄放电阻短路	检测电阻阻值	概率较低
	驱动电机控制器与整车控制器通信丢失故障	属于黑箱问题,无法通过接插件检测。可能看是否上报故障码	概率较低
	电机三相电流校验故障	属于黑箱问题,无法通过接插件检测。可能看是否上报故障码	概率较低
	电机控制器 U 相电流采样回路故障	属于黑箱问题,无法通过接插件检测。可能看是否上报故障码	概率较低
	电机控制器 V 相电流采样回路故障	属于黑箱问题,无法通过接插件检测。可能看是否上报故障码	概率较低
	电机控制器 W 相电流采样回路故障	属于黑箱问题,无法通过接插件检测。可能看是否上报故障码	概率较低
	电机控制器直流母线电流采样回路故障	属于黑箱问题,无法通过接插件检测。可能看是否上报故障码	概率较低
	电机控制器 U 相电流传感器零漂故障	属于黑箱问题,无法通过接插件检测。可能看是否上报故障码	概率较低
	电机控制器 V 相电流传感器零漂故障	属于黑箱问题,无法通过接插件检测。可能看是否上报故障码	概率较低
	电机控制器 W 相电流传感器零漂故障	属于黑箱问题,无法通过接插件检测。可能看是否上报故障码	概率较低
	电机控制器直流母线电流传感器零漂故障	属于黑箱问题,无法通过接插件检测。可能看是否上报故障码	概率较低
整车控制器	通信故障或软件版本更替	属于黑箱问题,无法通过接插件检测。可能看是否上报故障码	概率较低
	整车控制器 EEPROM 故障	属于黑箱问题,无法通过接插件检测。可能看是否上报故障码	概率较低

3. 驱动电机绕组直流电阻测试

驱动电机绕组直流电阻测试的操作步骤与学习情境三的学习任务 1 中的驱动电机绕组认知中驱动电机绕组直流电阻测量的操作一致。

针对驱动电机控制器母线过流故障检测的结果确定故障修复方案,见表 4.7。新能源汽车售后机构主要应用处理方式 1 进行故障修复,新能源汽车零部件厂主要应用处理方式 2 进行故障修复,随着新能源汽车售后人员技能水平的提升,有些处理方式已经在新能源汽车售后机构得到应用,如刷新软件等处理方式。

表 4.7 故障修复方案

序号	故障种类	处理方式 1	处理方式 2
1	绕组匝间短路	更换驱动电机	更换定子部件
2	绕组相间短路	更换驱动电机	更换定子部件
3	IGBT 短路	更换驱动电机控制器	更换 IGBT 模块
4	电容短路	更换驱动电机控制器	更换电容
5	泄放电阻短路	更换驱动电机控制器	更换泄放电阻
6	驱动电机控制器与整车控制器通信故障	更换整车控制器	刷新软件
7	电机三相电流校验故障	更换驱动电机控制器	更换驱动电机控制器
8	电机控制器 U 相电流采样回路故障	更换驱动电机控制器	更换驱动电机控制器
9	电机控制器 V 相电流采样回路故障	更换驱动电机控制器	更换驱动电机控制器
10	电机控制器 W 相电流采样回路故障	更换驱动电机控制器	更换驱动电机控制器
11	电机控制器母线电流采样回路故障	更换驱动电机控制器	更换驱动电机控制器
12	电机控制器 U 相电流传感器零漂故障	更换驱动电机控制器	更换驱动电机控制器
13	电机控制器 V 相电流传感器零漂故障	更换驱动电机控制器	更换驱动电机控制器
14	电机控制器 W 相电流传感器零漂故障	更换驱动电机控制器	更换驱动电机控制器
15	电机控制器母线电流传感器零漂故障	更换驱动电机控制器	更换驱动电机控制器
16	通信故障或软件版本更替	更换整车控制器	刷新软件
17	整车控制器 EEPROM 故障	更换整车控制器	刷新软件

四、故障修复

根据驱动电机控制器母线过流故障检测的结果确定故障修复方案,修复方式是更换驱动电机、更换驱动电机控制器及更换整车控制器,具体步骤如下。

1. 更换驱动电机

更换驱动电机操作步骤与学习情境三的学习任务一(驱动电机绕组故障检测与维修中)中的更换驱动电机操作一致。

2. 更换驱动电机控制器

更换驱动电机操控制器操作步骤与学习情境四的学习任务 1(电力电子器件故障检测与维修)中的更换驱动电机控制器操作一致。

3. 更换整车控制器

整车控制器一般属于低压零部件,但控制着高压零部件的各项功能,因此也须参照高压零部件拆装方法。

(1)断电操作。

新能源汽车系统断电操作步骤与学习情境三的学习任务 1 中的驱动电机绕组故障中

断电操作一致,以此保证维修人员操作安全。

(2)断开接插件和线束操作。

整车控制器输入和输出的接插件通常是一个或两个的接插件,因为整车控制器具有控制整车的顶层控制功能,因此每个接插件的引脚数都比较多,断开接插件前的整车控制器示意图如图 4.52(a)所示,分别松开接插件的卡扣,用力向外拔出接插件,拔下接插件的整车控制器如图 4.52(b)所示。

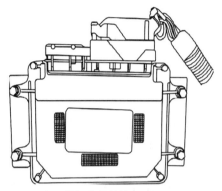

(a) 断开接插件前的整车控制器　　　　(b) 拔下接插件的整车控制器

图 4.52　新能源汽车整车控制器拆除接插件前后的示意图

(3)拆卸整车控制器的固定螺栓。

①查阅新能源汽车维修手册,在工具车上找到适合整车控制器固定螺栓的拆卸工具。

②按照对角线位置拆卸,将整车控制器的固定螺栓放置于专用工具盒内。

③取下故障整车控制器,放置于故障备件区域。

(4)安装整车控制器。

①从备件区域取出与原整车控制器相同型号和软件版本号的整车控制器。

②在工具车上找到适合整车控制器固定螺栓的安装工具,从工具盒内取出固定螺栓,按照对角线位置安装整车控制器。

(5)安装接插件和线束操作。

压下接插件的卡扣,用力插入接插件,会听到卡扣锁紧的声音,轻轻拉动接插件,验证接插件是否牢固插紧。

(6)上电激活和评估。

上电激活和评估操作与学习情境三的学习任务 1(驱动电机绕组故障检测与维修)中上电激活和评估的操作一致。

学习任务 4　驱动电机控制器欠压故障检测与维修

【任务情境描述】

由于连续几天下雨,新能源汽车没有进行充电,从新能源汽车仪表盘上可以看到动力电池的剩余电量逐渐降低,系统高压也逐渐降低,当降低到某一数值时,仪表盘显示动力电池电压低,加速踏板在高速区域也失去加速控制作用。发现动力电池电压变低后,驾驶员就开始寻找充电桩,但充电桩距离新能源汽车距离较远,仪表盘显示新能源汽车高压系统接近报故,驾驶员将新能源汽车缓慢开到应急车道,瞬间熄火停车,等待4S店救援。救援车将新能源汽车拖至4S店后,售后维修人员按照正确的高压操作规范对故障点进行了检测和修复。

【任务实施】

一、高压熔断器认知

1. 高压熔断器的作用

新能源汽车电气系统中既存在高压系统,也存在低压系统。高压系统零部件包括动力电池组、驱动电机、驱动电机控制器、电动空调、DC/DC变换器、车载充电机及直流充电系统等,每个高压零部件都至少具有一个高压熔断器;低压系统零部件包括低压蓄电池、灯光系统、娱乐系统、车窗系统及雨刷系统等,每个低压零部件通常也都具有一个低压熔断器。采用熔断器是保护新能源汽车电气系统的一种有效措施,新能源汽车电气拓扑结构图如图4.53所示。

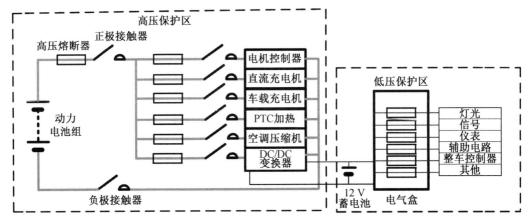

图4.53 新能源汽车电气拓扑结构图

高压熔断器在新能源汽车的无故障电路和故障电路状态下的功能完全不一样,具体如下。

(1)无故障电路状态下的作用。

电路处于正常工作状态时,熔断器电阻很小(毫欧级),相当于一根导线,能够长时间稳定地传导电流。

(2)故障电路状态下的作用。

熔断器是一种电路保护设备,串联在电路中,当电路系统由于过载或发生短路事故时,熔断器熔断,切断电源,从而起到保护设备的作用。

早期汽车中使用的熔断器数量不多,但随着各类不同电容量的汽车电子设备的出现,传统燃油汽车中的熔断器数量急剧增加,目前汽车中平均包含90～150个熔断器,熔断器盒的种类也有多种,以BMW750为例,其使用了148个熔断器。汽车中使用熔断器的容量差别很大,通常大电流熔断器与小电流熔断器的使用比例为1∶5左右。与传统燃油汽车相比,新能源汽车最大的区别在于存在高压大电流负载,因此其中增加了相应的高压熔断器。

新能源汽车用高压熔断器与传统燃油汽车低压熔断器存在很大不同,主要表现在如下两个方面。

①分断负载容量较大。与电力系统相比,新能源汽车负载容量较小,但与传统燃油汽车相比负载容量大很多,高压熔断器需要采用更有效的灭弧技术措施,提高分断较大短路故障电流的安全可靠性。

②分断时间短。新能源汽车车载充电机、DC/DC变换器及驱动电机控制器等主电路都由电力电子器件组成,它们承受短路电流冲击时间短,所以对熔断器保护电流的时间必须控制在一定范围内。

2. 熔断器的组成和参数

(1)熔断器的组成。

不同种类熔断器的结构虽有差别但其基本原理类似。熔断器主要部件包括熔断体、熔断器底座、熔管、充填物及熔断指示器等,熔断器实物如图4.54(a)所示,各组成部分结构如图4.54(b)所示,各部分的主要功能如下。

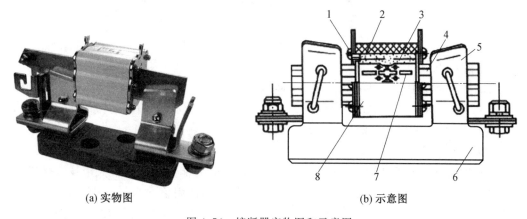

图4.54 熔断器实物图和示意图

1—熔断指示器;2—石英砂填料;3—指示器熔丝;4—夹头;5—夹座;6—底座;7—熔体;8—熔管

①熔断体。

熔断体也称为熔体,正常工作时起导通电路的作用,在故障情况下熔体将首先熔化,从而切断电路,实现用电设备的保护。熔体是熔断器的核心部件。

②熔断器底座。

熔断器底座用于实现各导电部分的绝缘和固定。

③熔管。

熔管用于放置熔体,既可限制熔体电弧的燃烧范围又可灭弧。

④充填物。

充填物在熔断器中起到灭弧与冷却作用,一般采用银熔片或石英砂。熔断器在一百多年的发展中,从开放式无填料演变到封闭式有填料,这是一个重大的技术进步,为大容量熔断器的产生提供了可能,充填物是大容量熔断器的核心部件。

⑤熔断指示器。

熔断指示器用于反映熔体的状态,即完好或已熔断。

(2)熔断器的参数。

新能源汽车使用的高压熔断器可应用于大容量负载,如图 4.55(a)和图 4.55(b)所示,大电流熔断器通常采用螺栓连接。也可应用于小容量负载,如图 4.55(c)所示,小电流负载熔断器通常安放在专用熔断器座内,如图 4.55(d)和图 4.55(e)所示。无论是大电流高压熔断器还是小电流熔断器,都可通过铭牌看到它的核心参数,其中至少包括额定电流和额定电压。

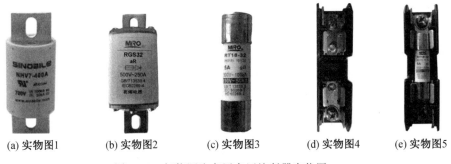

图 4.55 新能源汽车用高压熔断器实物图

①额定电流(I_N)。

熔断器的额定电流是指其工作电流,即电路能够长期工作的最大电流,不是动作电流。图 4.56(a)所示熔断器的额定电流为 400 A,图 4.56(b)所示的熔断器的额定电流为 250 A,图 4.56(c)所示的熔断器的额定电流为 5 A。

②额定电压(U_N)。

熔断器的额定电压是指其工作电压,即熔断器断开后能够承受的最大电压。熔断器的额定电压必须大于断开电路的最大电压。由于熔断器的阻值非常低,只有当熔断器熔断时,熔断器的额定电压才变得重要。当熔断体熔化后,熔断器必须迅速断开,熄灭电弧,并且阻止开路电压通过断开的熔丝元件再次触发电弧。图 4.56(a)所示熔断器的额定电压为 700 V,图 4.56(b)所示熔断器的额定电压为 500 V,图 4.56(c)所示熔断器的额定电压为 500 V。

③冷电阻(R_n)。

熔断器的冷电阻是指其不工作时自身的电阻值,大功率熔断器的冷电阻直接标识在铭牌上,如图 4.56(a)、(b)及(c)所示,此参数是熔断器测试定量的标准。一般情况下,熔断器的额定电流越大,冷电阻越小,如巴斯曼公司 125 A 额定电流的熔断器,其冷电阻是 1.296 16 mΩ,同样是巴斯曼公司 1 100 A 额定电流的熔断器冷电阻是 0.060 8 mΩ。

④过载能力。

(a) 额定电流400 A　　　　(b) 额定电流250 A　　　　(c) 额定电流5 A

图 4.56　熔断冷电阻参数

过载能力指熔断器能长期工作的过载电流能力。

3.熔断器测试

熔断器测试的具体步骤如下。

(1)先用观察法查看其熔断器壳体是否发黑,如图 4.57(a)所示;两端封口是否松动,如图 4.57(b)所示,若有上述情况,则表明该熔断器已损坏。

(a) 发黑　　　　　　　　　　　　(b) 松动

图 4.57　熔断器故障现象

(2)定性测试:可用万用表蜂鸣器档直接测量通断,若发生断路则说明熔断器熔断,一般情况下,新能源汽车维修中以定性测试为主。

(3)定量测试:采用 LCR 表或微欧计测量熔断器冷态标称电阻,若与标称电阻差异过大(一般误差不超过10%),则需要更换熔断器。由于熔断器的冷电阻是毫欧级,因此不能采用万用表测试。

二、故障信息分析

驱动电机控制器欠压故障信息包括故障码、冻结帧数据及数据流,这些故障信息是分析驱动电机控制器欠压故障的依据。

1.故障码

驱动电机控制器欠压故障属于典型的综合性故障,与其关联的零部件较多,故障码可能是一个,也可能有几个相关联的故障同时上报故障码,需要对其进行深入分析。

(1)驱动电机控制器欠压的判断条件和原因。

驱动电机控制器母线电压欠压故障分析示意图如图 4.58 所示。驱动电机控制器欠压的判断条件是母线电压检测子系统检测电压低于母线电压限值,驱动电机控制器将报警或报故信息通过 CAN 总线传送给整车控制器,整车控制器记录故障码、冻结帧数据及数据流。从图 4.58 可知,产生驱动电机控制器电压欠压的故障点主要包含 4 类,具体如下。

①动力电池:驱动电机控制器的电源来自动力电池,若动力电池本身输出的电压过低,电压降落的速度是渐进的,不是迅速下降,驱动电机控制器必然上报欠压故障。

②高压回路:动力电池的电能通过高压回路传送给驱动电机控制器,若高压回路中元器件断开,缓冲电容储存电能很快转化为机械能,母线电压必然迅速下降。

③负载:当动力电池电源内阻不变时,通过电机控制器的负载过大,会导致负载端电压下降。

④检测系统和故障上报系统故障:检测回路、整车控制器内故障信息存储及故障上报子系统出现故障,会造成系统误报。

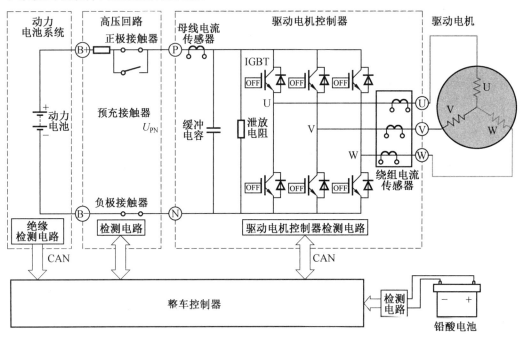

图 4.58　驱动电机控制器母线电压欠压故障分析示意图

(2)动力电池电量低导致驱动电机控制器欠压。

若只报驱动电机控制器欠压故障一个故障码,则动力电池电量低导致发生故障的概率最大,这种工况下与动力电池连接的所有高压系统都会各自上报欠压故障,如驱动电机控制器、电动空调、DC/DC 变换器及电加热器等。北汽 EX 系列新能源汽车 P114016 故障码表示驱动电机控制器母线欠压故障。

动力电池储存的化学能转化为驱动电机输出的机械能,随着驱动电机持续输出机械能,动力电池内部的化学能逐渐减少,动力电池输出电压也随之减小,驱动电机控制器的输入电压也会减小,当减小到一定限值时就会引发驱动电机控制器欠压故障。通常新能源汽车仪表盘会显示动力电池电压,驱动电机控制器欠压一般可以提前预知,如图 4.59 所示。

新能源汽车仪表盘中间的液晶可以显示动力电池剩余电量,还可用于间接判断动力电池电压,图 4.59 为北汽 M30 经济型新能源汽车仪表盘。仪表盘中右侧剩余电量表中 LED 灯点亮数目显示剩余电量。利用剩余电量表可间接判断动力电池电压,当前剩余电

图 4.59 北汽 M30 经济型新能源汽车仪表盘

量(SOC)与剩余电量表 LED 灯点亮数目见表 4.8。

表 4.8 当前剩余电量(SOC)与剩余电量表 LED 灯点亮数目对应关系

当前剩余电量(SOC)范围	剩余电量表 LED 灯点亮数目/个
SOC>82%	5
82%≥SOC>62%	4
62%≥SOC>42%	3
42%≥SOC>22%	2
22%≥SOC>5%	1
SOC≤5%	0

电机控制器欠压一般设定为两级,一级是欠压报警,驱动电机系统降低功率运行;二级是欠压报故,驱动电机系统停止运行。以天津松正新能源汽车有限公司的驱动电机控制器为例,其控制器的额定电压是 72 V,电机控制器欠压处理方式如下。

①电机控制器母线电压小于配置的欠压值±2 V 时,驱动电机处于欠压运行状态,此时电机控制器内部按比例限制输出最大电流。

②电机控制器母线电压小于配置的严重欠压值±2 V,驱动电机处于严重欠压状态,此时电机控制器停止输出。

该驱动电机控制器的故障名称、故障产生条件及故障处理方式见表 4.9。

表 4.9 电机控制器欠压故障信息

故障名称	故障产生条件	故障处理
欠压	配置的严重欠压值±2 V≤控制器母线电压≤配置的欠压值±2 V	控制器按比例限制输出最大电流
严重欠压	控制器母线电压≤配置的严重欠压值±2 V	控制器不输出

(3)高压回路断开导致驱动电机控制器欠压。

新能源汽车的动力电池与驱动电机控制器之间连接的高压回路示意图如图 4.60 所示,它的主要作用如下。

①驱动电机系统处于正常工作状态时,控制动力电池与驱动电机控制器之间电源的切断。

②驱动电机系统处于故障状态时,能够快速断开动力电池与驱动电机系统或直接熔断熔断器。

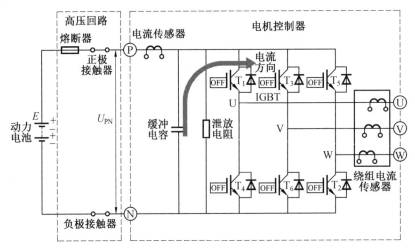

图4.60 高压回路示意图

新能源汽车的动力电池与驱动电机控制器之间连接的高压回路放置位置有两种形式,具体情况如下。

①独立设置。早期设计中高压回路放置于高压配电盒内,示意图如图4.61(a)所示,从高压配电盒输出多路高压作为高压负载电源,其中包括驱动电机控制器。

②集成设置。目前主流的高压回路放置于动力电池系统内部,示意图如图4.61(b)所示,输出的多路高压直接传送给多合一控制器,多合一控制器内部包括驱动电机控制器。

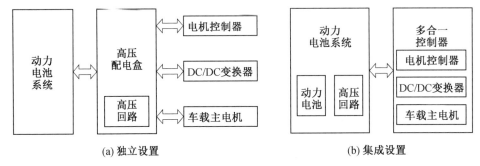

图4.61 高压回路放置位置示意图

高压回路元器件包括主熔断器、正极接触器、负极接触器及高压线束等,其中任何一个元器件非正常断开时,缓冲电容存储电量会迅速泄放给负载,驱动电机控制器电压也会随之降低并报故,以熔断器断路故障为例,其发生断路后的示意图如图4.62所示。

高压线束发生断路故障的概率极小,此处暂且不考虑。在动力电池没有欠压的前提下,则高压回路断路导致驱动电机控制器欠压的概率较大。以北汽EX系列新能源汽车为例,高压回路断路引发驱动电机控制器欠压故障列表见表4.10,上报驱动电机控制器欠压故障码同时,通常也可能上报表4.10中的故障码。

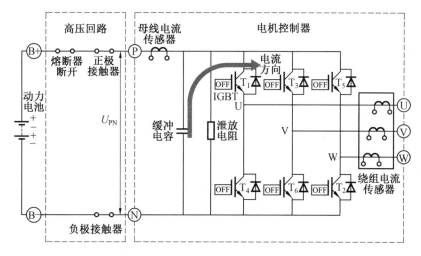

图 4.62　熔断器断路后引发驱动电机控制器欠压故障示意图

表 4.10　高压回路断路引发故障列表

序号	故障码	故障名称	可能导致原因
1	P0A9513	主熔断器断路	熔断器热积累
2	P0AA572	负极接触器断路	(1)负极接触器失效 (2)负极接触器驱动通道故障
3	P0AA272	正极接触器断路	(1)正极接触器失效 (2)正极接触器驱动通道故障
4	P11D574	正极接触器驱动通道故障	驱动通道硬件故障

(4)负载电流过大导致驱动电机控制器欠压。

依据动力电池和高压回路均无故障的新能源汽车动力系统简化模型,当动力电池电压和动力电池内阻一定时,负载电阻越小,负载两端电压越低,此处负载主要指驱动电机控制器和驱动电机,若两者内部发生短路故障,都会造成负载等效电阻急剧减小。驱动电机控制器内标号为 T_4 的 IGBT 短路引发的驱动电机控制器欠压故障示意图如图 4.63 所示。

驱动电机各相绕组短路或相间相互短路都会造成负载电阻急剧减小,以 U 相绕组和 V 相绕组端部短路为例进行分析,示意图如图 4.64 所示。

以北汽 EX 系列新能源汽车为例,负载短路引发驱动电机控制器欠压故障的同时也上报相关故障码,通常同时上报的故障码见表 4.11。

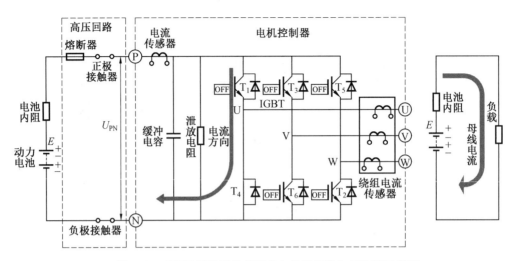

图 4.63　IGBT 短路引发的驱动电机控制器欠压故障示意图

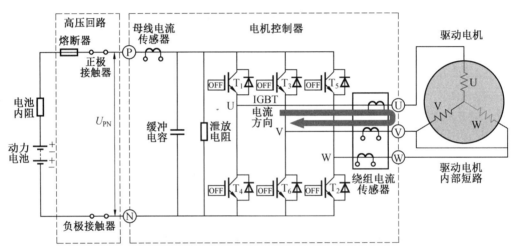

图 4.64　绕组短路引发的驱动电机控制器欠压故障示意图

表 4.11　负载短路引发驱动电机控制器欠压的故障列表

序号	故障码	故障名称	可能导致原因
1	P113519	相电流过流故障	(1)驱动电机绕组短路 (2)位置信号异常 (3)电流传感器故障 (4)线束短路
2	P116016	驱动电路过流故障	(1)驱动电机绕组短路 (2)位置信号异常 (3)电流传感器故障 (4)驱动电源欠压 (5)线束短路

(5)检测系统和故障信息传输故障导致上报驱动电机控制器欠压故障。

驱动电机控制器母线电压信号传输示意图如图 4.65 所示,母线电压检测电路检测的数值经通信系统由驱动电机控制器传送给整车控制器,整车控制器在线下载并记录,同时传送给仪表盘。故障解码仪通过 OBD 接口调用故障信息。

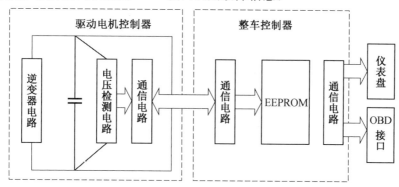

图 4.65 驱动电机控制器母线电压信号传输示意图

驱动电机控制器内母线电压检测和信息标定、驱动电机控制器与整车控制器通信、整车控制器内故障信息存储及整车控制器与仪表盘之间通信等环节同样可能发生故障,可能发生驱动电机控制器欠压故障误报,此类故障属于黑箱问题,无法采用外部接插件检测出故障点,若无准确故障码上报,出现此类故障只能尝试采取更换驱动电机控制器或整车控制器来解决。

新能源汽车具有内部自检系统,用于检查驱动电机控制器母线电压信号传输过程中引发的故障并上报故障码,以北汽 EX 系列新能源汽车为例,其驱动电机控制器母线电压信号传输系统故障码见表 4.12。

表 4.12 驱动电机控制器母线电压信号传输系统故障码

序号	故障码	故障名称	可能导致原因
1	U300316	铅酸电池欠压故障	(1)铅酸电池亏电 (2)低压线路故障
2	P11841C	驱动电机控制器直流母线电压采样回路故障	(1)驱动电机控制器采样硬件故障 (2)线束或接插件故障 (3)软件版本不匹配
3	U010087	驱动电机控制器与整车控制器通信丢失故障	(1)通信发送 CAN 报文故障 (2)线束或接插件故障 (3)软件版本不匹配 (4)电磁干扰
4	P062F46	整车控制器 EEPROM 故障	(1)电磁干扰 (2)非正常掉电

2.冻结帧数据

涉及驱动电机控制器欠压故障的冻结帧数据中最重要的物理量是驱动电机控制器母

线电压,其是判断上报驱动电机控制器欠压故障码的直接依据。

涉及驱动电机控制器欠压故障的冻结帧数据中其他的物理量还包括铅酸电池电压、驱动电机系统状态、动力电池电压、绝缘电阻、母线电流、绕组电流、电机控制器温度、档位状态、加速踏板开度及制动状态等,冻结帧数据可以进一步验证故障码的意义,具体分析如下。

铅酸电池电压:用于分析铅酸电池是否亏电和DC/DC是否正在为辅助电池充电,若铅酸电池电压过低,可能造成某个传感器数据信息误报。

驱动电机系统状态:分析驱动电机控制器发生欠压故障时的驱动电机系统状态,包括驱动电机控制器是否完成初始化、驱动电机处于电动状态还是发电状态、驱动电机系统处于转矩模式还是转速模式、驱动电机的旋转方向及预充电是否完成等,这些信息用于判断故障时驱动电机的工况。

动力电池电压:比较动力电池电压和驱动电机控制器母线电压,若同时处于较低的电压且相差很小,说明是动力电池剩余电量过低造成了欠压故障;若动力电池电压在正常范围内,驱动电机控制器母线电压几乎为零,说明高压回路出现故障;若动力电池电压在正常范围内,驱动电机控制器母线电压欠压,说明负载过大造成了欠压故障。

绝缘电阻:用于分析驱动电机控制器或驱动电机是否存在绝缘接地短路造成电流过大,通常会同时发生绝缘报故。

母线电流:母线电流超过限值或接近限值时,可能是负载过大造成了驱动电机控制器母线欠压。若母线电流与相电流同时过大,说明是驱动电机负载短路造成了欠压;若母线电流较大但相电流较小时,说明驱动电机控制器负载短路造成了欠压。

档位状态:在驱动电机控制器欠压故障状态下,分析驱动电机处于前进状态还是倒车状态。

加速踏板开度:在驱动电机控制器欠压故障状态下,通过油门加速踏板开度分析驾驶员对驱动电机系统的速度给定和电机是否处在电动状态,可与档位状态和电机状态下的进行相互认证。通常加速踏板会有两个输出。

制动状态:在驱动电机控制器欠压故障状态下,通过制动踏板开度分析电机是否处在发电状态,可与档位状态和电机状态下的进行相互认证。

3. 数据流

新能源汽车重新上电,可点击故障解码仪读取数据流,获取车辆的特定状态信息,数据流显示分析方法与冻结帧数据类似。

通过驱动电机控制器母线电压过低故障信息分析,可以确定可能发生的故障点和原因,但确定的只是故障发生的概率,若要准确确定故障点,还需要作进一步测试。根据分析确定的故障诊断方案见表4.13。

表 4.13 故障诊断方案

顺序	故障零部件	可能故障点	检测方法	概率分布
第一步	动力电池	动力电池剩余电量过低	(1)观察仪表盘剩余电量 (2)查看冻结帧数据和数据流	概率最高
第二步	高压配电盒	熔断器熔断	检测熔断器的通断	概率较高
		正极接触器非正常断开	(1)正极接触器超间隙故障 (2)正极接触器驱动电路故障	概率较低
		负极接触器非正常断开	(1)负极接触器超间隙故障 (2)负极接触器驱动电路故障	概率较低
		高压线束断路	逐段检测高压线束通断	概率极低
第三步	驱动电机	匝间短路	检测绕组直流电阻	概率较低
		相间短路	检测绕组直流电阻	概率较低
		对地短路	检测绕组对地绝缘	概率较低
第四步	驱动电机控制器	IGBT短路	检测IGBT反并联二极管导通电压	概率较低
		电容短路	检测电容容值	概率较低
		泄放电阻短路	检测电阻阻值	概率极低
第五步	驱动电机控制器	检测系统、通信故障或软件版本更替	属于黑箱问题，无法通过接插件检测，可能同时上报关联故障码	概率较低
	整车控制器	通信故障或软件版本更替	属于黑箱问题，无法通过接插件检测，可能同时上报关联故障码	概率较低

三、故障点检测

每种故障产生的原因有很多，故障现象可能完全一致或相近，故障概率大小也可能差别很大，有些只能在理论上存在，现实中发生的概率极小，如高压线束断路等。

驱动电机控制器母线电压过低故障点集中在动力电池、高压配电盒、驱动电机、驱动电机控制器及整车控制器五个零部件。按照表4.13制定故障诊断方案，其中IGBT短路检测、缓冲电容短路检测及驱动电机绕组短路检测在前文中详细讲述，此处不再重复。对于整车控制器，售后服务机构通常只能采取尝试更换整车控制器的措施。动力电池剩余电量过低造成驱动电机控制器母线电压过低，相对比较好诊断，观察新能源汽车仪表盘中剩余电量的显示能比较直观得到结果。

高压配电盒内接触器的检测方法将在后续任务中讲述，本任务主要探讨高压配电盒内熔断器的检测方法，具体步骤和操作动作见表4.14。

表 4.14 高压配电盒内熔断器检测方法的操作步骤和操作动作

序号	操作步骤	操作动作
1	断电操作	(1)断开钥匙开关
		(2)断开铅酸电池负极
		(3)断开新能源汽车维修开关
2	断开接插件和线束操作	(1)断开驱动电机输入高压线束
		(2)断开高压配电盒输出高压线束
		(3)摆放高压系统断开警示牌
3	熔断器测试	(1)打开高压配电盒上盖
		(2)测试高压熔断器参数

1. 断电操作

断电操作步骤与学习情境三的学习任务 1 中的驱动电机绕组故障中断电操作一致,以此保证维修人员操作安全。

2. 断开接插件和线束操作

(1)断开动力电池与高压配电盒的输入高压线束。

高压配电盒高压输入来自动力电池,高压配电盒输入高压线束拆卸前状态如图 4.66(a)所示,拆卸后状态如图 4.66(b)所示。

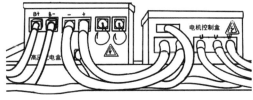 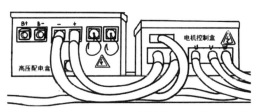

(a) 拆卸前状态　　　　　　　　　　　　(b) 拆卸后状态

图 4.66 拆卸高压配电盒输入高压线束示意图

高压配电盒输入高压线束的拆卸步骤如下。

①拆卸高压配电盒输入高压线束之前无法确定高压配电盒是否带高压电,因此需要按照高压安全操作规范要求,戴好绝缘手套,按照维修手册或说明书的工艺要求拆卸 4 个接插件,拆卸的 2 根高压线束放置于工具车上。

②拆卸高压线束后,放置 5 min,采用万用表进行断电验证检测,检测每个高压接插件对地电压和两个高压接插件之间电压,测试连接示意图如图 4.67(a)、图 4.67(b)及图 4.67(c)所示。

③若断电测试检测结果显示高于直流安全电压,则应进行缓冲电容残电放电,如维修过程中没有专用放电工装,则可用功率电阻直接短接放电,放电示意图如图 4.67(d)所示。

④若长时间不进行后续操作,高压接插件和高压线束应进行遮盖防护。

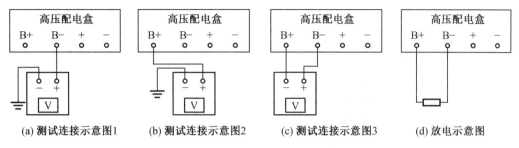

图 4.67　高压配电盒高压输入接插件断电验证示意图

(2)断开高压配电盒输出高压线束。

高压配电盒输出多根高压线束,此处只考虑连接驱动电机控制器的高压线束,高压配电盒输出高压线束拆卸前状态如图 4.68(a)所示,拆卸后状态如图 4.68(b)所示。

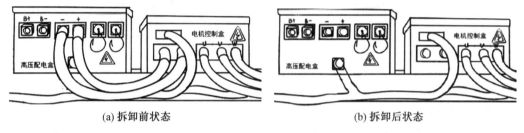

图 4.68　拆卸高压配电盒输出高压线束示意图

高压配电盒输出高压线束的拆卸步骤如下。

①按照高压安全操作规范,戴好绝缘手套,按照维修手册或说明书的工艺要求拆卸 4 个接插件,拆卸的 2 根高压输出线束放置于工具车上。

②拆卸高压线束后,放置 5 min,采用万用表进行断电验证检测,检测每个高压接插件对地电压和两个高压接插件之间电压,测试连接示意图如图 4.69(a)、图 4.69(b)及图 4.69(c)所示。

③若断电测试检测结果显示高于直流安全电压,则应进行缓冲电容残电放电,如维修过程中没有专用的放电工装,则可用功率电阻直接短接放电,放电示意图如图 4.69(d)所示。

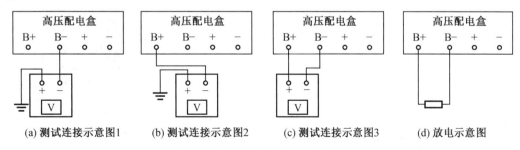

图 4.69　高压配电盒高压输出接插件断电验证示意图

④若长时间不进行后续操作,对高压接插件和高压线束应进行遮盖防护。

所有的断电测试检测结果都低于直流安全电压(DC60 V)后,就可以确认驱动电机控制器是本质安全设备,后续操作不用再穿戴高压防护装备,如绝缘手套等。

(3)摆放高压系统断开警示牌。

在断开高压线束后,须摆放高压系统断开警示牌,如图 4.70 所示,提示维修操作者不能进行误上电。

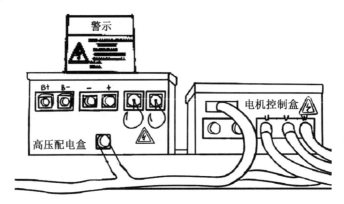

图 4.70　摆放高压系统断开警示牌示意图

3. 熔断器测试

熔断器测试的具体步骤如下。

(1)打开高压配电盒上盖。

①在高压配电盒上盖和高压配电盒侧面做两处标记,拆卸时做的标记作为再安装时的定位信息,防止安装错位。

②查阅维修手册或高压配电盒说明书中的配电盒上盖固定螺栓的规格,从工具车中选取合适的拆卸工具。

③采用拆卸工具拆卸配电盒上盖和高压配电盒的固定螺栓,为了防止丢失,将固定螺栓放置于专用的零件盒内。

④拆卸的高压配电盒上盖放置于工具车内。拆卸高压配电盒上盖的过程示意图如图4.71所示。

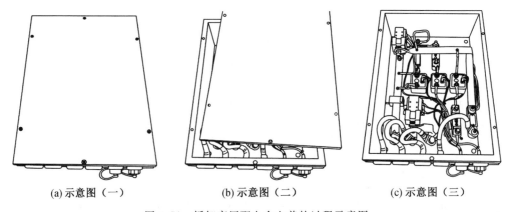

(a)示意图(一)　　　　(b)示意图(二)　　　　(c)示意图(三)

图 4.71　拆卸高压配电盒上盖的过程示意图

(2)测试高压熔断器参数。

①查阅维修手册或高压配电盒说明书中高压配电盒内部布置图,确定各个元器件的位置,找出熔断器的位置和连接线束,如图 4.72 所示。

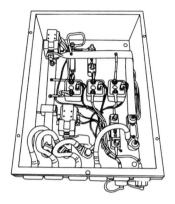

图 4.72　高压配电盒内熔断器位置示意图

②查阅维修手册或高压配电盒说明书中高压熔断器安装螺栓的规格,在工具车内找到合适的拆卸工具。

③采用拆卸工具拆卸熔断器两侧的固定螺栓,拆除与熔断器连接的线束,使其与其他电路系统隔离。被测零部件非隔离状态测试可能导致测试不准确。

④如果其他用电器无故障,则测试结论与是否隔离被测熔断器无关,如图 4.73(a)所示。如果其他用电器存在短路故障,则测试结论与是否隔离被测熔断器有关,如图 4.73(b)所示。

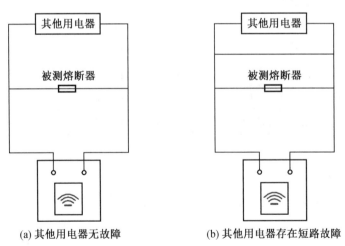

图 4.73　熔断器测试示意图

⑤选取一款具有短路测试功能的万用表,将万用表调至短路档,检查万用表的表笔和适配线,如有破损,立即更换。

⑥两个表笔分别接触熔断器两端外露的金属部分,若蜂鸣器没有响声,则说明熔断器熔断。

⑦若需要进一步验证熔断器老化状态,可采用 LCR 表或微欧计进一步测量熔断器的冷态电阻,为了减小测量误差,建议测试三次取平均值。一般情况下,熔断器的冷态电阻偏差要求在 10% 以内。

针对驱动电机控制器欠压故障检测的结果确定故障修复方案(表 4.15),其中新能源汽车售后机构主要应用处理方式 1 进行故障修复,新能源汽车零部件厂主要应用处理方式 2 进行故障修复。

表 4.15 故障修复方案

序号	故障种类	处理方式 1	处理方式 2
1	动力电池剩余电量过低	直流充电	交流充电
2	高压配电盒熔断器熔断	更换熔断器	更换熔断器
3	高压配电盒正极接触器非正常断开	更换高压配电盒	更换正极接触器
4	高压配电盒负极接触器非正常断开	更换高压配电盒	更换负极接触器
5	高压线束断路	更换高压线束	修复高压线束
6	驱动电机匝间短路	更换驱动电机	更换定子部件
7	驱动电机相间短路	更换驱动电机	更换定子部件
8	驱动电机对地短路	更换驱动电机	更换定子部件
9	驱动电机控制器 IGBT 短路	更换驱动电机控制器	更换 IGBT 模块
10	驱动电机控制器电容短路	更换驱动电机控制器	更换电容
11	驱动电机控制器泄放电阻短路	更换驱动电机控制器	更换泄放电阻
12	驱动电机控制器检测系统故障	更换驱动电机控制器	更换控制板
13	驱动电机控制器通信故障	更换驱动电机控制器	更换控制板
14	驱动电机控制器软件故障	更换驱动电机控制器	刷新软件
15	整车控制器通信故障	更换整车控制器	更换控制板
16	整车控制器软件故障	更换整车控制器	刷新软件

四、故障修复

产生同一种新能源汽车驱动电机控制器欠压故障的原因可能有很多,如驱动电机控制器 IGBT 短路,导致 IGBT 短路原因有几十种可能,但每类故障都有类似的故障修复方式。更换驱动电机和更换驱动电机控制器在前面已经论述,此处以高压配电盒熔断器熔断故障修复为例进行说明,新能源汽车的主熔断器属于易损件,通常采取更换熔断器的修复处理方式,具体步骤如下。

1. 安装高压熔断器

(1)拆除故障高压熔断器。

①查阅维修手册或高压配电盒说明书中高压熔断器安装螺栓的规格,在工具车内找

到合适的拆卸工具。

②采用拆卸工具拆卸故障高压熔断器两个安装螺栓,放置于专用工具盒内防止丢失。

③拆卸高压熔断器两侧的线束和接插件,取出故障高压熔断器并放置于故障零部件存放区。

(2)安装高压熔断器。

①在备用件区域选取与原高压熔断器一致的熔断器,对该熔断器相关部件进行检测,包括熔断器、线束及接插件等,如发现损坏,立即更换。

②根据安装螺栓的类型和规格,确定控制器安装螺栓的推荐扭矩,在工具车上找到合适的安装工具。

③按照维修手册或高压配电盒说明书中接线示意图,采用专用扭力扳手安装高压熔断器安装螺栓和恢复线束。

(3)安装高压配电盒上盖。

①从工具车上找到高压配电盒上盖,按照拆卸时做的标记定位线,安装高压配电盒上盖。

②从专用零件盒内取出上盖安装螺栓,采用安装工具安装配电盒上盖和高压配电盒的固定螺栓,注意按照对角线位置安装。

2. 恢复线束和接插件

(1)恢复高压配电盒输入高压线束。

将高压配电盒与动力电池之间的高压导线插头按原位置插接至相应母端,并旋紧弹性环箍。使用快插接插件需要注意对准互锁接插件并检查卡扣是否锁紧。高压线束安装时需要注意极性。

(2)恢复高压配电盒输出高压线束。

将高压配电盒与驱动电机控制器之间的高压导线插头按原位置插接至相应母端,并旋紧弹性环箍。使用快插接插件需要注意对准互锁接插件并检查卡扣是否锁紧。高压线束安装时需要注意极性。

3. 上电激活和评估

更换高压配电盒内熔断器后,需要进行上电激活和性能评估,具体步骤与更换驱动电机后的操作步骤类似,包括新能源汽车维修监护人员进行检查、恢复维修开关、驱动电机系统激活、运行评估以及摆放高压系统激活警示牌。

(1)新能源汽车维修监护人员进行检查。

新能源汽车维修监护人员进行检查操作步骤与学习情境四的学习任务1中的电力电子器件障中新能源汽车维修监护人员进行检查的操作一致。

(2)恢复维修开关。

恢复维修开关操作与学习情境三的学习任务1中的驱动电机绕组故障中恢复维修开关操作一致,以此保证维修人员操作安全。

(3)驱动电机系统激活。

驱动电机系统激活操作与学习情境三的学习任务1中的驱动电机绕组故障中驱动电

机系统激活的操作一致。

(4)运行评估。

熔断器检修后还要进行运行评估,包括启动测试和运行测试等。

(5)摆放高压系统激活警示牌。

摆放高压系统激活警示牌操作与学习情境三的学习任务1中的驱动电机绕组故障中摆放高压系统激活警示牌的操作一致,以此保证维修人员操作安全。

学习任务5 预充电故障检测与维修

【任务情境描述】

当新能源汽车驾驶员启动新能源汽车时,发现仪表盘中的"READY"图标没有变绿,而显示红色,意味着新能源汽车系统高压电没有上电。关掉钥匙开关后,系统高压电和低压电先后断掉,等待几分钟后重新上电,新能源汽车故障仍然没有消失。驾驶员联系维修站,新能源汽车被拖至维修站,维修人员采用故障解码仪对新能源汽车进行故障诊断,故障解码仪出现预充电故障历史记录,随后维修人员按照正确的高压操作规范对故障点进行了检测和修复。

【任务实施】

一、预充电认知

1. 预充电原理

新能源汽车的高压设备输入端通常会并联大容量电容,北汽EU260集成控制器缓冲电容如图4.74(a),缓冲电容范围是500~1 500 μF,在没有预充电的情况下,直接闭合正极接触器和负极接触器,动力电池直接向缓冲电容放电,放电瞬间电容相当于处在短路状态,负载电阻包括导线电阻、接触器触点电阻及熔断器电阻。假设动力电池电压为DC400 V,电容初始电压是0 V,电路系统回路等效电阻是10 mΩ(实际短路电阻远小于10 mΩ),瞬间电流峰值达到了40 000 A,会造成熔断器、直流接触器及动力电池的损伤,但短时间电流冲击对电容没有太大影响。新能源汽车预充电电路可有效避免启动时出现的电流冲击问题。

预充电电路示意图如图4.74(b)所示,包括动力电池、正极接触器、负极接触器、预充电接触器、预充电电阻及缓冲电容等。预充电过程中缓冲电容电压如图4.75(a)所示,充电过程如下。

(1)0~t_1时刻区间,正极接触器、负极接触器及预充电接触器都断开,缓冲电容电压为0 V。

(2)t_1时刻,通过接触器线圈驱动电路闭合负极接触器和预充电接触器,缓冲电容电压为0 V,如图4.75(b)所示。

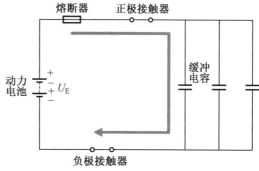

(a) 缓冲电容　　　　　　　　　　　(b) 预充电电路示意图

图 4.74　缓冲电容实物图和预充电电路示意图

(3)$t_1 \sim t_2$ 时刻区间内,动力电池通过预充电接触器和预充电电阻为缓冲电容充电,缓冲电容电压逐渐上升,如图 4.75(a)所示。

(4)t_2 时刻,缓冲电容电压达到了 0.9 倍的动力电池电压,闭合正极接触器,如图 4.75(c)所示。

(5)$t_2 \sim t_3$ 时刻区间,动力电池直接为缓冲电容充电,缓冲电容电压逐渐上升到动力电池电压,如图 4.75(a)所示。

(6)t_3 时刻,断开预充接触器,t_3 时刻确定由 t_2 时刻延时得到,如图 4.75(d)所示。

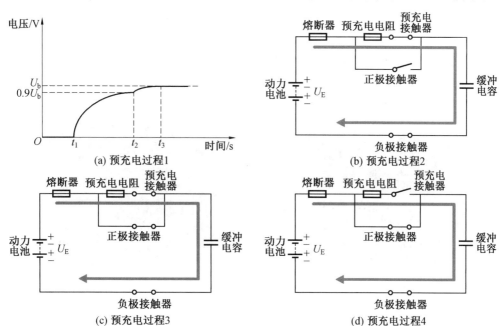

图 4.75　预充电过程示意图

完成预充电的条件如下。

(1)缓冲电容电压:达到动力电池电压的 90% 以上,如达不到预定电压,会上报预充电故障。

(2)预充电时间:预充电时间通常在 500 ms 到 1 s 以内,如时间过长或过短,会上报预充电故障。

2. 预充电电阻认知

预充电电阻是预充电电路的核心零部件,实质为功率电阻,目前新能源汽车预充电电阻常用的种类是铝壳电阻和水泥电阻器。

(1)水泥电阻器。

水泥电阻是指用水泥灌封的电阻,水泥电阻器样品如图 4.76(a)所示,内部结构如图 4.76(b)所示。水泥电阻器具有耐震、耐湿、耐热、散热性好及价格低等优点。

(a) 水泥电阻器样品　　　　　　(b) 水泥电阻器内部结构

图 4.76　水泥电阻实物图和结构示意图

(2)铝壳电阻。

铝壳电阻外壳采用铝合金制造,如图 4.77(a)所示。表面具有散热沟槽,电阻芯采用铜镍合金或是铜,内部结构如图 4.77(b)所示。铝壳电阻具有体积小、耐高温、过载能力强、精度高、电感小及稳定性高等优点。

 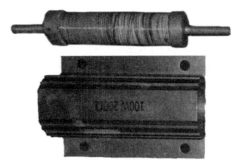

(a) 铝壳电阻外壳　　　　　　　(b) 铝壳电阻内部结构

图 4.77　铝壳电阻实物图

新能源汽车预充电时间一般只有几百毫秒,电流通过电阻丝产生的热能来不及被电阻骨架吸收,电阻丝本身将不得不承担绝大部分脉冲能量的冲击,因此一次预充电过程对预充电电阻影响不大,但短时间频繁启动预充电过程,在预充电电阻上会造成热积累,导致发生预充电电阻断路故障。

3. 预充电过程测试

预充电过程测试有助于全面理解预充电原理,包括预充电电阻测试、缓冲电容测试及预充电过程测试三部分,测试步骤如下。

(1)预充电电阻测试。

①选取一款万用表,将万用表调至电阻档,检查万用表的表笔和适配线,如有破损,立即更换。

②选取与新能源汽车预充电电阻同款的备测电阻,按照图 4.78(a)测试线路图进行测试,稳定后记录电阻阻值测试数据。

(2)缓冲电容测试。

①选取一款具有电容测试档的万用表,将万用表调至电容测试档,检查万用表的表笔和适配线,如有破损,立即更换。

②按照图 4.78(b)测试线路图进行缓冲电容测试,稳定后记录电容容值测试数据。

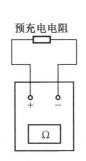
(a) 预充电电阻测试连接示意图

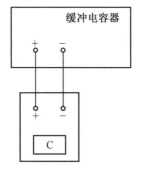
(b) 缓冲电容测试连接示意图

图 4.78 预充电电阻测试和缓冲电容测试连接示意图

(3)预充电过程测试。

①选取一款万用表,将万用表调至直流电压档,检查万用表的表笔和适配线,如有破损,立即更换。

②选取与新能源汽车预充电电路同款的电阻、正极接触器、负极接触器及缓冲电容,动力电池可选取 72 V 锂电池。

③按照预充电过程测试线路示意图进行接线,如图 4.79 所示,测试前,所有的接触器均处于断开状态。

④按照表 4.16 所示要求填写不同状态的各个节点电压,注意各个状态之间保留至少 1 min 时间,以此保证测试状态是稳定状态。

表 4.16 预充电过程测试记录表　　　　　　　　　　　　　　　单位:V

状态	U_{AC}	U_{AD}	U_{AB}	U_{BD}
正极接触器断开,负极接触器闭合,预充电接触器闭合				
正极接触器闭合,负极接触器闭合,预充电接触器闭合				
正极接触器闭合,负极接触器闭合,预充电接触器断开				

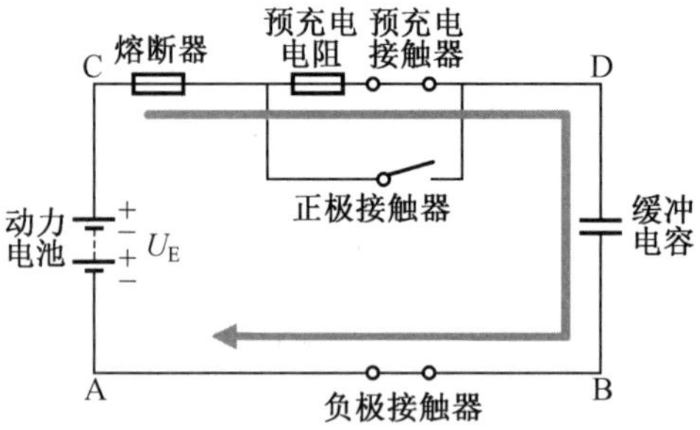

图 4.79 预充电过程测试线路示意图

二、故障信息分析

新能源汽车预充电故障发生在启动过程中，其他故障主要是在运行过程中显现出来，新能源汽车预充电故障信息包括故障码、冻结帧数据及数据流，这些故障信息是分析新能源汽车预充电的基础。

1. 故障码

新能源汽车预充电故障属于典型的综合性故障，与其关联的零部件较多，故障码可能是一个，也可能有几个相关联的故障同时上报故障码，对此需要进行深入分析。

（1）产生新能源汽车预充电故障的原因。

预充电基本原理示意图如图 4.80 所示，从中可以看出预充电过程的核心元器件是缓冲电容，在不考虑故障概率的前提下，按照元器件损坏的模式，涉及预充电过程的所有元器件可分为以下五类。

①缓冲电容。

缓冲电容是预充电过程的核心元器件，缓冲电容短路、断路及容值超差等都会引发预充电故障。

②与缓冲电容串联的零部件。

从预充电基本原理示意图可以看出，与缓冲电容串联的零部件包括高压回路的熔断器、负极接触器及连接高压线束等，这些零部件断路故障现象完全一致且都会引发预充电故障，负极接触器粘连故障对预充电没有影响，但对安全性会造成很大危害。

③与缓冲电容串联但内部并联的零部件。

从预充电基本原理示意图可以看出，与缓冲电容串联但内部并联的零部件包括高压回路的预充电接触器、预充电电阻及正极接触器等。

④与缓冲电容并联的零部件。

从预充电基本原理示意图可以看出，与缓冲电容并联的零部件包括驱动电机控制器内部的泄放电阻和电力电子器件等。

⑤检测系统和故障上报系统。

检测回路、整车控制器内故障信息存储及故障上报子系统出现故障，会造成系统误报。

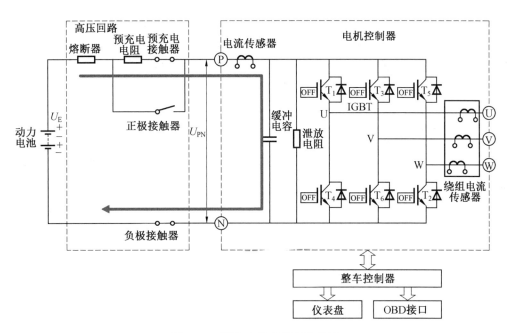

图 4.80 预充电基本原理示意图

预充电故障诊断流程如图 4.81 所示。

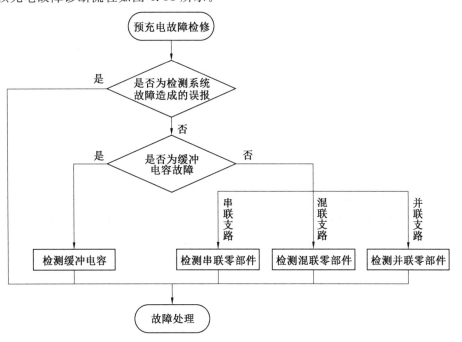

图 4.81 预充电故障诊断流程图

(2)缓冲电容。

预充电指的是缓冲电容充电,因此缓冲电容出现故障必然导致预充电故障,缓冲电容故障包括短路故障、断路故障及容值超差故障等,以缓冲电容短路故障为例进行说明,如

图 4.82(a) 所示。不同工况下缓冲电容电压如图 4.82(b) 所示,从中可知,缓冲电容不同种类的故障直接影响充电时间和缓冲电容电压。电解电容故障概率相对较高,目前绝大多数缓冲电容已采用薄膜电容,缓冲电容的故障概率已经降低很多。

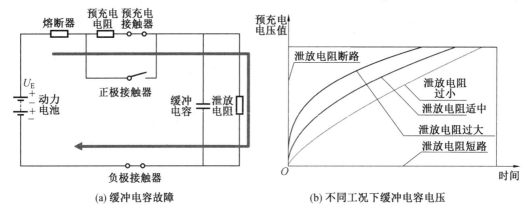

(a) 缓冲电容故障　　　　　(b) 不同工况下缓冲电容电压

图 4.82　缓冲电容故障导致预充电故障

(3) 与缓冲电容串联的零部件。

与缓冲电容串联的零部件包括负极接触器、熔断器及高压线束等。各个零部件断路均可造成预充电故障且现象完全一致,充电电流和缓冲电容电压均为零,熔断器断开故障示意图如图 4.83(a) 所示,负极接触器断路故障示意图如图 4.83(b) 所示。

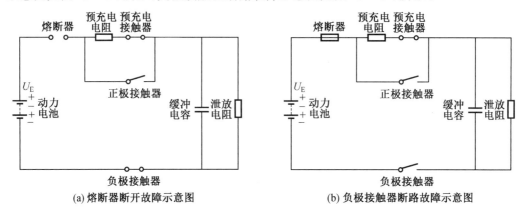

(a) 熔断器断开故障示意图　　　　　(b) 负极接触器断路故障示意图

图 4.83　熔断器断开故障和负极接触器断路故障示意图

与缓冲电容串联的零部件故障导致的预充电故障后,上报预充电故障也伴随上报熔断器断开故障和负极接触器断路故障。以北汽 EX 系列新能源汽车为例,其同时上报表4.17 所示的故障码。

表 4.17　熔断器断路故障和负极接触器断路故障

序号	故障码	故障名称	可能导致原因
1	P0A9513	主熔断器断路	熔断器热积累
2	P0AA572	负极接触器断路	(1) 负极接触器失效 (2) 负极接触器驱动通道故障

(4) 与缓冲电容串联但内部并联的零部件。

与缓冲电容串联但内部并联的零部件包括正极接触器、预充电接触器和预充电电阻。当处于 $t_1 \sim t_2$ 时刻区间,预充电接触器断路和预充电电阻断路可造成预充电故障且现象完全一致,充电电流和缓冲电容电压均为零,预充电电阻断路故障示意图如图4.84(a)所示,预充电接触器断路故障示意图如图4.84(b)所示。

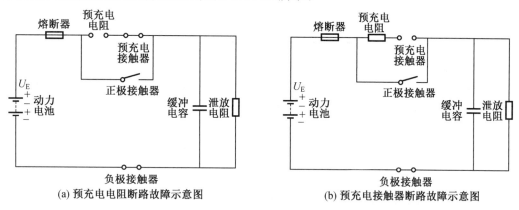

图 4.84　预充电电阻断路故障和预充电接触器断路故障示意图

当处于 $t_1 \sim t_2$ 时刻区间,正极接触器发生粘连故障,可造成预充电故障和动力电池过流故障,正极接触器发生粘连故障示意图如图4.85(a)所示。若超过了 t_2 时刻后,正极接触器发生断路故障,会造成预充电电阻烧损引发的预充电电阻断路故障,正极接触器断路故障示意图如图4.85(b)所示。

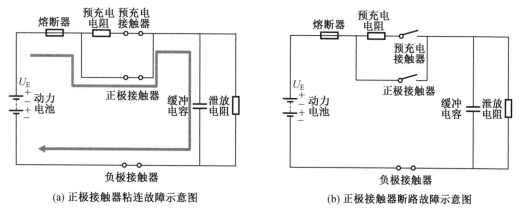

图 4.85　正极接触器粘连故障和正极接触器断路故障示意图

与缓冲电容串联但内部并联的零部件故障导致预充电故障后,上报预充电故障也伴随上报零部件故障或引发延伸故障。以北汽EX系列新能源汽车为例,其同时上报表4.18所示的故障码。

表 4.18　熔断器断路故障和负极接触器断路故障

序号	故障码	故障名称	可能导致原因
1	P11D213	预充电电阻断路	预充电电阻热积累
2	P0AE372	预充电接触器断路	(1)预充电接触器失效 (2)预充电接触器驱动通道故障
3	P0AA073	正极接触器粘连故障	(1)负载过大造成过流 (2)短路造成过流

(5)与缓冲电容并联的零部件。

从图 4.84 可知,与缓冲电容并联的零部件包括 IGBT 桥臂和泄放电阻,与缓冲电容并联的零部件断路故障对预充电过程没有影响,只有并联支路短路会影响预充电过程。若 1 个桥臂的 2 个 IGBT 同时发生短路,如图 4.86 所示,相当于将缓冲电容短路,出现的现象是缓冲电容电压为零。

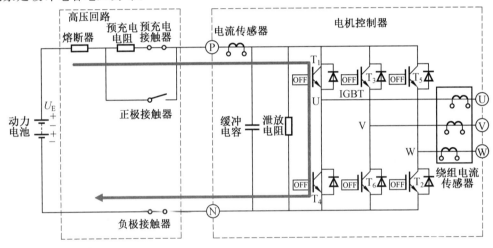

图 4.86　IGBT 短路引发预充电故障示意图

泄放电阻与缓冲电容并联,泄放电阻参数超差直接影响预充电效果,极端情况是泄放电阻短路,如图 4.87(a)所示,事故现象也是缓冲电容电压为零。泄放电阻变化对预充电时间和预充电电压的影响如图 4.87(b)所示。

与缓冲电容并联的零部件短路故障导致预充电故障后,上报预充电故障也伴随上报零部件故障或引发延伸故障。以北汽 EX 系列新能源汽车为例,其同时上报表 4.19 所示的故障码。

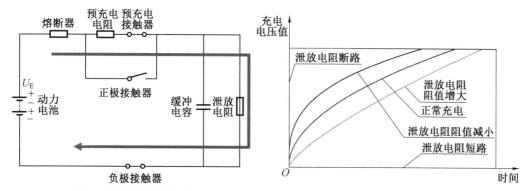

图 4.87 泄放电阻对预充电影响示意图

表 4.19 熔断器断路故障和负极接触器断路故障

序号	故障码	故障名称	可能导致原因
1	P116016	U 相 IGBT 驱动电路故障	(1)电机控制器硬件故障 (2)电机控制器软件和硬件版本不兼容
2	P116116	V 相 IGBT 驱动电路故障	(1)电机控制器硬件故障 (2)电机控制器软件和硬件版本不兼容
3	P116216	W 相 IGBT 驱动电路故障	(1)电机控制器硬件故障 (2)电机控制器软件和硬件版本不兼容
4	P103564	放电回路故障	泄放电阻短路

(6)检测系统和故障上报系统。

检测系统和故障上报系统故障导致驱动电机控制器欠压的分析方法与导致欠压故障的分析方法完全一致,此处不再重复论述。

2. 冻结帧数据

涉及新能源汽车预充电故障的冻结帧数据中最重要的物理量是驱动电机控制器母线电压,判断是否预充电还需要结合充电时间,这两个物理量是判断上报新能源汽车预充电故障的直接依据,其中预充电时间一般不在冻结帧数据中体现。

预充电发生在新能源汽车启动过程中,涉及新能源汽车预充电故障的冻结帧数据中的物理量包括铅酸电池电压、动力电池电压及母线电流,冻结帧数据可以进一步佐证故障码的意义,具体分析如下。

铅酸电池电压:用于分析铅酸电池是否亏电,若铅酸电池电压过低,可能造成某个传感器数据信息误报。

动力电池电压:比较动力电池电压和驱动电机控制器母线电压,判断是母线电压数值出现问题,还是充电时间出现问题。

母线电流:新能源汽车启动过程中若出现母线电流,说明与缓冲电容并联的 3 个 IGBT 桥臂或泄放电阻出现短路。

3. 数据流

新能源汽车重新上电,维修人员想获知新能源汽车驱动电机控制器维修前、后的状态信息,可点击故障解码仪读取数据流,获取车辆的特定状态信息,数据流显示分析方法与冻结帧数据类似。

通过新能源汽车预充电故障信息分析,可以确定可能发生故障点和原因,但确定的只是故障发生概率,若要准确确定故障点,还需要作进一步测试。根据分析确定的故障诊断方案见表4.20。

表4.20 故障诊断方案

顺序	故障零部件	可能原因或故障点	检测方法	概率分布
第一步	驱动电机控制器	检测系统、通信故障或软件版本更替	属于黑箱系统,无法通过接插件检测,可能同时上报关联故障码	概率较低
第一步	整车控制器	通信故障或软件版本更替	属于黑箱系统,无法通过接插件检测,可能同时上报关联故障码	概率较低
第二步	驱动电机控制器	电容断路、短路或容值超差	检测电容容值	概率较低
第三步	高压配电盒	熔断器熔断	检测熔断器的通断	概率较高
第三步	高压配电盒	预充电电阻断路	检测预充电电阻阻值	概率较高
第三步	高压配电盒	预充电接触器非正常断开	(1)预充电接触器主触头状态 (2)预充电接触器驱动电路状态	概率较低
第三步	高压配电盒	正极接触器非正常断开	(1)正极接触器主触头状态 (2)正极接触器驱动电路状态	概率较低
第三步	高压配电盒	正极接触器粘连	检测正极接触器主触头状态	概率较低
第三步	高压配电盒	负极接触器非正常断开	(1)负极接触器主触头状态 (2)负极接触器驱动电路状态	概率较低
第三步	高压配电盒	高压线束断路	逐段检测高压线束通断	概率极低
第四步	驱动电机控制器	IGBT短路	逐个检测IGBT状态	概率较低

三、故障点检测

新能源汽车预充电故障点集中在高压配电盒、驱动电机控制器及整车控制器3个零部件。按照表4.20制定故障诊断方案。预充电接触器的检测方法与负极接触器的检测方法一致,缓冲电容检测、熔断器检测及IGBT检测已经在前文中详细讲述,此处不再重复。对于整车控制器,售后服务机构通常只能采取尝试更换整车控制器的测试方式。本任务主要以高压配电盒内预充电电阻断路为例进行说明。高压配电盒内预充电电阻测试的操作步骤和操作动作见表4.21。

表 4.21 高压配电盒内预充电电阻测试的操作步骤和操作动作

序号	操作步骤	操作动作
1	断电操作	(1)断开钥匙开关
		(2)断开铅酸电池负极
		(3)断开新能源汽车维修开关
2	断开接插件和线束操作	(1)断开驱动电机输入高压线束
		(2)摆放高压系统断开警示牌
3	预充电电阻测试	(1)打开高压配电盒上盖
		(2)测试预充电电阻

1. 断电操作

断电操作步骤与学习情境三的学习任务 1 中的驱动电机绕组故障中断电操作一致，以此保证维修人员操作安全。

2. 断开接插件和线束操作

断开接插件和线束操作步骤与学习情境四的学习任务 1 中的驱动电机控制器欠压故障检测与维修中断开接插件和线束的操作一致。

3. 预充电电阻测试

(1)打开高压配电盒上盖。

打开高压配电盒上盖操作步骤与学习情境四的学习任务 1 中的驱动电机控制器欠压故障检测与维修中打开高压配电盒上盖的操作一致。

(2)测试预充电电阻。

①查阅维修手册或说明书中高压配电盒内部布置图，确定各个元器件的位置，找出预充电电阻的位置和连接线束，如图 4.88 所示。

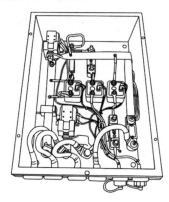

图 4.88 高压配电盒内预充电电阻位置示意图

②查阅维修手册或高压配电盒说明书中预充电电阻连接螺栓的规格，在工具车内找到合适的拆卸工具。

③采用拆卸工具拆卸预充电电阻的2个连接螺栓,拆除预充电电阻线束接插件,使其与其他电路系统隔离。

④选取一款万用表,将万用表调至电阻档,检查万用表的表笔和适配线,如有破损,立即更换。

⑤两个表笔分别接触预充电电阻两端外露金属部分,如图4.89所示。仪表盘数字稳定后,读取示数并填写电阻参数测试记录表,为了减小测量误差,建议测试三次取平均值。

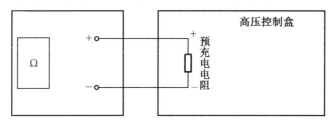

图4.89 预充电电阻测试示意图

针对新能源汽车预充电故障检测的结果确定故障修复方案,见表4.22,其中新能源汽车售后机构主要应用处理方式1进行故障修复,新能源汽车零部件厂主要应用处理方式2进行故障修复。

表4.22 新能源汽车预充电故障修复方案

序号	故障种类	处理方式1	处理方式2
1	驱动电机控制器电容故障	更换驱动电机控制器	更换电容
2	高压配电盒熔断器熔断	更换熔断器	更换熔断器
3	预充电电阻断路故障	更换预充电电阻	更换预充电电阻
4	正极接触器超间隙故障	更换高压配电盒	更换正极接触器
5	正极接触器驱动电路故障	更换整车控制器	更换电路板
6	负极接触器超间隙故障	更换高压配电盒	更换正极接触器
7	负极接触器驱动电路故障	更换整车控制器	更换电路板
8	正极接触器粘连故障	更换高压配电盒	更换正极接触器
9	高压线束断路故障	更换高压线束	更换高压线束
10	IGBT短路故障	更换驱动电机控制器	更换IGBT模块
11	驱动电机控制器检测系统故障	更换驱动电机控制器	更换控制板
12	驱动电机控制器通信故障	更换驱动电机控制器	更换控制板
13	驱动电机控制器软件故障	更换驱动电机控制器	刷新软件
14	整车控制器通信故障	更换整车控制器	更换控制板
15	整车控制器软件故障	更换整车控制器	刷新软件

四、故障修复

新能源汽车预充电故障的现象基本一致,但产生故障的原因有很多,每类故障都有各自的故障修复方式。更换高压配电盒和更换驱动电机控制器在前面已经论述,此处以高压配电盒预充电电阻断路故障修复为例进行说明,新能源汽车的预充电电阻属于易损件,通常采取更换预充电电阻的修复处理方式,具体步骤如下。更换预充电电阻的操作步骤和操作动作见表4.23。

表 4.23　更换预充电电阻的操作步骤和操作动作

序号	操作步骤	操作动作
1	安装预充电电阻	(1)拆除故障预充电电阻
		(2)安装预充电电阻
		(3)安装高压配电盒上盖
2	恢复线束接插件	(1)恢复高压配电盒输入高压线束
		(2)恢复高压配电盒输出高压线束
3	上电激活评估	由汽车维修监护人员进行检查

1. 安装预充电电阻

(1)拆除故障预充电电阻。

①查阅维修手册或高压配电盒说明书中预充电电阻安装螺栓的规格,在工具车内找到合适的拆卸工具。

②采用拆卸工具拆卸故障预充电电阻的两个安装螺栓,放置于专用工具盒内防止丢失。

③拆卸预充电电阻两侧的线束和接插件,取出故障预充电电阻并放置于故障零部件存放区。

(2)安装预充电电阻。

①在备用件区域选取与原预充电电阻一致的预充电电阻,对该预充电电阻相关部件进行检测,如发现损坏,立即更换。

②根据安装螺栓的类型和规格,确定控制器安装螺栓的推荐扭矩,在工具车内找到合适的安装工具。

③按照维修手册或高压配电盒说明书中的接线示意图,采用专用扭力扳手安装预充电电阻器,并安装螺栓和恢复线束。

(3)安装高压配电盒上盖。

安装高压配电盒上盖的操作步骤与学习情境四的学习任务4(驱动电机控制器欠压故障检测与维修)中的操作一致。

2. 恢复线束和接插件

恢复线束和接插件操作步骤与学习情境四的学习任务4(驱动电机控制器欠压故障

检测与维修)中的操作一致。

3. 上电激活和评估

更换预充电电阻后需要进行上电激活和性能评估,具体步骤与更换驱动电机后的操作步骤类似,包括新能源汽车维修监护人员进行检查、恢复维修开关、驱动电机系统激活、运行评估及摆放高压系统激活警示牌。

(1)新能源汽车维修监护人员进行检查。

新能源汽车维修监护人员进行检查操作步骤与学习情境四的学习任务 1 中的电力电子器件障中新能源汽车维修监护人员进行检查的操作一致。

(2)恢复维修开关。

恢复维修开关操作与学习情境三的学习任务 1 中的驱动电机绕组故障中恢复维修开关的操作一致,以此保证维修人员操作安全。

(3)驱动电机系统激活。

驱动电机系统激活操作与学习情境三的学习任务 1 中的驱动电机绕组故障中驱动电机系统激活的操作一致。

(4)运行评估。

预充电故障检修后还要进行运行评估,包括启动测试和运行测试等。

(5)摆放高压系统激活警示牌。

摆放高压系统激活警示牌操作与学习情境三的学习任务 1 中的驱动电机绕组故障中摆放高压系统激活警示牌操作一致,以此保证维修人员操作安全。

学习任务 6 驱动电机控制器过压故障检测与维修

【任务情境描述】

当新能源汽车运行在下坡很长且坡度比较大的工况时,驾驶员始终脚踩制动踏板以防止超速,突然发现仪表盘出现系统故障灯点亮,随之将汽车驾驶至应急车道,断电后,驾驶员重新上电,发现仪表盘中的"READY"图标没有变绿。与新能源汽车售后服务机构联系后,售后服务机构派拖车将汽车拖至就近维修机构,维修人员采用故障解码仪对新能源汽车进行故障诊断,故障解码仪出现驱动电机控制器母线过压故障和预充电故障的历史记录,维修人员按照正确的高压操作规范对故障点进行了检测和修复。

【任务实施】

一、直流接触器认知

1. 直流接触器作用

直流接触器是用在直流回路中的一种开关电器,相当于远程控制开关,新能源汽车中每个直流通路中至少有一个直流接触器,如图4.90所示,它们性能的好坏,是直接影响新能源汽车安全与否的重要条件。

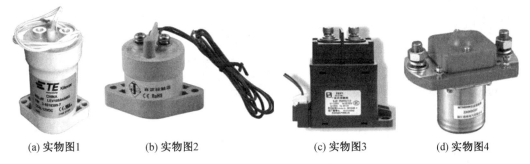

图4.90 新能源汽车用直流接触器实物图

新能源汽车用直流接触器主要有以下两个作用。

①正常运行工况时:新能源汽车正常启动、运行及停车过程中,接通或断开直流电路。
②故障运行工况时:新能源汽车故障运行时,断开直流电路,防止引发更严重的故障。

2.直流接触器的工作原理

直流接触器的结构如图4.91所示。直流接触器控制线圈通电后,线圈电流产生磁场,静铁心产生电磁力吸引动铁心,并带动触点动作(常闭触点断开,常开触点闭合,两者相互联动)。线圈断电时,电磁力消失,衔铁在反作用弹簧的作用下释放,使触点复原,常开触点断开,常闭触点闭合。直流接触器与低压继电器的工作原理类似,结构上最大区别是直流接触器的静触头和动触头在消弧室动作,安全性和可靠性更强。

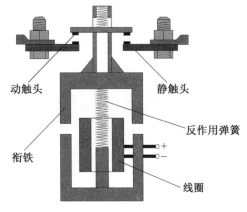

图4.91 直流接触器结构示意图

3.直流接触器的主要技术参数

直流接触器的主要技术参数包括额定电压、额定电流、电气寿命、机械寿命和额定操作频率等,其中额定工作电压、线圈的额定电压及额定工作电流三个参数最为重要,新能源汽车直流接触器铭牌如图4.92(a)、图4.92(b)及图4.92(c)所示,直流接触器原理示意图如图4.92(d)所示。

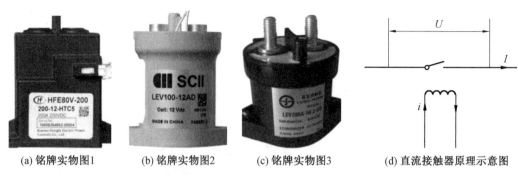

(a) 铭牌实物图1　　(b) 铭牌实物图2　　(c) 铭牌实物图3　　(d) 直流接触器原理示意图

图 4.92　新能源汽车用直流接触器铭牌实物图和原理示意图

(1)额定电压。

①额定工作电压。

直流接触器铭牌额定工作电压是指主触点上的额定工作电压,保证直流接触器在额定电流断开时,2 个主触点之间不能被击穿的电压,所以通常两个触点之间有绝缘片,以增加爬电距离,如图 4.92(a)、图 4.92(b)及图 4.92(c)所示。

②线圈的额定电压。

直流接触器的原理类似于继电器,控制线圈通电电流,稳定吸合动触头。通常采用线圈的额定电压参数来描述控制线圈,新能源汽车用直流接触器线圈的额定电压通常是 DC12 V;为了保证直流接触器的可靠性,有些接触器线圈的额定电压是一个范围,如图 4.92(c)所示的直流接触器的线圈的额定电压范围是 DC9 V～DC24 V。

(2)额定电流。

直流接触器铭牌额定电流是指主触点的额定工作电流。如图 4.92(a)和图 4.92(c)所示的直流接触器的额定工作电流是 DC200 A,图 4.92(b)所示的直流接触器的额定工作电流是 DC100 A。

(3)额定操作频率。

额定操作频率指每小时接通次数。由于存在消弧措施,相比交流接触器,直流接触器的额定操作频率更大,交流接触器额定操作频率最高为 600 次/h,直流接触器额定操作频率可高达 1 200 次/h。运行中超过额定操作频率,会造成热积累,严重时可能导致触头粘连。

4. 接触器测试方法

直流接触器是用于接通或分断直流设备的自动控制器电器,它直接影响系统的可靠性。它的控制过程是:控制线圈通电→衔铁吸合→主触头吸合,从控制过程可知,主要测试项目包括线圈电阻测试、吸合电压和释放电压测试、主触头电阻测试及接触器绝缘测试。

(1)线圈电阻测试。

直流接触器通过小电流控制大电流,小电流是指线圈电流,即控制电流。线圈电压一定时,线圈电阻变化直接改变控制电流,从而影响直流接触器吸合的可靠性。线圈电阻测试的步骤如下。

①拆除直流接触器的线圈输入线束、主触头输出线束及辅助触头线束,使直流接触器处于隔离状态。

②选取一款万用表,将万用表调至电阻档,检查万用表的表笔和适配线,如有破损,立即更换。

③按照图4.93所示测试接线示意图接线,万用表红色表笔和黑色表笔分别紧密接触线圈两端,稳定后读取示数。

④根据直流接触器线圈标称电阻值和偏差范围,计算驱动线圈电阻范围,若测试线圈电阻在此范围内,确定正常;超出此范围,则确定直流接触器损坏。一般情况下,直流接触器线圈电阻偏差范围在5%以内。

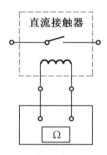

图4.93 直流接触器线圈电阻测试接线示意图

(2)吸合电压和释放电压测试。

电磁系统是直流接触器的关键组成部分,电磁铁的吸合特性在直流接触器的工作中起着重要作用。直流接触器吸合电压一般不大于额定电压的75%,保持电压在额定电压的30%~40%之间,释放电压通常不小于额定电压的10%。吸合电压和释放电压的测试步骤如下。

①根据直流接触器线圈额定电压选取可调直流电源,可调直流电压调整范围不低于0~150%线圈额定电压,电流不低于2倍线圈额定电流。

②选取一款具有短路测试档位的万用表,将万用表调至短路测试档,检查万用表的表笔和适配线,如有破损,立即更换。

③通常直流接触器线圈存在极性区分,按照图4.94(a)进行接线,接线前应当将可调电源调至最低。

④若直流接触器内部不具有续流二极管,可选择不低于2倍线圈额定电流的二极管,按照图4.94(b)进行接线。

⑤按5%额定电压的幅度从0 V缓慢向上调节,稳定后记录直流接触器状态,直到主触点稳定吸合,该电压即为吸合电压,记录吸合电压数值。然后依然按照5%额定电压继续缓慢向上调节,直至达到线圈额定电压为止。

⑥按5%额定电压的幅度从额定电压缓慢向下调节,稳定后记录直流接触器状态,直到主触点稳定断开,该电压即为释放电压,记录释放电压数值。

(3)绝缘电阻测试。

为了保证操作者和设备的安全,需要对直流接触器进行绝缘测试,外壳与带电部分之间绝缘电阻应大于100 MΩ,测试步骤如下。

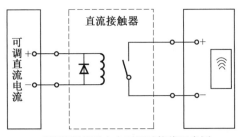 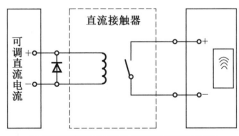

(a) 直流接触器吸合电压测试接线示意图　　(b) 直流接触器释放电压测试接线示意图

图 4.94　直流接触器吸合电压和释放电压测试接线示意图

①选择绝缘检测设备。

选取直流接触器触点额定电压 1.5 倍输出的绝缘检测设备,数字兆欧表只要具备合适的量程档位即可,手动式兆欧表需要确认最大的量程。

②若选用手动式兆欧表还需要进行开路测试和短路测试确认兆欧表的好坏,若出现测试结果不符合要求需要重新更换兆欧表。检查兆欧表的表笔和适配线,如有破损,立即更换。

③主触头绝缘测试。

绝缘测试设备黑色测试表笔夹紧直流接触器外壳,红色表笔夹紧其中一个主触头,其绝缘测试接线示意图如图 4.95(a)所示,检查接线无问题后进行上电测试,稳定后进行数据记录。按照测试方法测试另外一个主触头,其绝缘测试接线示意图如图 4.95(b)所示。每次测试后应进行放电。

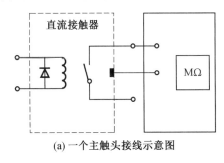 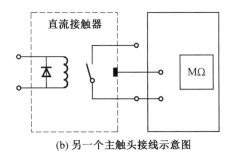

(a) 一个主触头接线示意图　　(b) 另一个主触头接线示意图

图 4.95　主触头绝缘测试接线示意图

④线圈绝缘测试。

绝缘测试设备黑色测试表笔夹紧直流接触器外壳,红色表笔夹紧线圈其中一端,其绝缘测试接线示意图如图 4.96(a)所示,检查接线无问题后进行上电测试,稳定后进行数据记录。按照同样的测试方法测试线圈另一端,绝缘测试接线示意图如图 4.96(b)所示。每次测试后应进行放电。

(4)触头电阻测试。

直流接触器主触头闭合后相当于导线,为了减小接触电阻,通常需要在主触头外表面镀含银的化合物,这与交流接触器类似,镀工业级银氧化镉(含银 85%)的接触器触头如图 4.97 所示。

电弧烧蚀等原因可能造成镀银层受损,导致触头接触电阻变大。若电流较大时触头

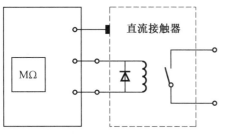
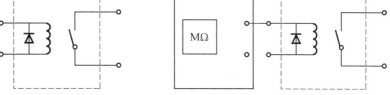

(a) 直流接触器吸合电压测试接线示意图　　　(b) 直流接触器释放电压测试接线示意图

图 4.96　线圈绝缘测试接线示意图

图 4.97　镀工业级银氧化镉的接触器触头实物图

发热严重,可能造成触头的粘连故障,即由于触头发热造成两个触头粘在一起,即使线圈断电,两个触头也不能进行彻底分离。触头电阻测试步骤如下。

①根据直流接触器线圈的额定电压选取可调直流电源,可调直流电压调整范围为线圈额定电压 0~150%,电流为 2 倍的线圈额定电流。

②选择微欧计,检查微欧计的表笔和适配线,如有破损,立即更换。

③参照图 4.98 进行接线,接线时注意将可调电源电压调整至最低。

④调整可调电源,调节线圈电压至额定电压,闭合主触头,微欧计的一个表笔夹住一个触头,另一表笔夹住另外一个触头,通电并测试电阻,稳定后记录数据。

⑤根据直流接触器触头电阻阻值和偏差范围,计算触头电阻阻值范围,若测试触头电阻阻值在此范围内,确定为正常;超出此范围,确定为直流接触器损坏。一般情况下,直流接触器触头电阻阻值偏差范围在 10% 以内。

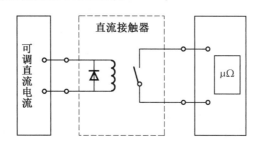

图 4.98　触头电阻测试接线示意图

二、故障信息分析

驱动电机控制器母线过压故障信息包括故障码、冻结帧数据及数据流,这些故障信息是分析驱动电机控制器母线过压故障的依据。

所有的驱动电机控制器都具有母线电压控制功能,超过预定限值时报故,主要原因在于所有的电子器件都有承受电压的上限,以主回路的核心零部件电力电子器件 IGBT 为例。电力电子器件承受的耐压与输出有关,存在一个安全工作区,系统工作点必须在安全工作区内,IGBT 模块 SKM300GB174D 的实物图如图 4.99(a)所示,短路安全工作区范围(SCSOA 区域)如图 4.99(b)所示,如果母线电压超出了 SCSOA 区域,IGBT 将出现损坏并引发连锁过流和发热效应等,因此,发生过压故障时驱动电机控制器会产生必要的干预。

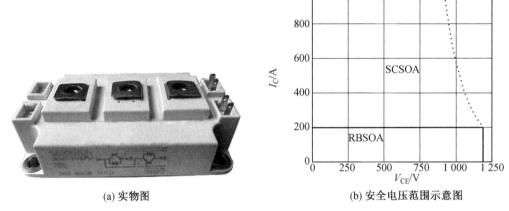

(a) 实物图　　　　　　　　(b) 安全电压范围示意图

图 4.99　IGBT 模块 SKM300GB174D 的实物图和安全电压范围示意图

1. 故障码

驱动电机控制器母线过压故障属于典型的综合性故障,与其关联的零部件较多,需要进行深入分析。

(1)驱动电机控制器母线过压的判断条件和原因。

新能源汽车正常加速和匀速行驶过程中,随着动力电池电量的降低,动力电池电压也会随之呈现非线性减小,不可能出现稳态电压升高,所以电机运行情况下的驱动电机控制器出现过压报警的概率很小。新能源汽车处于再生制动状态时,新能源汽车的动能经由处于发电状态的驱动电机转换为交流电能,再通过驱动电机控制器转化为直流电能为动力电池反向充电,这种情形下的能量转换过程示意图如图 4.100 所示。此时可能造成驱动电机控制器母线过压,但这种过压故障只是暂时的,并非长时间稳态,在新能源汽车仪表盘上没有对应关系,只能通过故障解码仪进行故障解析。

新能源汽车制动能量与传统燃油汽车有所差别,传统燃油汽车所有制动能量均来自机械制动,新能源汽车除了具有机械制动能量外,还有电气制动能量,这部分能量随能量回馈产生。电气制动限制条件如图 4.101 所示,电气制动与新能源汽车的制动防抱死系

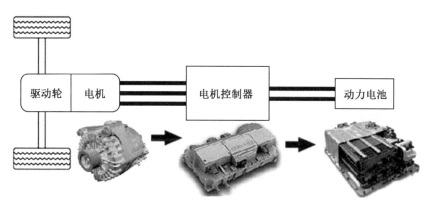

图 4.100　能量回馈制动时的能量转换示意图

统(ABS)密切相关。

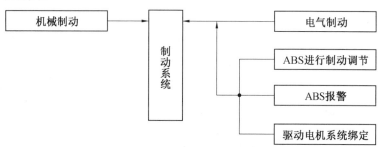

图 4.101　新能源汽车制动系统

驱动电机控制器母线电压过压故障分析示意图如图 4.102 所示。驱动电机控制器过压判断条件是母线电压高于限值,驱动电机控制器将报警或报故信息通过 CAN 总线传送给整车控制器,整车控制器记录故障码、冻结帧数据及数据流。

从图 4.102 可知,与驱动电机控制器母线电压过压的相关因素包含以下 4 种。

①驱动电机控制器的控制算法:动力电池剩余电量接近最大值,新能源汽车处于能量回馈制动,若驱动电机控制器的控制算法失控,交流电经驱动电机控制器内主回路 6 个二极管整流为直流电,造成不可控充电,使动力电池吸收电能,母线上的电压升高造成驱动电机控制器过压故障。

②高压回路:回馈能量是指机械能由电机转化为电能,直流电通过高压回路传送给动力电池,同时也为缓冲电容充电。若高压回路中的元器件断开,缓冲电容储存的电能很快就使直流母线电压升高。

③缓冲电容:驱动电机控制器内缓冲电容的作用之一就是吸收回馈机械能,若缓冲电容发生断路,则失去缓冲作用;若同时发生不可控整流,则电压迅速上升导致过压。

④检测系统和故障上报系统:检测回路、整车控制器内故障信息存储及故障上报子系统出现故障,会造成系统误报。

综合新能源汽车驱动电机控制器母线过压故障产生的原因,其诊断流程如图 4.103 所示。

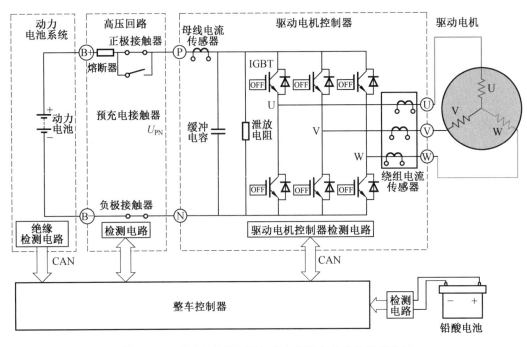

图 4.102 驱动电机控制器母线电压过压故障分析示意图

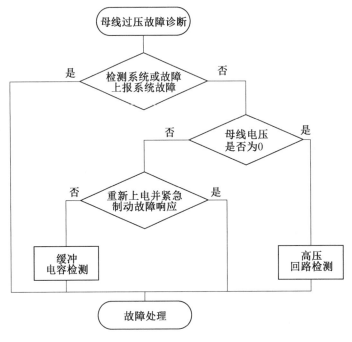

图 4.103 母线过压故障诊断流程

(2)驱动电机控制器的控制算法。

当新能源汽车动力电池的剩余电量接近最大值时,一般情况下,根据能量回馈控制算法,停止向动力电池充电。若驱动电机控制器的控制算法失控,驱动电机控制器内部

IGBT关闭,其等效示意图如图4.104所示,交流电经6个二极管整流为直流电,造成了不可控充电,母线电压的升高可能引发驱动电机控制器母线过压故障。

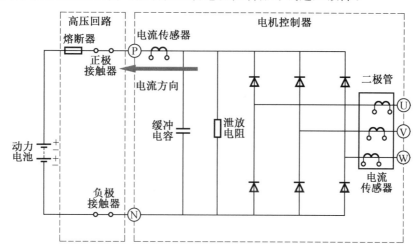

图4.104 驱动电机控制器的控制算法失控造成过压示意图

导致驱动电机控制器的控制算法失控的原因通常是电磁干扰,其导致新能源汽车断电,重新激活后,通常故障现象会自动消失。

以天津松正新能源汽车有限公司的驱动电机控制器为例,其过压严重程度分为两个级别。该控制器的额定电压是72 V,其使用说明书中关于过压故障给出的母线电压技术条件如下。

①电机控制器母线电压大于配置的电压过压值±2 V时,驱动电机处于过压运行状态,此时电机控制器内部闭环电流使电机控制器按比例限制输出最大电流。

②电机控制器母线电压大于配置的严重过压值±2 V,驱动电机处于严重过压状态,此时电机控制器不输出。

该驱动电机控制器的故障名称、故障产生条件及故障处理方式见表4.24。

表4.24 电机控制器过压故障信息

故障名称	故障产生条件	故障处理方式
过压	严重过压值±2 V≤控制器母线电压≤配置的电压值±2 V	控制器按比例输出最大电流
严重过压	严重过压值±2 V≤控制器母线电压	控制器不输出

(3)缓冲电容。

驱动电机控制器中的缓冲电容可防止母线电压突变,缓冲电容断路导致驱动电机控制器过压的充分条件如下。

①上报驱动电机控制器母线过压故障。

②没有上报母线电压检测系统和故障上报系统故障。

③驱动电机控制器母线存在反向电流。

非故障状态下能量回馈电路示意图如图4.105(a)所示,发电机输出电流分别向缓冲电容和动力电池充电,缓冲电容的特性是保证动力电池电压不能突变。缓冲电容断路故障状态下的能量回馈电路示意图如图 4.105(b)所示,发电机输出电流只能向动力电池充电,可能引发驱动电机控制器母线过压。

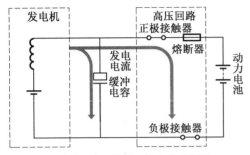 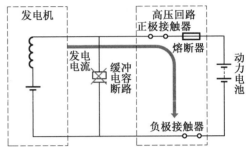

(a) 非故障状态下能量回馈电路示意图　　(b) 缓冲电容断路故障状态下的能量回馈电路示意图

图 4.105　缓冲电容状态对母线电压影响示意图

(4) 高压回路。

高压回路是动力电池与高压零部件之间的控制通路。高压回路断开导致驱动电机控制器过压的充分条件如下。

①上报驱动电机控制器母线过压故障。
②没有上报母线电压检测系统和故障上报系统故障。
③驱动电机控制器母线不存在反向电流。

高压回路断路不但可以引发驱动电机控制器欠压故障,还可能导致驱动电机控制器过压故障。高压回路元器件包括主熔断器、正极接触器、负极接触器及高压线束等,其中任何一个元器件在正常运行过程中发生非正常断开时,发电机输出的电能只能为储能元件缓冲电容充电,抬升了驱动电机控制器的母线电压并引发报故,高压线束发生断路故障的概率极小,此处暂且不考虑。以熔断器断路故障为例,其发生断路后的示意图如图 4.106 所示。

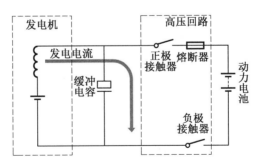

图 4.106　熔断器断路后引发驱动电机控制器过压故障示意图

高压回路断路故障引发驱动电机控制器过压故障,上报驱动电机控制器过压故障码的同时,也可能上报高压回路零部件断路故障。以北汽 EX 系列新能源汽车为例进行说明,高压回路断路故障列表见表 4.25。

表 4.25 高压回路断路故障列表

序号	故障码	故障名称	可能导致原因
1	P0A9513	主熔断器断路	熔断器热积累
2	P0AA572	负极接触器断路	(1)负极接触器失效 (2)负极接触器驱动通道故障
3	P0AA272	正极接触器断路	(1)正极接触器失效 (2)正极接触器驱动通道故障
4	P11D574	正极接触器驱动通道故障	驱动通道硬件故障

(5)检测系统和故障上报系统。

检测系统和故障上报系统故障导致驱动电机控制器过压的分析方法与导致欠压故障的分析方法完全一致,此处不再重复论述。

2. 冻结帧数据

涉及驱动电机控制器过压故障的冻结帧数据中最重要的物理量是驱动电机控制器母线电压,它是判断上报驱动电机控制器过压故障码的直接依据。

涉及驱动电机控制器过压故障的冻结帧数据中的其他物理量还包括铅酸电池电压、驱动电机系统状态、动力电池电压、绝缘电阻、母线电流、绕组电流、电机控制器温度、档位状态、加速踏板开度及制动状态等,冻结帧数据可以进一步佐证故障码的意义,具体分析如下。

铅酸电池电压:用于分析铅酸电池是否亏电和 DC/DC 是否正在为辅助电池充电,若铅酸电池电压过低,可能造成某个传感器数据信息误报。

驱动电机系统状态:分析驱动电机控制器发生的过压故障时的驱动电机系统状态,包括驱动电机控制器是否完成初始化、驱动电机处于电动状态还是发电状态、驱动电机系统处于转矩模式还是转速模式、驱动电机的旋转方向及预充电是否完成等,这些信息用于判断发生故障时驱动电机的工况。

动力电池电压:比较动力电池电压和驱动电机控制器母线电压,若两者相差较大,说明高压回路出现断路。若同时处于较低电压且相差很小,说明高压回路没有出现断路。

母线电流:若母线电流为正值,说明驱动电机处于电动状态,动力电池放电;若母线电流为负值,说明驱动电机处于发电状态,为动力电池充电。

档位状态:在绕驱动电机控制器过压故障状态下,分析驱动电机处于前进状态还是倒车状态,通常情况下,倒车状态的驱动电机不能进行能量回馈。

加速踏板开度:在驱动电机控制器过压故障状态下,通过加速踏板开度分析驾驶员对驱动电机系统的速度给定和电机是否处在电动状态,并与档位状态和电机状态下的进行相互认证。通常加速踏板会有两个输出。

制动状态:在驱动电机控制器过压故障状态下,通过制动踏板开度分析电机是否处在发电状态,并与档位状态和电机状态下的进行相互认证。

3. 数据流

新能源汽车重新上电,维修人员想获知新能源汽车驱动电机控制器维修前、后的状态信息,可点击故障解码仪读取数据流,获取车辆的特定状态信息,数据流显示的分析方法与冻结帧数据类似。

通过驱动电机控制器母线电压过压故障信息分析,可以确定可能发生的故障点和原因,但确定的只是故障发生概率,若要准确确定故障点,还需要作进一步测试。根据分析确定的故障诊断方案见表4.26。

表4.26 故障诊断方案

顺序	故障零部件	可能原因或故障点	检测方法	概率分布
第一步	驱动电机控制器	检测系统、通信故障或软件版本更替	属于黑箱问题,无法通过接插件检测,可能同时上报关联故障码	概率较低
	整车控制器	通信故障或软件版本更替	属于黑箱问题,无法通过接插件检测,可能同时上报关联故障码	概率较低
第二步	驱动电机控制器	控制算法失控	重新上电激活并作紧急制动	概率最高
第三步	高压配电盒	熔断器熔断	检测熔断器的通断	概率较高
		正极接触器非正常断开	(1)正极接触器超间隙故障 (2)正极接触器驱动电路故障	概率较低
		负极接触器非正常断开	(1)负极接触器超间隙故障 (2)负极接触器驱动电路故障	概率较低
		高压线束断路	逐段检测高压线束的通断	概率极低
第四步	驱动电机控制器	电容断路	检测电容容值	概率较低

三、故障点检测

驱动电机控制器母线电压过压故障点集中在高压配电盒、驱动电机控制器及整车控制器3个零部件。按照表4.26制定故障诊断方案,其中驱动电机控制器检测已经在前文中详细讲述,此处不再重复。对于整车控制器,售后服务机构通常只能采取尝试更换整车控制器测试方法。本任务主要以探讨高压配电盒内直流接触器非正常断开为主,高压回路中正极接触器和负极接触器串联,因此需要同时检测两个接触器是否发生了非正常断开,测试包含以下两部分内容。

①直流接触器驱动线圈和触点故障测试:包括驱动线圈电阻测试和主触点是否发生超间隙故障测试。

②直流接触器驱动电路测试:直流接触器驱动电路通常位于整车控制器内部,需要对整车控制器进行测试。

高压配电盒内直流接触器测试的操作步骤和操作动作见表4.27。

表 4.27　高压配电盒内直流接触器测试的操作步骤和操作动作

序号	操作步骤	操作动作
1	断电操作	(1)断开钥匙开关 (2)断开铅酸电池负极 (3)断开新能源汽车维修开关
2	断开接插件和线束操作	(1)断开驱动电机输入高压线束 (2)断开高压配电盒输出高压线束 (3)摆放高压系统断开警示牌
3	直流接触器测试	(1)打开高压配电盒上盖 (2)测试直流接触器

1. 断电操作

断电操作步骤与学习情境三的学习任务 1 中的驱动电机绕组故障中的断电操作一致,以此保证维修人员操作安全。

2. 断开接插件和线束操作

断开接插件和线束操作步骤与学习情境四的学习任务 4(驱动电机控制器欠压故障检测与维修)中的断开接插件和线束操作一致。

3. 直流接触器测试

(1)打开高压配电盒上盖。

打开高压配电盒上盖操作步骤与学习情境四的学习任务 4(驱动电机控制器欠压故障检测与维修)中打开高压配电盒上盖的操作一致。

(2)测试直流接触器。

①查阅维修手册或说明书中高压配电盒内部布置图,确定各个元器件的位置,找出正极接触器和负极接触器的位置和连接线束,如图 4.107 所示。

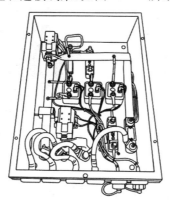

图 4.107　高压配电盒内熔断器位置示意图

②查阅维修手册或高压配电盒说明书中正极接触器和负极接触器连接螺栓的规格,

在工具车内找到合适的拆卸工具。

③采用拆卸工具拆卸正极接触器 2 个连接螺栓,拆除正极接触器驱动线束接插件,使其与其他电路系统隔离。

④选取一款具有短路测试功能的万用表,将万用表调至短路档,检查万用表的表笔和适配线,如有破损,立即更换。

⑤根据直流接触器线圈的额定电压选取可调直流电源,可调直流电压调整范围为线圈额定电压 0~150%,电流不低于 2 倍线圈额定电流。

⑥正极接触器线圈电阻测试,按照图 4.108(a)所示连接测试线路图。示数稳定后记录正极接触器驱动线圈电阻,判断驱动线圈是否发生损坏。

⑦正极接触器主触点测试,按照图 4.108(b)所示连接测试线路图,连接时注意将可调电源电压调至最低。将可调电源电压调至线圈额定电压,观察测试主触点的万用表,若主触点闭合,则说明正极接触器正常;若没有闭合,则说明发生了超间隙故障。

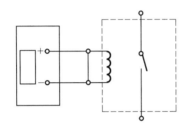 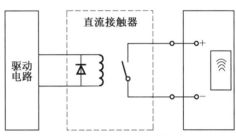

(a) 正极接触器线圈电阻测试　　　　　　(b) 正极接触器主触点测试

图 4.108　正极接触器测试示意图

⑧同理测试负极接触器是否发生了故障。

正极接触器和负极接触器的控制电路和驱动电路通常位于整车控制器内部,整车控制器如图 4.109(a)所示,内部电路板如图 4.109(b)所示,该部分测试需要采用专用工装或测试程序,此处不作论述。

(a) 整车控制器　　　　　　　　　　　(b) 内部电路板

图 4.109　整车控制器实物图

针对驱动电机控制器过压故障检测的结果确定故障修复方案,见表 4.28,其中新能源汽车售后机构主要应用处理方式 1 进行故障修复,新能源汽车零部件厂主要应用处理方式2进行故障修复。

表4.28 故障修复方案

序号	故障种类	处理方式1	处理方式2
1	驱动电机控制器的控制算法失控	更换整车控制器	刷新软件
2	高压配电盒熔断器熔断	更换熔断器	更换熔断器
3	正极接触器超间隙故障	更换高压配电盒	更换正极接触器
4	正极接触器驱动电路故障	更换整车控制器	更换电路板
5	负极接触器超间隙故障	更换高压配电盒	更换正极接触器
6	负极接触器驱动电路故障	更换整车控制器	更换电路板
7	驱动电机控制器电容断路	更换驱动电机控制器	更换电容
8	驱动电机控制器检测系统故障	更换驱动电机控制器	更换控制板
9	驱动电机控制器通信故障	更换驱动电机控制器	更换控制板
10	驱动电机控制器软件故障	更换驱动电机控制器	刷新软件
11	整车控制器通信故障	更换整车控制器	更换控制板
12	整车控制器软件故障	更换整车控制器	刷新软件

四、故障修复

每一种新能源汽车驱动电机控制器过压故障可能引发多个类似故障,每类故障都有类似的故障修复方式。更换驱动电机、驱动电机控制器及熔断器在前面已经论述,此处以高压配电盒接触器非正常断开为例进行说明,接触器包含正极接触器和负极接触器,故障修复方式采用更换高压配电盒方式,更换高压配电盒的操作步骤和操作动作见表4.29。

表4.29 更换高压配电盒的操作步骤和操作动作

序号	操作步骤	操作动作
1	拆卸高压配电盒	(1)安装高压配电盒上盖
		(2)拆下接地平衡线与接地片
		(3)拆卸故障高压配电盒
2	安装高压配电盒	(1)安装高压配电盒
		(2)安装接地平衡线与接地片
3	恢复线束接插件	(1)恢复高压配电盒输入高压线束
		(2)恢复高压配电盒输出高压线束
4	上电激活评估	(1)由汽车维修监护人员进行检查
		(2)恢复维修开关
		(3)驱动电机系统激活
		(4)运行评估
		(5)摆放高压系统激活警示牌

1. 拆卸故障高压配电盒

(1)安装高压配电盒上盖。

安装高压配电盒上盖操作步骤与学习情境四的学习任务4(驱动电机控制器欠压故障检测与维修)中的安装高压配电盒上盖操作一致。

(2)拆下接地平衡线与接地片。

①查阅维修手册或高压配电盒说明书中接地平衡线安装螺栓的规格,在工具车内找到合适的拆卸工具。

②采用拆卸工具拆卸接地平衡线安装螺栓,拆卸下来的螺栓和接地片放置于专用工具盒内。接地平衡线拆卸前的示意图如图4.110(a)所示,接地平衡线拆卸后的示意图如图4.110(b)所示。

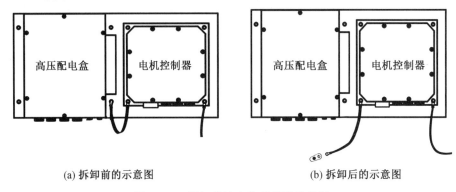

(a) 拆卸前的示意图　　　　　　　(b) 拆卸后的示意图

图 4.110　拆卸接地电位平衡线示意图

(3)拆卸故障高压配电盒。

①查阅维修手册或高压配电盒说明书中安装螺栓的规格,在工具车内找到合适的拆卸工具。

②采用拆卸工具拆卸接地平衡线安装螺栓,注意按照对角线位置进行拆卸,拆卸下来的螺栓放置于专用工具盒内。拆卸高压配电盒示意图如图4.111(a)所示,故障配电盒放置于故障件摆放区,如图4.111(b)所示,防止与备用件混淆。

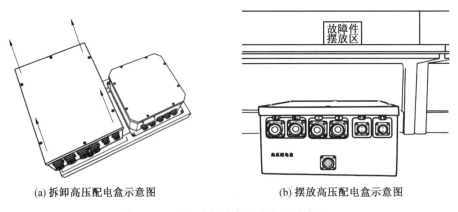

(a) 拆卸高压配电盒示意图　　　　　(b) 摆放高压配电盒示意图

图 4.111　拆卸和摆放高压配电盒示意图

2. 安装高压配电盒

(1)安装高压配电盒。

①按照高压配电盒安装螺栓的规格,从工具车内找到合适的安装工具。

②从备件区将备用的高压配电盒安装在原高压配电盒位置,使用扭矩扳手安装固定螺栓时注意按照对角线交替安装,最后加预定扭矩。此处需要注意的是,安装高压配电固定连接螺栓时需要进行外观检查,如出现螺纹损伤,则需要进行更换。

(2)安装接地平衡线与接地片。

从备件区将备用的接地平衡线和接地片安装在原高压配电盒位置,采用扭矩扳手安装螺栓。此处需要注意的是,安装螺栓时需要进行外观检查,如出现螺纹损伤,则需要进行更换,接地片必须更换为新件。

3. 恢复线束和接插件

恢复线束和接插件的操作步骤与学习情境四的学习任务4(驱动电机控制器欠压故障检测与维修)中的恢复线束和接插件操作一致。

4. 上电激活和评估

更换高压配电盒后需要进行上电激活和性能评估,具体步骤与更换驱动电机后的操作步骤类似,包括新能源汽车维修监护人员进行检查、恢复维修开关、驱动电机系统激活、运行评估及摆放高压系统激活警示牌。

(1)新能源汽车维修监护人员进行检查。

新能源汽车维修监护人员进行检查操作步骤与学习情境四的学习任务1中的电力电子器件障中的检查操作一致。

(2)恢复维修开关。

恢复维修开关操作与学习情境三的学习任务1中的驱动电机绕组故障中恢复维修开关操作一致,以此保证维修人员操作安全。

(3)驱动电机系统激活。

驱动电机系统激活操作与学习情境三的学习任务1中的驱动电机绕组故障中驱动电机系统激活操作一致。

(4)运行评估。

高压配电盒检修并激活后,先清除驱动电机控制器过压故障码,然后进行运行评估,观察是否还存在故障或产生新的故障。

根据驱动电机控制器过压故障的检修方式,运行评估方式也有所差别。

①整体更换高压配电盒方式。需要对新能源汽车系统或驱动电机系统试验台进行上电运行测试,观察运行现象和数据是否正常。

②更换直流接触器方式。需要对高压配电盒进行出厂测试。

(5)摆放高压系统激活警示牌。

摆放高压系统激活警示牌操作与学习情境三的学习任务1中的驱动电机绕组故障中摆放高压系统激活警示牌操作一致,以此保证维修人员操作安全。

学习任务7　主熔断器熔断故障检测与维修

【任务情景描述】

新能源汽车行驶时,驾驶员发现仪表盘中的系统故障图标点亮,驾驶员联系维修站后,新能源汽车被拖至维修站。售后维修人员采用故障解码仪进行故障信息提取,故障码是主熔断器熔断故障,售后维修人员按照高压操作规范进行故障诊断、确认及修复,在上电评估时又发现新的故障,经2次故障信息解析、制定故障诊断方案、确认故障点、维修及评估后,最终确认维修完毕。

【任务实施】

一、故障信息分析1

售后维修人员对新能源汽车上电后,发现仪表盘中的系统故障图标依然点亮,维修人员采用故障解码仪进行故障信息提取。

1. 故障码

采用故障解码仪提取唯一的故障码是主熔断器熔断故障,熔断器熔断故障属于典型的综合性故障,与其关联的零部件较多,需要进行深入分析。

(1)熔断器熔断的判断条件和原因。

主熔断器熔断故障分析示意图如图4.112所示,熔断器熔断是各类短路故障或自身老化的结果,故障诊断需要对产生的原因进行分析。

从图4.112可知,与熔断器断路故障相关的原因主要包含以下3种。

①熔断器。熔断器发生老化,熔断器电阻增加,可能导致即使回路电流不大,但同样会造成熔断器断路故障。

②驱动电机系统。驱动电机系统的驱动电机控制器或驱动电机内部发生短路故障时,会造成系统回路电流迅速升高,熔断器热积累造成熔断器断路。

③检测系统和故障上报系统。检测回路、整车控制器内故障信息存储及故障上报子系统出现故障,会造成系统误报。

造成熔断器断路故障的3种原因中,驱动电机系统短路造成过温的概率最大,其次是熔断器老化,概率最小的是检测系统和故障上报系统故障。按照故障概率的大小选取故障点检测可以节约维修时间,熔断器断路故障检测流程如图4.113所示。

(2)熔断器老化。

判断熔断器老化造成熔断器断路的条件是熔断器真实断路且回路电流较小。

造成熔断器老化失效的原因比较复杂,主要包括如下几种。

①熔断器缺陷失效模式。

熔断器本身存在质量缺陷,如局部有颈缩、缺口及破损等,这些部位的电流容量会降

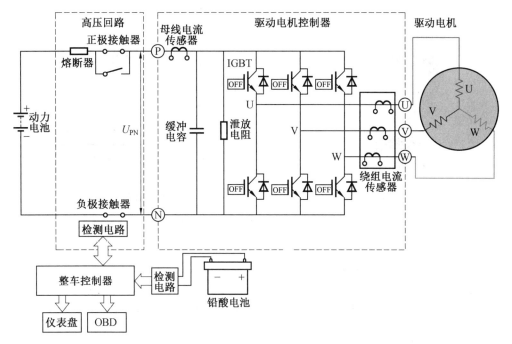

图 4.112　主熔断器熔断故障分析示意图

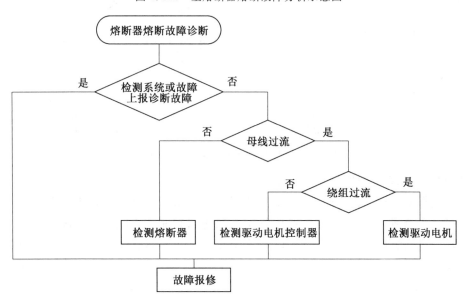

图 4.113　熔断器断路故障检测流程

低,当电流流过时,该部位首先会熔断。

②安装不当失效模式。

熔断器安装不当形式包括,两侧高低差距超差、平直度平超差、弯折扭曲的程度超差及安装扭力超差等,安装不当会导致熔断器的电气性能部分或完全丧失。

西联新能源汽车 BTZ 系列熔断器实物图如图 4.114(a)所示,厂家推荐的绝缘底座安装方式示意图如图 4.114(b)所示。

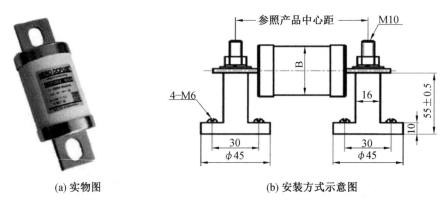

(a) 实物图　　　　　(b) 安装方式示意图

图 4.114　西联新能源汽车 BTZ 系列熔断器实物图和安装方式示意图

③环境变化失效模式。

熔断器熔断与环境密切相关,包括冷却风速、环境温度、冲击及振动等。

风速越大,修正系数 K_v 越大,熔断电流越小,风速修正系数如图 4.115(a)所示。温度越高,修正系数 K_t 越小,熔断电流越小,温度修正系数如图 4.115(b)所示。

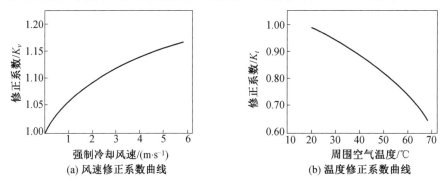

(a) 风速修正系数曲线　　　(b) 温度修正系数曲线

图 4.115　熔断器修正系数曲线示意图

(3)驱动电机系统短路造成熔断器断路。

驱动电机系统短路包括驱动电机绕组短路和新能源汽车驱动控制器内部短路,短路势必造成过流故障,分析过程与学习任务 3(驱动电机控制器母线过流故障检测与维修)中的驱动电机绕组短路导致母线过流故障和新能源汽车驱动控制器内部短路故障的分析过程一致。

(4)检测系统和故障信息传输系统。

熔断器检测与信号传输示意图如图 4.116 所示,分别检测熔断器两端对动力电池的负极电压。

①熔断器正常工作时:熔断器两端位置对动力电池负极电压基本都等于动力电池电压。

②熔断器熔断时:熔断器两端位置对动力电池负极电压不相等,差值基本都等于动力电池电压。

电路检测的数值经通信系统传送给整车控制器,整车控制器在线下载并记录,同时传

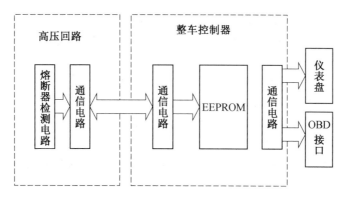

图 4.116 熔断器检测与信号传输示意图

送给仪表盘。故障解码仪通过 OBD 接口调用故障信息。

高压回路可以放置于独立的高压配电盒内,也可以放置于动力电池包内部,目前主流是放置在动力电池包内部。高压回路与整车控制器通信、整车控制器内故障信息存储及整车控制器与仪表盘之间通信等环节同样可能发生故障,可能发生熔断器熔断故障误报,此类故障属于黑箱问题,无法采用外部接插件检测出故障点,若无准确故障码上报,出现此类故障只能采取尝试更换高压回路系统或整车控制器解决。

新能源汽车具有内部自检系统,检查熔断器检测与信号传输过程中引发的故障并上报故障码,以北汽 EX 系列新能源汽车为例,其熔断器检测信号传输系统故障码见表 4.30。

表 4.30 熔断器检测信号传输系统故障码

序号	故障码	故障名称	可能导致原因
1	U025582	节点通信总线故障	(1)通信发送 CAN 报文故障 (2)线束或接插件故障 (3)软件版本不匹配 (4)电磁干扰
2	P062F46	整车控制器 EEPROM 故障	(1)电磁干扰 (2)非正常掉电
3	P11D144	EEPROM 读写故障	(1)电磁干扰 (2)非正常掉电

2. 冻结帧数据

涉及熔断器熔断故障冻结帧数据中最重要的物理量是熔断器状态,其是判断上报故障码的直接依据。

涉及熔断器断路故障冻结帧数据中其他的物理量主要包括母线电流、绕组电流、铅酸电池电压、驱动电机系统状态、电机本体温度、扭矩、电机转速、档位状态、加速踏板开度及制动状态等。冻结帧数据具体分析如下。

母线电流:在熔断器断路故障状态下,分析驱动电机系统是否存在过流,若绕组过流,则说明驱动电机出现短路故障;若绕组没有过流,则说明驱动电机控制器内部出现短路故障。

绕组电流：在熔断器断路故障状态下，用于判断驱动电机控制器内部短路还是驱动电机短路。三相绕组的各相电流与驱动电机输出转矩进行相互印证，同时可以分析三相电流是否发生了不均衡。

铅酸电池电压：用于分析铅酸电池是否亏电和DC/DC是否正在非辅助铅酸电池充电，若铅酸电池电压过低，可能造成传感器数据信息误报。

驱动电机系统状态：分析熔断器发生熔断故障时的驱动电机系统状态，包括驱动电机控制器是否完成初始化、驱动电机处于电动状态还是发电状态、驱动电机系统处于转矩模式还是转速模式、驱动电机的旋转方向及预充电是否完成等，这些信息用于判断发生故障时驱动电机的工况。

扭矩：分析熔断器断路故障状态下驱动电机输出转矩，与短路时的进行相互认证。

档位状态：在熔断器断路故障状态下，分析驱动电机处于前进状态还是倒车状态。

加速踏板开度：在熔断器断路故障状态下，通过加速踏板开度分析驾驶员对驱动电机系统的速度给定和电机是否处在电动状态，与档位状态和电机状态下的进行相互认证。通常加速踏板会有两个输出。

制动状态：在熔断器断路故障状态下，通过制动踏板开度分析电机是否处在发电状态，与档位状态和电机状态下的进行相互认证。

3. 数据流

新能源汽车重新上电，可点击故障解码仪读取数据流，获取车辆的特定状态信息，数据流显示分析方法与冻结帧数据类似。

通过熔断器断路故障信息分析，可以确定可能发生故障的部位及其原因，但确定的只是故障发生概率，若要准确确定故障点，还需要作进一步测试。根据分析确定的故障诊断方案见表4.31。

表4.31 故障诊断方案

故障零部件	可能故障点	检测方法	概率分布
熔断器	熔断器熔断	检测熔断器	概率较高
驱动电机	绕组匝间短路	检测绕组直流电阻	概率较高
	绕组相间短路	检测绕组直流电阻	概率较高
驱动电机控制器	IGBT短路	检测IGBT反并联二极管导通电压	概率较高
	电容短路	检测电容容值	概率较低
	泄放电阻短路	检测电阻阻值	概率较低
整车控制器	通信故障或软件版本更替	属于黑箱问题，无法通过接插件检测，可能看是否上报故障码	概率较低
	整车控制器EEPROM故障	属于黑箱问题，无法通过接插件检测，可能看是否上报故障码	概率较低

按照表4.31制定故障诊断方案，逐一对可能故障点进行检测，并按照常规方法对故障零部件和熔断器进行更换，修复后上电测试评估，新能源汽车仪表盘显示预充电成功，运行也没发现异常，断电后闲置5 min后，重新上电，若仪表盘中的系统故障图标点亮，则

需要重新进行故障诊断。

二、故障信息分析 2

售后维修人员对新能源汽车上电后,发现仪表盘中的系统故障图标依然点亮,维修人员采用故障解码仪进行故障信息提取。

1. 故障码

采用故障解码仪提取唯一的故障码是负极接触器粘连故障,接触器粘连也称为接触器主触点粘连,即由于局部触头熔化使静触头和动触头粘连在一起,即使控制线圈断电,粘连部位也不分离。特斯拉新能源汽车使用的直流接触器如图 4.117(a)所示,粘连后的静触头和动触头如图 4.117(b)和图 4.117(c)所示。

(a) 直流接触器

(b) 粘连后的静触头

(c) 粘连后的动触头

图 4.117 直流接触器和粘连后的触头实物图

(1)直流接触器粘连的判断条件和原因。

负极接触器粘连故障分析示意图如图 4.118 所示。

从图 4.118 可知,与负极接触器粘连故障有关的原因包含以下 5 种。

①负极接触器。负极接触器若发生老化,触点接触电阻增加,可能导致即使回路电流不大,但同样会造成负极接触器粘连。

②负极接触器驱动电路。12 V 铅酸电池电压过低或负载接触器驱动电路故障,导致动触头的吸力不足,造成动触头反复振动,发生电弧熔焊,造成负极接触器粘连。

③驱动电机系统。驱动电机系统的驱动电机控制器或驱动电机内部发生过流时,按照新能源汽车控制器策略,带载断开接触器造成拉弧,造成负极接触器粘连。

④预充电系统。预充电不充分或未完成预充电时,闭合动触头和静触头时产生拉电弧。

⑤检测系统和故障上报系统。检测回路、整车控制器内故障信息存储及故障上报子系统出现故障时,会造成系统误报。

造成负极接触器粘连故障的 5 种原因中,驱动电机系统过流和预充电失败导致负极接触器粘连的概率最大,其次是负极接触器驱动电路控制信号不稳定,再次是负极接触器老化,概率最小的是检测系统和故障上报系统故障,此处暂且认为检测系统没有故障。按照故障概率的大小选取检测故障点可以节约维修时间,按照运行工况可以分为两种讨论。

①新能源汽车运行过程中:发生负极接触器粘连故障的主要原因是负载发生短路,负

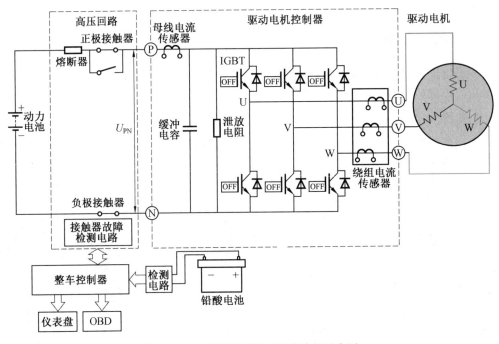

图 4.118　负极接触器粘连故障分析示意图

极接触器粘连故障检测流程如图 4.119 所示。

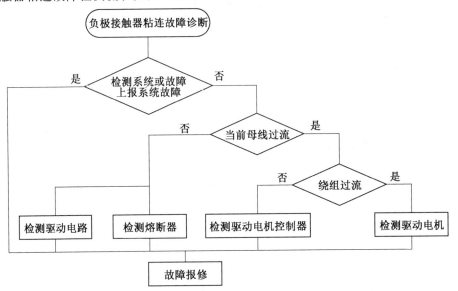

图 4.119　新能源汽车运行过程中负极接触器粘连故障检测流程图

②新能源汽车启动过程中：发生负极接触器粘连故障的主要原因是负极直流接触器本身和驱动电路发生故障，负极接触器粘连故障检测流程如图 4.120 所示。

第二次故障诊断过程中出现负极接触器粘连故障，需要根据历史故障记录时间进行判断，也可根据启动过程中仪表盘系统故障灯是否点亮进行判断。以下对产生粘连故障的原因进行逐一检测。

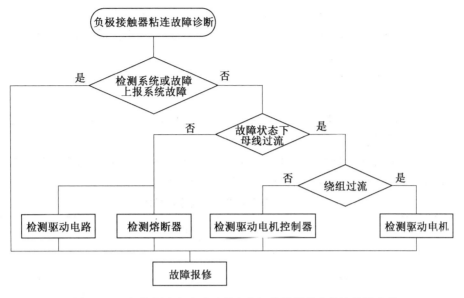

图 4.120 新能源汽车启动过程中负极接触器粘连故障检测流程

(2)负极接触器。

负极接触器粘连故障检测首先需要判断是负极接触器本身老化问题还是外部问题,通常负极接触器本身老化问题的判断条件有四个且应当同时具备。

①维修人员通过故障解码仪进行故障信息解读过程中,发现具有负极接触器粘连故障记录但没有预充电相关故障记录。

②驱动电机系统中母线电流和相电流均在正常数值范围内。

③12 V 铅酸电池的电压在正常数值范围内且没有上报线圈驱动电路相关故障信息。

④没有上报接触器检测系统和通信故障信息。

同时具备了上述四个条件,说明发生负极接触器粘连故障大概率的原因是老化问题。直流接触器的老化问题比较复杂,主要体现在直流接触器技术参数超出了产品的上限或下限要求,每种直流接触器都有技术参数要求,以泰科 LEV100 系列直流接触器为例,见表 4.32。

表 4.32 泰科 LEV100 系列直流接触器技术参数

主触头技术参数		
额定电流	100 A	
短时间电流	200 A(3 min)	
触头压降(100 A)	≤80 mV	
绝缘电阻	50~100 MΩ	
工作寿命(有极性) 工作电流 100 A	工作电压 650 V 2 000 次	工作电压 450 V 20 000 次
工作寿命(无极性) 工作电流 100 A	工作电压 650 V 500 次	工作电压 450 V 20 000 次

从泰科 LEV100 系列直流接触器技术参数可以看出,直流接触器具有工作寿命参数,通常采用开关次数表示,特别是工作电压 650 V 等级的直流接触器,其工作寿命只有 2 000 次,发生老化的概率较高。

新能源汽车用熔断器和直流接触器都可以对过流进行保护,但保护的方法和工况有明显区别。

发生短路时,电流迅速升高,即产生高倍数短路电流,这种工况通常需要依靠熔断器保护,易造成熔断器损坏。

某新能源汽车用熔断器熔断时间与电流要求见表 4.33。熔断器熔断不但与电流有关,还与新能源汽车的温度、通风、振动及电缆长度等很多因素有关。

表 4.33 熔断器熔断时间与电流要求

试验电流/A	熔断时间/s			
	熔断器额定电流 $I_R<60$ A		熔断器额定电流 $I_R>60$ A	
	min	max	min	max
$1.10 I_R$	14 400.00	∞	14 400.00	∞
$2.0 I_R$	0.50	100.00	1.0	300.00
$3.0 I_R$	0.10	15.00	0.20	30.00
$5.0 I_R$	0.05	1.0	0.05	1.0

由表 4.33 可知熔断器对电流冲击的保护效果明显,新能源汽车系统出现异常工况时,电流升高,但没有短路工况下高,即产生低倍数异常电流,这种工况通常需要依靠整车策略来保护。主流的做法是通过母线电流传感器或绕组电流传感器的数值判断是否过流,然后控制相应的直流接触器关闭该系统电流,以此确保系统没有器件损坏。

（3）预充电系统。

预充电是发生在新能源汽车启动过程中,须确认预充电系统是否发生关联故障引发直流接触器粘连,通常应同时具备以下四个条件。

①维修人员通过故障解码仪进行故障信息解读,发现具有负极接触器粘连故障记录和预充电相关故障记录。

②驱动电机系统中母线电流超过正常数值范围。

③12 V 铅酸电池的电压在正常数值范围内且没有上报线圈驱动电路相关故障信息。

④没有上报接触器检测系统和通信故障。

同时具备了上述四个条件,说明发生负极接触器粘连故障大概率的原因是预充电不完整或失败,但不能完全排除负极接触器老化问题。预充电故障分析过程与学习情境四的学习任务 6 中的预充电故障检测与维修一致。

（4）驱动电机系统。

驱动电机系统电流过大发生在新能源汽车运行过程中,确认驱动电机系统引发直流接触器粘连故障,通常应同时具备以下四个条件。

①维修人员通过故障解码仪进行故障信息解读过程中,发现具有负极接触器粘连故

障记录、过流相关故障记录但没有预充电相关故障记录。

②驱动电机系统中母线电流或相电流超过正常数值范围。

③12 V 铅酸电池的电压在正常数值范围内且没有上报线圈驱动电路相关故障信息。

④没有上报接触器检测系统和通信故障信息。

同时具备了上述四个条件,说明发生负极接触器粘连故障大概率的原因是驱动电机系统过流导致直流接触器粘连。驱动电机系统过流分析过程与学习情境四中的学习任务3中的驱动电机控制器母线过流故障检测与维修一致。

(5)负极接触器驱动电路。

负极接触器驱动电路引发粘连故障通常发生在新能源汽车运行过程中,负极接触器驱动电路示意图如图 4.121 所示。

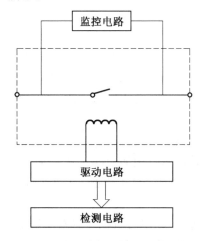

图 4.121　负极接触器驱动电路示意图

造成导致动触头的吸力不足,引起动触头反复振动的可能故障源有以下三个。

①12 V 铅酸电池电压过低。

通过查看冻结帧数据中铅酸电池物理量故障状态的信息,采用万用表测试当前状态下铅酸电池电压,进行相互验证。

②负极接触器驱动电路故障。

负极接触器驱动电路通常处于整车控制器内部,不太容易实现直接检测,可从故障信息中读取是否上报相关故障信息,然后尝试采用更换零部件的方式进行验证。

③直流接触器驱动线圈。

测试直流接触器驱动线圈参数,以泰科 LEV100 系列直流接触器为例,其驱动线圈技术参数见表 4.34。

发生在新能源汽车运行过程中,确认负极接触器驱动电路关联故障引发直流接触器粘连,通常应同时具备以下四个条件。

①维修人员通过故障解码仪进行故障信息解读过程中,发现具有负极接触器粘连故障记录且没有过流相关故障记录和预充电相关故障信息记录。

②驱动电机系统中母线电流或相电流超出正常数值范围。

③12 V 铅酸电池的电压超出限定数值范围或上报线圈驱动电路相关故障信息。

④没有上报接触器检测系统和通信故障信息。

表 4.34 泰科 LEV100 系列驱动线圈技术参数

额定工作电压	12 VDC	24 VDC
最大工作电压	16 VDC	28 VDC
吸合电压(20 ℃)	8 VDC	16 VDC
释放电压(20 ℃)	1.2 VDC	2.4 VDC
线圈电流 (20 ℃时额定电压下的标称数值)	461 mA	250 mA
线圈功率 (20 ℃时额定电压下的标称数值)	5.5 W	6.0 W
最大吸合电压(85 ℃)	9.6 VDC	19.2 VDC
线圈额定电阻±5%(20 ℃)	26 Ω	96 Ω

同时具备了上述四个条件,说明发生负极接触器粘连故障大概率的原因是负极接触器驱动电路问题。接触器检测和修复与学习情境四的学习任务 6 中的驱动电机控制器过压故障检测与维修中的检测方法一致。

(6)检测系统和故障信息传输系统。

负极接触器检测与信号传输示意图如图 4.122 所示,负极接触器粘连故障具有很强的隐蔽性,正常运行时没有故障现象,断电时通过检测负极接触器主触头两端与动力电池的正极电压进行判断。

①负极接触器无粘连故障时:断电后负极接触器主触头两端分别对动力电池正极电压不相等,差值基本都等于动力电池电压。

②负极接触器粘连故障时:熔断器两端分别对动力电池负极电压基本都等于动力电池电压。

负极接触器检测电路检测的数值经通信系统传送给整车控制器,整车控制器在线下载并记录,同时传送给仪表盘。故障解码仪通过 OBD 接口调用故障信息。

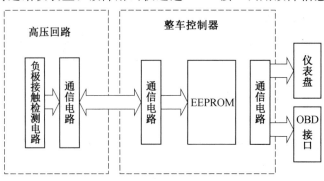

图 4.122 负极接触器检测与信号传输示意图

新能源汽车具有内部自检系统,检查熔断器检测与信号传输过程中引发的故障并上报故障码。

2. 冻结帧数据

涉及熔断器熔断故障冻结帧数据中最重要的物理量是负极接触器状态,是判断上报故障码的直接依据。

涉及负极接触器粘连故障冻结帧数据的其他物理量主要包括母线电流、绕组电流、铅酸电池电压、驱动电机系统状态、电机本体温度、扭矩、电机转速、档位状态、加速踏板开度及制动状态等。冻结帧数据具体分析如下。

母线电流:在负极接触器粘连故障状态下,分析驱动电机系统是否存在过流,若绕组过流,则说明驱动电机出现短路故障;若绕组没有过流,则说明驱动电机控制器内部出现短路故障。

绕组电流:在负极接触器粘连故障状态下,用于判断驱动电机控制器内部短路还是驱动电机短路。三相绕组的各相电流与驱动电机输出转矩进行相互印证,同时可以分析三相电流是否发生了不均衡。

铅酸电池电压:用于分析铅酸电池是否亏电和 DC/DC 是否正在给辅助铅酸电池充电,若铅酸电池电压过低,可能造成传感器数据信息误报。

驱动电机系统状态:分析负极接触器发生粘连故障时的驱动电机系统状态,包括驱动电机控制器是否完成初始化、驱动电机处于电动状态还是发电状态、驱动电机系统处于转矩模式还是转速模式、驱动电机的旋转方向及预充电是否完成等,这些信息用于判断发生故障时驱动电机的工况。

扭矩:分析负极接触器发生粘连故障状态时的驱动电机输出转矩,并与短路状态下的进行相互认证。

档位状态:在负极接触器粘连故障状态下,分析驱动电机处于前进状态还是倒车状态。

加速踏板开度:在负极接触器粘连故障状态下,通过加速踏板开度分析驾驶员对驱动电机系统的速度给定和电机是否处在电动状态,与档位状态和电机状态下的进行相互认证。通常加速踏板会有两个输出。

制动状态:在负极接触器粘连故障状态下,通过制动踏板开度分析电机是否处在发电状态,与档位状态和电机状态下的进行相互认证。

3. 数据流

新能源汽车重新上电,可点击故障解码仪读取数据流,获取车辆的特定状态信息,数据流显示的分析方法与冻结帧数据类似。

通过负极接触器粘连故障信息分析,可以确定可能发生故障点及其原因,但确定的只是故障发生概率,若要准确确定故障点,还需要作进一步测试。根据分析确定故障的诊断方案见表 4.35。

按照表 4.35 制定故障诊断方案,逐一对可能故障点进行检测,并按照常规方法对故障零部件和负极接触器进行更换,修复后进行上电测试评估。

表 4.35 故障诊断方案

故障零部件	可能故障点	检测方法	概率分布
负极接触器	负极接触器粘连	检测负极接触器	概率较高
驱动电机	绕组匝间短路	检测绕组直流电阻	概率较高
	绕组相间短路	检测绕组直流电阻	概率较高
驱动电机控制器	IGBT短路	检测IGBT反并联二极管导通电压	概率较高
	电容短路	检测电容容值	概率较低
	泄放电阻短路	检测电阻阻值	概率较低
整车控制器	通信故障或软件版本更替	属于黑箱问题,无法通过接插件检测,可能看是否上报故障码	概率较低
	整车控制器EEPROM故障	属于黑箱问题,无法通过接插件检测,可能看是否上报故障码	概率较低

参 考 文 献

[1] 赵振宁.新能源汽车技术概述[M].北京:北京理工大学出版社,2016.
[2] 姜顺明.新能源汽车基础[M].北京:北京大学出版社,2015.
[3] 王坡,孙逢春.电动汽车原理与应用技术(新能源汽车研究与开发丛书)[M].北京:机械工业出版社,2014.
[4] 张之超,邹德伟.新能源汽车驱动电机与控制技术[M].北京:北京理工人学出版社,2016.
[5] 王艾萌.新能源汽车新型电机的设计及弱磁控制[M].北京:机械工业出版社,2014.
[6] 上海市电子电器技术协会组.新能源汽车技术发展的挑战、机遇和展望[M].北京:机械工业出版社,2012.
[7] 李瑞明.新能源汽车技术[M].北京:电子工业出版社,2014.
[8] 康龙云.新能源汽车与电力电子技术[M].北京:机械工业出版社,2010.
[9] LARMINIE J,LOWRY J.环保汽车技术及应用[M].闫光辉,译.北京:科学出版社,2012.
[10] 中国汽车技术研究中心.节能与新能源汽车车鉴[M].北京:中国经济出版社,2013.
[11] 闫云敬.电动汽车电机驱动系统的故障分析[J].内燃机与配件,2020,000(002):127-129.
[12] 丁永根,徐天稷,张南,等.新能源汽车驱动电机壳体冷却结构设计及热仿真分析[J].时代汽车,2020,340(16):73-74.
[13] 徐青,张坤,张立萍.新能源汽车驱动电机的发展概况及趋势分析[J].现代工业经济和信息化,2020,10(9):2.
[14] 周华英,陈晓宝.纯电动汽车结构与原理[M].北京:北京理工大学出版社,2016.
[15] 翁史烈.新能源在召唤丛书——话说氢能[M].南宁:广西教育出版社,2014.